中村政則著

戦後史

岩波新書

955

目　次

目　次

写真提供＝石川文洋（一一五頁）、共同通信社（三・四・八一・一〇六・二一〇・二八八頁）、田沼武能（七九頁）、中村政則（二八五頁）、毎日新聞社（七三・一〇四・一四三・一五〇・一七八・一九一・二四五・二六一頁）、読売新聞社（九三頁）

序章　「戦後史」をどのように描くか

「九・一一同時多発テロ」の衝撃

今年(二〇〇五年)で戦後六〇年を迎える。戦後五〇年のときも「戦後とは何だったのか」がさまざまな角度から論じられた。しかし、「戦後五〇年」と「戦後六〇年」とでは国際的環境がまったく違う。たった一〇年の差であるが、この一〇年間には「地殻変動」ともいうべき世界史的な激変があった。いうまでもなく、二〇〇一年の「九・一一同時多発テロ」の衝撃であり、その後に続く、アフガン戦争、イラク戦争の勃発である。

世界貿易センタービルが崩れ落ちていく姿(図1)をテレビで見たとき、とっさにローマ帝国崩壊のような黙示録的イメージが浮かんだ。二〇〇一年二月、米国滞在中の私は帰国まぎわに家族と一緒にニューヨーク市をおとずれ、自由の女神像や移民たちが入国検査を受けたエリス島に行き、移民博物館の中庭から世界貿易センターのツイン・ビルを背景に写真を撮った。その高層ビルが三〇〇〇人以上の犠牲者とともに姿を消してしまった。信じられないことが起こったのだ。

事件から数日後、ブッシュ米大統領は「これは戦争だ」と叫んだ。九月一五日、米英はテロの主犯をオサマ・ビンラディンと断定、彼を匿っているとされるタリバーン政権を打倒すべく、アフガニスタン空爆を開始し(同年一〇月七日)、一か月足らずでタリバーン政権を崩壊させた。ついで二〇〇三年三月二〇日、米英連合軍はイラク攻撃を開始した。イラクが大量破壊兵器を所持しており、それが他のテロリスト集団にわたったり、大統領フセイン自身が使用する危険があるというのが先制攻撃の理由であった。

今回も米英軍を中心とする「有志連合」が攻撃の主体であり、わずか二週間でバグダッドを制圧(図2)、フセイン体制は崩壊した。五月一日、ブッシュ大統領は戦闘終結宣言を行なった。

図1　同時多発テロ　航空機の突入で炎を噴き出すニューヨークの世界貿易センタービル(2001. 9. 11)

だが、二〇〇三年五月、米英など連合軍がイラク占領を開始して以降も、武装勢力による爆弾テロ、自爆テロはなかなか止まなかった。米英暫定占領当局(CPA)は、二〇〇四年六月二八日、突如当初の予定を繰り上げて、イラク暫定政府へ主権を移譲した。式典参加者はわずか数名で、「密室の儀式」というにふさわしいものであった。

二〇〇五年一月末、国民議会選挙が実施さ

図2　イラク戦争　攻撃を受け煙を上げるバグダッドのイラク政府関係の庁舎(2003.3.20)

れたが、イラクの治安は回復に向うどころか、いまだに爆弾テロはやまない。「有志連合」のうち、スペイン、オランダをはじめ十数か国がすでに撤退した。こうした事態の中で、日本はどう対応するのか、国民は注視の目を向けている。

すべての歴史は現代史である

いま戦後の歴史を語るとき、九・一一以降の事態を無視して、「戦後六〇年」を描くことはできない。かつてイタリアの哲学者で歴史家のクローチェは「すべての歴史は現代史である」と書いた。歴史を描くとは、過去を語ると同時に、それが現在に生きる人々にとってもつ意味を問うことであり、できうれば未来への展望を示すことである。歴史家はその時代の拘束から逃れることはできないし、逆に新たな事態に直面して始めて、今まで見えなかったものが見えてくることもある。それゆえに、歴史はたえず再審にさらされているし、書き替えられる運命にあるのだ。本書もその運命から逃れることはできない。

そのことを自覚した上で、私は本書で、「トランスウォー・ヒストリー」というキーワードを使うことにした。Trans-war history という言葉は日本語に訳しにくいが、あえて訳せば「貫戦争史」「貫戦史」ということになろうか。あまり聞いたことのない言葉であるが、新しいことを言う場合には、言葉をつくらないとうまくいかないことがある。この「貫戦史」という方法で戦後史を描くと何が見えてくるかを考えてみたいのである。そのきっかけはイラク戦争にあったが、それは後述する。

貫戦史という方法

では貫戦史(Trans-war history)とは何か。戦争は国際関係を大きく変え、国内の政治経済、社会構造に激変をもたらし、人びとの思考や心理に大きな影響を与える。戦争が終わったからといって、その影響は消えるわけではない。とくに第二次世界大戦は、第一次世界大戦と違って銃後の社会を変えた。その影響は戦後の政治・経済・社会のあり方や精神にもおよんでいる。従来のように「断絶か連続か」という二者択一の考え方を超えて、以上のようなあらたな視点から戦後史とは何であったかを、総合的に見直してみたいのである。

この「貫戦史」の方法を従来の研究史のなかに位置づけると、戦前と戦後の「断絶・連続」

論争があるが、「貫戦史」はどちらかといえば連続説に属する。その意味で、ジョン・ダワーの「役に立った戦争」(The Useful War)あるいはハーバード大学のアンドルー・ゴードン編『歴史としての戦後日本』(みすず書房、二〇〇一年)に近いかもしれない。そのポイントは、日本の戦後史の源流・原型は一九二〇年代に始まり戦時動員体制の中で形成されたのであって、むしろ「連続性」をこそ強調すべきであるというのである。言い換えれば、GHQによる戦後改革を過大評価するのではなく、むしろ戦前からの「受け皿」に周到な注意を向けることを主張する。これが第一点である。

第二に「貫戦史」は、〝戦前は戦争、戦後は平和〟というステレオタイプの戦後史像を修正する狙いをもつ。たしかに日本の戦後は一見平和にみえるけれども、朝鮮戦争、ベトナム戦争、湾岸戦争、イラク戦争と続くアメリカの戦争に日本は絶えずコミットしてきた。それは同時に日本の政治、経済、外交のあり方を規定し、将来の日本の「国のかたち」をも決める重要な要因となっている。これは従来からも指摘されてきた点であるが、それを歴史叙述の方法として、自覚的に取り上げてみた。

第三に「連続か断絶か」の二者択一ではなく、その両面をグローバルな視点から捉えることが重要である。明治維新が外圧の下で復古(Restoration)、革命(Revolution)、改革(Reform)の三側面を刻印されたように、私は戦後改革を近代化、現代化、前近代残存の三層の重層的改革と捉えたことがある(中村政則『経済発展と民主主義』、同『現代史を学ぶ』)。つまり戦後日本の歴史をプレモダン、モダン、ポストモダンの三層の構造が詰まった歴史として把握しようとした。もちろん、この三要因の組み合わせは時代によって動く。把握は動態的、複線的でなければならないのである。

戦争と記憶

しかも、貫戦史は記憶の問題と結びついている。そもそも歴史学で、記憶の問題がクローズアップされてきたのは、それほど古いことではない。一九八〇年代のドイツ歴史家論争の頃から戦争と記憶の問題は表面化していた。「アウシュビッツに毒ガス室はなかった」式の歴史修正主義が登場したからである。その経緯は、ノルテ、ハーバーマスほか『過ぎ去ろうとしない過去』にくわしい。またピエール・ヴィダル＝ナケ『記憶の暗殺者たち』は、ドキュメンタリー映画『ショア』(フランスのランズマン監督の作品)の記憶にもとづく証言が、文書資料以上の迫力をもって「過去を再構築」したことを述べている。最近では細谷千博・入江昭・大谷亮編『記憶としてのパールハーバー』が記憶を正面にすえて太平洋戦争を多角的に論じている。しかし、記憶には容量もあり、寿命もある。国際情勢・政治情勢の如何によって、記憶は凍結されたり、蘇ったりもする。とくに戦争と記憶をめぐる問題は、戦勝国と敗戦国とでは決定的に異なる。その例は、記憶の社会的装置としての博物館の展示によく現れている。

一九九五年、米国のスミソニアン協会は、第二次世界大戦終結五〇周年を記念して、航空宇宙博物館に広島への原爆投下の展示をおこなう予定であった。当初の計画では原爆の戦略的意味や開発計画・投下の決定などにとどまらず、原爆の後遺症に苦しむ人々についての展示が計画されていた。ところが計画が知らされるにつれて、第二次大戦の退役軍人らによる激しい反対にあって、当初の企画は大きく変更され、結局、エノラゲイの機体を展示するにとどまった。彼らにとって、第二次世界大戦は正義の戦争であり、原爆投下はむしろ戦争の早期終結をもたらし、数十万におよぶ米軍兵士の命を救ったというのである。つまり、アメリカ人とくに米軍人にとって、原爆投下は正しく、原爆はきのこ雲で終わっており、その下で繰り広げられた地獄図は視野にない。この原爆観は日本軍国主義の侵略を受けた中国ほか東南アジアの人々にとっても、同様である。

これに対し、敗戦国ドイツや日本における戦争と記憶の問題は、まったく違う。同じく博物館の戦争展示についてみれば、一九九一年に設立された〝ピースおおさか〟は、戦争と平和をテーマに、日本人の加害責任までを追求した平和志向型の博物館として知られる。これに対して、靖国神社の遊就館は「大東亜戦争」で散華した英霊を顕彰し、追悼する展示方法をとっている。いっぽう戦後五〇年の一九九五年に設立された昭和館は左右のイデオロギー対立に巻き込まれないようにとの意図から、戦争の性格（侵略か自衛か）にはふれず、戦時中の民衆の生活に焦点をあてた。政治学者の藤原帰一は昭和館に触れて、「戦時を語りながら、戦争が語られていない」と書いているが（『戦争を記憶する』）、その通りである。このように、敗戦国日本における記憶は三極に分岐し、戦争観も大きく揺れているのだ。たしかに歴史と記憶の関係は、それほど単純なものではない。場合によっては歴史と記憶は対立することさえある。記憶が政治的に利用されることもある。

しかし他方で、記憶にもとづく証言は、文書資料からは得られないリアリティや隠された事実を明るみに出すことがある。本書では、こうしたことを踏まえて、証言・回想記を多用してみたい。歴史叙述の一つのこころみとして、受け取っていただければさいわいである。

戦後とは何か

次に戦後とは何か、戦後の時期区分について、簡単に述べておきたい。戦後とは、私見では、戦前の反対概念である。戦争、侵略、専制、貧困などで象徴されるのが〝戦前〟であり、〝戦後〟は反戦・平和、民主主義、貧困からの脱出を指している。そしてそれらの戦後的価値理念を実現し、支える外交・政治・経済・社会システムの総体を「戦後」と規定したい。しかし、この戦後システムは日本一国だけでできるものではない。やはり国際的枠組みがあった。まず国際的にみた戦前とは、何よりも大恐慌と戦争(第二次世界大戦)であった。この二つを克服するための戦後体制が、①国際連合であり、②世界銀行・IMF・ガットなどの国際経済機構であり、③植民地の独立であり、④冷戦体制であった。つまり第二次世界大戦の終結、戦後秩序の形成のされ方そのものが、冷戦体制という「戦後」をつくったのである。日本の戦後も、この国際的な「戦後」の一環としてスタートした。

時期区分

この観点から、戦後の時期区分をおこなえば、次のようになる。

一、敗戦と占領、朝鮮戦争、サンフランシスコ講和条約・日米安保条約(一九四五～一九六〇年)
二、高度経済成長、ベトナム戦争の時代(一九六〇～一九七三年)
三、第一次石油危機～冷戦体制の終焉、バブル崩壊(一九七三～一九九〇年)
四、湾岸戦争～九・一一同時多発テロ、イラク戦争(一九九〇～現在)

第一期を一九五五年で切るか、一九六〇年で切るかは難しい問題であるが、本書は「貫戦史」と一九六〇年体制」論をベースに「戦後史」を叙述しようとするもので、あえて通説の「一九五五年体制」論はとらず、一九六〇年で切ることにした。一九六〇年代は、戦後の基本的枠組みが定着した時期であり、それ以前と以後の時代を見はるかす展望台的位置を占めており、一九九〇年代はこの基本構造が壊れる分水嶺的位置を占めるという認識をベースにしている。第三、第四期の区切り方については「通説」とあまり違わないが、その解釈については貫戦史の視点が強くでるであろう。ちなみに本書の時期区分は、ほぼ一五年間隔になっている。むかしは「一世代 one generation＝三〇年間」という世代＝時代認識が支配的であったが、現代のように変化の激しい時代は「一世代＝一〇〜一五年」、つまり二倍あるいはそれ以上のスピードで動き、変化すると見たほうがいい。

以下、記憶や証言を重視する立場から、さまざまな人々の聞き書きだけでなく、私自身の個人的体験を随所に挿入する叙述方法をとっている。

なぜ戦後史か

序章の最後に「戦後史」という題名について若干の説明を加えておきたい。戦後史とは何か、また戦後はいつ終わったかについて、さまざまな議論があるが、欧米の戦勝国のあいだでは、マーシャル・プランの終了あるいは講和条約の締結あたり(一九五〇年代初め)をもって、戦後は終わったと見るのが普通である。だが、ドイツ、日本などの敗戦国では、戦争責任あるいは「過去の清算」がつきまとうから、そう簡単に戦後から決別することはできない。米コロンビア大学のキャロル・グラックは、これを「長い戦後」(long postwar)と呼んだ。

日本も同様で、日本の戦後はなかなか終わらない。日本では、戦後がこれほど長いのは何故か、これを「貫戦史」の視点から解くことは、本書の重要テーマである。「戦後史」というタイトルには、以上のような意図も込められている。

この本は、一般向けの通史ではあるが、概説風の叙述は避け、できる限り的を絞った叙述を心がけた。

第一章　「戦後」の成立（一九四五〜一九六〇年）

1　敗戦という経験

八月一五日の記憶

一九四五年八月一五日正午、昭和天皇の「終戦の詔書」がラジオを通じて流れた。私は、このとき国民学校四年生で、東京空襲を避けるため、前年から学童疎開で群馬県草津温泉に行っていた。日新館という旅館の中庭に集まって「玉音放送」を聞いたが、雑音がはげしくてよくわからなかった。どうも日本が戦争に負けたらしいのだが、そもそも戦争に負けるとはどんなことなのか全くわからなかった。九月末になって、父親が草津まで迎えに来て、新宿の実家に戻ると、回りは焼け野原、赤茶けたトタンで作ったバラック(掘っ建て小屋)が点在していた。二、三キロ離れた伊勢丹デパートが丸見えだった。あとは東京ガスの巨大なタンクが見えるだけ。通っていた学校を見に行くと、焼け落ちて黒ずんだ土台石だけが残っていた。

後日、これを机代わりにして、青空教室で学んだ。校庭の片隅に建っていた「御真影」が安置してある奉安殿を恐る恐る覗き込むと、中は空っぽだった。新宿駅近辺では浮浪児たちが食を求めて、徘徊していた。「戦争に負けるとはこういうことなのか」と、私は初めて実感した。

翌年(一九四六年)秋の頃だと思うが、担任の教師が、黒板に驚くほど大きな字で「憲法」と書いた。「これから日本は、新憲法のもとで、平和国家、民主国家になるのだ」と言った。

さまざまな終戦

図3　外地からの引揚者　遺骨を抱いて日本に帰ってきた母と子(『日本百年の記録3』講談社)

こうした原風景は、当時の人口から考えても数千万以上の事例があるだろう。八月一五日の終戦の体験を述べるだけでも、一冊の本が書けるほどである。私も十数年にわたって、その聞き書きや回想記を集めたが、それを紹介する余裕はない。以下には「さまざまな終戦」について、簡単に述べておこう。終戦の詔書の翌八月一六日、大本営は全陸海軍部隊に対して、即時戦闘停止を命じた。しかし、沖縄の終戦は二か月前の六月二三日(牛島満軍司令官、自決)であった。

外地(図3)は、戦線が北は満蒙より南はニューギニアにいたるまで、南北合計緯度にして六〇度の長さにわたって延びていたため、その終戦は文字どおり千差万別であった。タイ国で日本軍が武装解除したのは八月一六日、フィリピンでは八月一七日であった。太平洋諸島の降伏日は、トラック、パラオは九月二日、ニューギニア、ウェークは三日、ラバウルは六日、ブーゲンビルは八日である。満蒙一帯は、ソ連軍が終戦に先立ち九日未明から侵入し、停戦は八月一七日であった(下村海南『終戦秘史』)。最も悲惨な敗戦を経験したのは、沖縄と満州であった。集団自決、死の逃避行、中国残留孤児の運命などについて、最近は次々と新しい事実が発掘されているが、詳細については次の書が参考になるだろう(林博史『沖縄戦と民衆』、坂本龍彦『集団自決』など)。

降伏と占領

一九四五年九月二日、東京湾内に浮かぶ米戦艦ミズーリ号上で、日本政府は降伏文書に署名した(図4)。国際法上の対日占領が始まったのは、このときからである。連合国側はマッカーサー一人、日本側は重光葵外相と梅津美治郎参謀総長の二人が署名した。なぜ二人なのか。これはあまり指摘されることがないので、簡単に触れておきたい。

アメリカの対日占領文書を読むと、当初米国側は天皇裕仁に署名させる予定であった。しかし、それでは天皇に屈辱をあたえ、日本国民の反感を買い、対日占領に支障をきたすおそれがあった。よく知られているように、戦前の大日本帝国憲法では、統帥権(軍隊の最高指揮権)は独

図 4　アメリカ太平洋艦隊旗艦ミズーリ号甲板上で降伏文書に署名する外務大臣・重光葵　その前に立つのはマッカーサー，後方前列の軍人は全権の参謀総長梅津美治郎(1945.9.2)

立し、内閣や議会が介入できないようになっていた。したがって、政府代表(外相)が降伏文書に署名しても、統帥部が反対すれば、反故になる危険すらあった。言いかえれば、天皇は立憲君主としての顔と大元帥としての、二つの顔をもっていたのであり、天皇が署名すれば日本の正式代表(元首)の意思表示となるが、天皇が出席しないとなれば、政府を代表する外務大臣と大本営を代表する参謀総長の署名が必要となる。以上のことからわかるように二人が降伏文書に署名したのは戦前の国家構造と深く関係していたのである。これに関する邦訳資料は『資料日本占領1　天皇制』(山極晃・中村政則編、岡田良之助訳)に収録されており、また『続　重光葵手記』にもわずか数行だが触れられている。

新しいタイプの占領

さて連合国による対日占領(事実上は米国の単独占領)は、世界史的にみてもまったく新しいタイプの占領であった。伝統的に占領とは、侵略的軍隊の解体、賠償金の取り立てなどを行なうのが通例であって、敵国の軍国主義の根元にまで手をつけることはしなかった。一九〇七年のハーグ条約でも一般占領では「占領地の法律や行政を変える権限をもたない」と規定していた。ところが、連合国はポツダム宣言の規定にもとづき、日本の政治・経済・社会構造の全面改造ともいうべき包括的な占領政策を実施した。この背景には、のちにナチスの台頭をゆるした第一次世界大戦の苦い教訓と、第二次大戦をファシズム対民主主義陣営の戦争とみる第二次世界大戦観があった(五百旗頭真『米国の日本占領政策』上巻、竹前栄治『GHQ』)。

その際、日本ではドイツと違って、間接占領の形式が採用された。なぜか。簡単にいうと、日本が米政府の予想より早く降伏したためである。そのため日本語ができる占領要員の養成が間に合わなかった。さらに天皇制の存在が大きい。天皇の「終戦の詔書」に続いて、八月一六日、天皇は全陸海軍部隊に対し停戦の大命をくだした。大本営は陸軍大将朝香宮《あさかのみや》を中国に派遣し、現地軍に停戦協定・武装解除を命じた。八月一九日には、五〇万の大軍を擁する関東軍がソ連最高指揮官ワシレフスキー元帥と停戦協定を結び、ただちに武装解除を行なうことを約束

図5　マニラでアメリカの代表団と会談する日本降伏使節団　左から4人目が河辺虎四郎団長，手前右端はサザーランド参謀長（袖井林二郎・福島鑄郎編『マッカーサー——記録・戦後日本の原点』日本放送出版協会）

している。また参謀次長河辺虎四郎はマニラにとび、連合国最高司令官から降伏文書・一般命令第一号（陸海軍）を受領した（図5）。天皇の命令は絶対であり、「承詔必謹《しょうしょうひっきん》」であった。こうして世界各地に散らばっていた三〇〇万の日本軍は、天皇の命令ひとつで次々と武装解除していったのである。この推移を固唾《かたず》を呑んで見守っていた米政府と統合参謀本部は、天皇の効用を知った。のち米政府は「天皇制を支持はしないが利用する」という方針を固めるが、このときの経験が大きかった（中村政則『戦後史と象徴天皇』）。

一九四五年九月二七日、米大使館でマッカーサーは天皇と第一回会見をおこない、昭和天皇を対日占領の最大の協力者《コラボレイター》とすることを決めた。もし、そのとき占領軍が天皇を処刑したり、中国(満州)などに隔離したりしていれば、天皇尊崇者たちによるゲリラ活動が各地で巻き起こったかもしれない。ちなみに今回のイラク戦争開始前に、ワシントンでは日本占領がイラク占領のモデルになるとの議論があったが、私は日米の占領研究者とともに、両者はまったく異なることを述べた(『世界』二〇〇三年一月号のジョン・ダワー論文および同四月号の声明文参照)。第一にフセインには天皇のような政治的威力もカリスマ性もない。フセインは天皇ではないのである。第二に日本には資源がないが、イラクには世界第二位の石油資源がある。第三に、これが最も重要な点であるが、連合軍の対日占領には国際世論の支持があった。これに対し、イラク戦争では、独仏のみならず、中国・ロシアが米英軍のイラク攻撃を支持していなかった。二つの戦争・占領の性格はまったく違うのである。

第二次世界大戦の性格

では、そもそも第二次世界大戦とは、何だったのだろうか。ひとことで言えば、第二次大戦とは、日独伊枢軸陣営と英米、中国・ソ連などの反ファシズム陣営との戦争であった。したがって後者の勝利は、そのまま連合国による軍事占領と日独伊三国のファシズム的構造の解体と改造という課題を含んでいた。英米中が世界に発信したポツダム宣言は日本における軍国主義勢力の除去と民主主義・基本的人権の確立を要求し、かつ「日本国民の自由に表明された意思」にしたがう平和的な政府の樹立を命じていた。したがってポツダム宣言の受諾は、天皇主権という明治憲法の根本原理の否定を含んでいたと理解できる。このことが降伏後の対日占領政策の基本的性格を決めた。

この占領観は、日独伊枢軸国はファシズム的侵略国で百パーセント悪く、連合国は民主主義国で百パーセント正しいという戦争観にもとづくため、戦争直後から保守派の中で勝者の一方的裁断であるという反論があったが、大きな声にはならなかった。むしろ「戦後の風化」が言われだす一九七〇年代半ばになってから、戦争や占領の性格を見直す議論が浮上するが、これについては第四章で触れることにしたい。したがって敗戦直後は「戦争に負けたのだから仕方ない」という諦めや暗黙の了解が底流にあって、GHQによる「民主化の嵐」をむしろ日本再生の一大転機として、積極的に受けとめた人々が少なくなかった。

2　占領と新憲法

占領の三段階

米国による対日占領は約七年近く続いたが、紆余曲折があって決して一本道ではなかった。マッカーサーは一九四九年一月の年頭メッセージで、対日占領の三段階論を述べたことがある。

①軍事的段階、②政治的段階、③経済的段階の三段階である。これは朝鮮戦争以前の見解なので、サンフランシスコ講和条約まで見通したものとは言えないが、占領の時期区分をおこなう際のヒントになる。私は占領期を次の三期に区分したい。

一、非軍事化と民主化――一九四五年八月～一九四八年一〇月

二、対日占領政策の転換――一九四八年一〇月～一九五〇年六月

三、朝鮮戦争から講和条約へ――一九五〇年六月～一九五二年四月

第一期は軍事的段階と政治的段階が並行しつつ進行した。まず九月の軍需生産の全面中止、陸海軍省の解体、東条英機ら三九人の戦争犯罪人の逮捕などは軍事的段階にあたる。次いで一〇月四日の人権指令(天皇に関する自由討議や政治犯釈放・思想警察全廃など)、そして一〇月一一日の民主化に関する五大改革指令(婦人の解放、労働組合の結成奨励、学校教育の民主化、秘密審問司法制度の撤廃、経済機構の民主化)は、非軍事化と民主化を同時的に進行させたものであり、両者はメダルの両面をなしていた。

次に農地改革、労働改革、財閥解体は経済民主化政策のかなめとして重要である。このうち農地改革は占領政策の中でも最もドラスティックかつ成功した改革であった。これにより改革前(四一年)全農地の四六%もあった小作地が一九五〇年には九・九%にまで激減し、総小作地の八割におよぶ約一九四万町歩が解放された。その結果、何よりも注目すべきことは、農民の

勤労意欲が高まり、農業生産力が上昇したことである。それにつれて農民の所得も増え、購買力が増し、内需拡大の浮揚力となった。一九五〇年代後半から六〇年代にかけて、電気洗濯機・電気冷蔵庫・白黒テレビなどの家庭電気製品が農村にも出回るが、これも農地改革を抜きにしては考えられないことであった。また労働改革によって、日本の労働者は組合結成権、団体交渉権、争議権の労働三権を史上初めて入手し、インフレ退治のドッジ・ライン(経済安定九原則)が始まる一九四九年頃までは、経営者を圧倒する戦闘力を発揮した。財閥解体にしても、三井・三菱・住友・安田など四大財閥は、頂点に立つ財閥本社を解体され、財閥家族は退陣、三井物産・三菱商事などは一〇〇〜二〇〇社に分割された。もし財閥解体がなければ、ソニー、ホンダなどの戦後的革新企業が参入する余地はなかったであろう。占領終結後、旧財閥は財閥グループとして復活するが、旧財閥集団に戻ったわけではなく、財閥解体は企業社会に日本的な競争構造を持ち込んだのである。

これらの民主化政策は、まさしく「民主化の嵐」と呼ぶにふさわしいものであったが、そのなかでもマッカーサーが最も重視したのは日本国憲法の制定であり、これが政治的段階のピークをなしていた。

第一条と第九条

日本国憲法の制定過程については、これまでに佐藤達夫『日本国憲法成立史』一―四、高柳賢三ほか『日本国憲法制定の過程』、田中英夫『憲法制定過程覚え書』、後続の世代では渡辺治『日本国憲法「改正」史』や古関彰一『新憲法の誕生』など優れた研究が出ているので、ここでは①第一条と第九条の関係、②「押しつけ憲法」論の二点にしぼって説明を加えておきたい。日本国憲法の二大特色が、象徴天皇と戦争放棄にあることには誰しも異論はあるまい。問題は、この二つがいかなる関係にあったかである。

田中英夫前掲書によれば、一九四六年一月二四日、首相の幣原《しではら》喜重郎は風邪をこじらし、ペニシリンをもらったお礼にマッカーサーを訪ね、正午から三時間近く話し合った。そのとき幣原は先の戦争で日本は国際的に信用を失ったので、(信用回復のためには)戦争を放棄する以外にないと言った。これに感動したマッカーサーは思わず立ち上がって、目に涙を浮べて幣原の両手を握ったという。幣原としては一九二八年の不戦条約にもとづき国際宣言をおこなうことを考えていたようだが、マッカーサーがそれを憲法に盛り込んできたので、幣原は驚いたようである。また老首相は「天皇制を維持しなければ、自分は死んでも死にきれない」と言った。しかし、一九四五年六月の米ギャラップ世論調査をみても、何らかの形で天皇の処刑・処罰をのぞむ声は七割を超えていた。中国・フィリピンなどアジア諸国やオーストラリア、ニュージーランドでも極東国際軍事裁判で天皇の訴追を要求する声が強かった。これらの諸国は、天皇制を戦後に存続させれば、再び天皇を中心に軍国主義が台頭すると警戒した。この不安を解消するため天皇を残すにしても、政治的実権なき儀礼的君主としてのみ存続させ、他方で戦争放棄を憲法で誓うという形をとった。事実、幣原も『幣原喜重郎』という伝記の中で、「天皇制を維持し、国体を護持するためには此際思ひ切つて戦争を廃棄し、平和日本を確立しなければならぬと考へた」と記している。以上のように第一条と第九条は、いわばバーターの関係にあったのであり、これにより象徴天皇制は国際的にも認知されたのであった。

押しつけ憲法か

次に改憲派がつねづね主張する「押しつけ憲法」論についてはどうであろうか。GHQ憲法草案がわずか一週間で作成され、日本政府代表に押しつけられたことは事実であり、これを否定することはできない。だが、憲法制定過程を振り返ると、当時の日本の支配層が明治憲法の枠から出られず、旧態依然たる保守的憲法観を抱いていたことがわかる。この経緯を簡単に紹介しておきたい。

一九四六年二月三日、マッカーサーは象徴天皇、戦争放棄、封建制度(華族制度)の廃止を記した、いわゆるマッカーサー三原則をGHQ民政局長のホイットニーに提示した。これをうけ

図 6　新憲法施行を祝う記念の飾りつけ(1947. 5, 東京・帝国劇場前にて)

て民政局はただちに憲法草案の作成に入り、二月一二日にすべての作業を終えた。翌二月一三日、ホイットニー民政局長は部下を伴って、外務大臣官邸におもむき、吉田茂外相と松本烝治国務大臣(日本側憲法問題担当)らにGHQ憲法草案を手渡した。松本国務相はタイプに打たれた草案をみて驚愕した。「天皇は象徴である、シンボルであるという言葉が使ってあった。憲法のようなものに文学書みたいなことが書いてあると思って、大いにびっくりした」とのちに松本は述懐している。吉田外相も顔色をうしなった。

日本側はGHQ草案を持ち帰って、幣原首相に報告するが、日本の国情にそぐわないとして、先に日本政府が提出していた憲法改正案(天皇主権の原則を維持し、基本的人権の保障もない明治憲法的な草案)を再度説明に行くことにした。これに対し、ケーディス民政局次長は、こんな「保守主義者の常套用語」を書きつらねた日本政府案を受け入れるわけにいかないと突っぱねた。

そして日本政府はGHQ草案にもとづいて憲法改正案をつくる意思があるのかないのか、二四時間以内（二月二〇日まで）に回答せよ、もし回答がなければ、総司令部案を公表し、日本国民に直接訴えると答えた。ケーディスらは日本政府が拒否しても、日本国民はかならずGHQ案を支持してくれるであろうと確信していた。元首相の芦田均もGHQ案が発表されれば新聞その他の世論が「必ずや之に追随して賛成するであらう」（『芦田均日記』第一巻）と書いた。このように押しつけられたのは支配層であって、日本国民ではない。このとき日本国民が拒否したにもかかわらず、GHQが無理やり押しつけていたならば、これは正真正銘の押しつけになる。それだけではない。憲法作成にあたって、GHQ民政局は「世界の世論が十分に満足されなければならない」（GHQラウエル文書）と考えたように、ファシズムの再現に反対する世界民主主義「世論」の圧力の下にあった。米国自身も自国のナショナル・インタレストだけにもとづいて憲法案を作成するわけにいかず、国際世論の動きに大きく影響されていたのである（家永三郎『歴史のなかの憲法』上巻）。

教育基本法

また一九四七年三月には、教育基本法が制定された。法律には前文を付さないことが通例であるが、教育基本法はあえて異例の前文をおき、「憲法の精神を徹底」するとともに、「他の教育法令の根拠法」となるべき性格をもたせた。教育の機会均等、男女共学など個人の尊厳と平和の精神をやしない、「教育は不当な支配に服することなく、国民全体に対し直接に責任」を負うことを宣言したのである。ここには憲法と教育基本法は一体不可分《ワンセット》のものという理念があった。以来、教育基本法は五八年間にわたって改正されたことは一度もない。同時に、学校教育法が制定され、六・三・三・四制の新学制が成立した。詳しくは宗像誠也編『教育基本法――その意義と本質』、久保義三『昭和教育史』下巻などを参照されたい。

東京裁判

対日占領のもう一つの重要な柱は、ポツダム宣言第一〇項にもとづき「一切の戦争犯罪人」を逮捕し、厳重なる処罰を加えることであった。一九四六年五月三日から始まった極東国際軍事裁判（東京裁判）は、約二年半の審理をへて四八年一一月に閉廷した（図7）。ウエッブ裁判長は、二八人の被告のうち、東条英機らA級戦犯七名に絞首刑、荒木貞夫元陸軍大臣ら一六名に終身禁固を宣告した。この裁判の経過については優れた書物が何冊も出ているので詳しく述べる必要はない（朝日新聞東京裁判記者団著『東京裁判』上下、島内龍起『東京裁判』、大沼保昭『東京裁判から戦後責任の思想へ』など）。むしろここでは、東京裁判の意義について述べておきたい。

第一に、東京裁判の日本国民に対する最大の影響は、満州事変（柳条湖事件）や南京大虐殺の

図 7　東京裁判法廷の全景　左方が裁判官席，右方は日本人戦犯席

事実が法廷を通じて初めて明るみに出たことにある。事件当時、日本国民は満鉄線路を爆破したのは中国兵の仕業だという軍部の発表を鵜呑みにして、中国憎しの感情を高めていった。新聞・ラジオも反中国のキャンペーンを張って戦争熱を煽り立てた。ところが実際は関東軍の謀略であったことが、東京裁判で明らかにされた。これを知った日本国民は「だまされた」と心底から思ったものである。この裁判を通じて日本人は、権力やマスメディアのウソに誤魔化されず、真実を知ることの大切さを学んだ。

第二に、古い言葉だが「因果応報」、つまり悪いことをすれば必ず罰せられるという考えを改めて国民的規模で学んだようにおもう。東京裁判では、「平和に対する罪」「人道に対する罪」を新たに設定して、被告人を裁く方式をとった。これに対しては、インドのパル判事をはじめ日本側弁護人（清瀬一郎ら）が主張したように、法はその実施以前の事項にさかのぼって適用されないという不遡及の原則がある。これに照らしてみれば、東京裁判は明らかに不遡及の原則に違反し、違法、無効であると言うのだ。事実、第二次世界大戦前の国際法は侵略戦争を犯罪とはしていなかった。その意味で、私も東京裁判は不遡及の原則に反しており、「勝者の裁き」であると考える。しかし、ここで思考停止に陥ってしまえば、人類に何の進歩もないことになろう。とくに原子爆弾をはじめ近代科学兵器の開発、使用により人類は絶滅の危機にさらされることになった。国際法のレベルだけでなく、科学技術、文化のあらゆる分野において「核兵器時代の思想」は不可欠となったのだ。

その意味で、私はオランダのレーリンク判事のいうように「国際法は動く」という観点が不可欠だと考える（レーリンク、カッセーゼ著／小菅信子訳『レーリンク判事の東京裁判——歴史的証言と展望』）。東京裁判の判決当時、日本国民から大きな反対がなかったのは、敗戦国民として「やむを得ない」「当然だ」という感情が支配的であったためであるが、これに加えて「戦争はこりごりだ」という平和主義の思想が国民に広く浸透していたためである。であればこそ、のちにアメリカがベトナム戦争で非人道的な戦争犯罪をおかしたにもかかわらず、何ら罰せられないのは不当・不法であるという批判が国際的に高まった。一九六八年、イギリスの哲学者ラッセルやフランスの哲学者サルトルが「世界法廷」を開き、米国を道義的に告発したときの鮮烈な印象を私は忘れない。

天皇の戦争責任とアジアの軽視

他方、東京裁判は勝者に都合よく、政治的に利用された面がある。その筆頭は、戦前日本の最高責任者としての昭和天皇の戦争責任を不問に付したことである。アジアで二〇〇〇万人、日本で三一〇万人の死者を出しておきながら、大元帥天皇に何の責任もないなどということがあり得るだろうか。昭和天皇自身、一時は退位を考えたこともあるようだが、「自分の時代に皇室をつぶすわけにいかない」という祖先尊崇の念が優先し、結局、退位まで踏み切れなかった。マッカーサーも日本占領統治を絶対に成功させたかった。それには昭和天皇の協力をうることが最善の道だと判断した。こうしてマッカーサーと天皇の政治的共生が始まった。しかし昭和天皇が退位もせず、また自らの戦争責任について何も語らずに終わったことは戦後日本史、とくに日本人の精神史にはかりしれないマイナスの影響を与えたと私は考える。なかでも日本人の戦争責任意識を希薄化させただけでなく、指導者の政治的責任、道義的責任の取り方にけじめがなくなった。

もう一点、東京裁判における「アジアの軽視」がいまだに尾を引いていることを指摘しておきたい。「極東国際軍事裁判所判決」を読むと、アジアの軽視は明らかである（粟屋憲太郎『未決の戦争責任』)。このことがまた日本人の対米依存意識、アジア軽視に拍車をかける一因となった。そもそも日本人にはアメリカに負けたという意識はあっても、中国の抗日戦争に負けたという意識は希薄なのではないか。こうしたアジア軽視のつけは、一九八〇年代末から九〇年代にかけて一気に表面化してくる。「従軍慰安婦」問題に象徴される韓国・中国・フィリピンなど戦争犠牲者による、日本国家に対する告発の動き(国家補償請求訴訟)を一例としてあげるだけで十分であろう。小泉首相の靖国参拝をめぐる中国政府との軋轢も、十五年戦争の歴史だけでなく、戦後日本のアジア観を抜きにしては理解することはできない。

3 冷戦のはじまり

占領政策の転換

一九四六年三月五日、イギリスの前首相チャーチルは米国ミズーリ州フルトンで「バルト海のステッチンからアドリア海のトリエステにかけて鉄のカーテンがおろされている。この線の背後はモスクワの支配に服従している」と演説した。その約一週間後、スターリンは『プラウダ』の記者に、「チャーチルは戦争挑発者だ」と語った。ついで一九四七年三月のトルーマン・ドクトリン(米国のトルコ、ギリシャへの軍事援助発表)から同年六月のマーシャル・プラン

(欧州経済復興計画)をへて米ソの対立は本格化した。とくに一九四七年七月、ソ連がマーシャル・プランへの不参加を表明し、ついで九月ソ連の圧力で東ドイツ、ハンガリー、ポーランド、チェコスロヴァキアなどの東欧諸国が欧州経済復興計画《マーシャル・プラン》から排除されて以後、ヨーロッパの東西分裂、冷戦状態は決定的となった。

この「冷たい戦争」は一年ほどのタイムラグを伴って、対日占領政策の転換に結びついていく。とくに一九四八年一〇月の「日本に対するアメリカの政策についての勧告」(NSC一三／二)は、対日占領政策の転換を公式に承認する冷戦の文書として重視しなければならない。この文書の作成者は国務省の政策企画部長ジョージ・ケナンらであるが、その意図は占領終結後も日本が米国の友好国として残るよう、経済的・社会的に日本の安定を強化することにあった。NSC一三／二は二〇項目にわたる包括的な文書であるが、なかでも安全保障(再軍備)と経済復興の二点に重点があった。この文書についてケナンはのちに、次のように回想している。「わたしは、この対日占領政策の転換を実現するうえで果たした役割を、マーシャル・プランの立案以後に政府で行ったもっとも重要かつ建設的な貢献であると考えている」(五十嵐武士『対日講和と冷戦』)。

ケナンはNSC一三／二をマーシャル・プランに匹敵する重要な政策文書と見ているのであった。

再軍備始まる

一九四八年一二月一日、NSC一三／二指令は、東京の総司令部に伝達された。しかし、マッカーサーは日本の再軍備に対しては九条を盾に否定的な態度を示し、経済復興を優先とする指令は受け入れた。翌四九年三月、デトロイト銀行頭取のジョセフ・ドッジ公使は経済安定九原則にもとづいて、超均衡予算、復興金融金庫の非常貸出しの停止、一ドル＝三六〇円の単一為替レートなどのインフレ退治に乗りだした。第三の経済的段階（二一頁参照）はこれを画期とする。ドッジ・デフレによってインフレの進行は食い止められたが、日本経済は逆に不況となり、中小企業の倒産が相次ぎ、失業が増大した。さらに五月、第三次吉田内閣は定員法にもとづいて、公務員二七万人の整理に乗りだした。とくに国鉄の人員整理は、約六〇万のうち一〇万を解雇するという大がかりなものであった。この大量解雇の仕事に取り組んだのは、初代国鉄総裁下山定則であった。

こうした状況のなかで一九四九年は、下山事件、三鷹事件、松川事件という謎の鉄道事件が相次いだ。そして翌五〇年には朝鮮戦争が勃発、レッド・パージが荒れ狂い（三宅明正『レッド・パージとは何か』、平田哲男『レッド・パージの史的究明』）、再軍備（警察予備隊創設）が始まった。日本国憲法施行以来、わずか三年目のことである。誰もが日本は「いつかきた道」に戻りつつあるのではないかと危機意識を抱いた。二十数年前のことであるが、私は歴史家の遠山茂樹から「一九四九年は戦後史のなかでも最も暗い時代だった」という話を聞いたことがある。いつしか「逆コース」という言葉が使われるようになった。

逆コースとは何か

いったい逆コースとは何なのか、それは占領政策の転換と同じなのか違うのか、これは占領史研究における難問の一つである。

一九五一年、『読売新聞』は二五回にわたって「逆コース」を連載した(同年一一月二日から一二月二日)。第一回は、一九三六(昭和一一)年以来中止されていた新宿御苑における天皇主催の観菊会の復活を扱っている。以後、勲章、キャバレーでの軍艦マーチの復活、靖国神社、天皇の神格化など朝鮮戦争以後の文化的復古に焦点をあてた記事が多い。ところが、逆コースはリヴァースコース(the reverse course)という英語に翻訳され、アメリカの現代史家も用いるようになってから、「逆コース」をめぐって日米間の国際論争が繰り広げられた。

一九八〇年九月アメリカのアマースト大学で、占領をめぐる国際会議が開かれた。このときアメリカ人研究者の一人が、占領政策の転換を自動車の運転にたとえて、それはギアをファーストからセカンドに切り換えた程度のものであって、リヴァースに入れたなどとは言えないと主張したのである。すなわち、アメリカン・デモクラシーは反ファシズムを意味すると同時に、反共産主義を含んでいる。したがって、非軍事化から反共政策へ動くことは政策の転換ではなく、むしろアメリカの政治理論からいって当然なことと言うのである。元GHQ国会課長のジャスティン・ウイリアムズも、「逆コース」という言葉さえ認めようとはしなかった(ちなみに、一九八〇年代に、私はソ連のある研究者から、米国の占領政策は初めから反共を方針としていたから、そもそも「逆コース」などあるはずもない、という意見を聞いたことがある)。

これに対し、竹前栄治、袖井林二郎、進藤榮一、五十嵐武士など日本人研究者は、逆コースはあったと主張した。この意見の対立の背後には「歴史における痛覚」の有無があると、私は書いたことがあるが(「〝逆コース〟と占領研究」『世界』一九八一年六月)、その後注意してみると、米国の研究者の中でもカミングス、ダワー、ビックス、ショーンバーガーなどベトナム反戦世代の日本研究者は、「逆コース」の存在を認めている。どちらかというと保守派に逆コース不在説は多く、革新派に逆コース存在説は多いといえよう。

もっとも最近は、「逆コース」見直し論が出ており、一九四九年を戦後史の中に位置づけなおす動きが目立ってきた。浅井良夫の『戦後改革と民主主義』は国際的な視野からドッジ・ライン研究に新風を吹き込んだものであり(過大な逆コース評価の修正)、佐藤一の『下山事件全研究』は、下山国鉄総裁自殺説を克明に実証し、松本清張の『日本の黒い霧』(他殺説＝米軍謀殺説)を根底から批判している。

また西田美昭『近代日本農民運動史研究』は、逆コース期(一九四九年〜一九五〇年代)の総選挙の分析を通じて、農村(新潟県)では革新票(社会党・共産党)のほうが保守票より大きく伸びた事実を明らかにし、「進んだ都市」「遅れた農村」というイメージに異をとなえた。農村が保守の金城湯池となるのは、高度成長期になってからというのである。さらに森武麿・大門正克編著『地域における戦時と戦後』は、太平洋戦争から逆コース後の一九五五年頃までを対象に、「連続・断絶」問題に新たな照明をあてるとともに、「豊かな都市」「貧しい農村」という伝統的農村像を修正した。労働運動研究の分野でも、西成田豊が、一九四九年の労働組合法改正を画期に、日経連が「経営権」確立を宣言し、一九五〇年代の相次ぐ大争議(電産争議、日産争議など)を乗り切ったのちに、「協調的企業別組合を基礎とする日本的労資関係が一九六〇年代に成立する」との見通しを与えている(「占領期日本の労資関係」、傍点は原文のママ)。これも従来の占領期における労働運動の過大評価を修正した見解である。いまや占領・戦後史研究は、このように新たな段階に入っている。

4　戦後文化と戦後思想

戦後の生活空間

私にとって戦後とは、何よりも焼け跡であり、闇市、食糧難、浮浪児、DDTである。他方で、新憲法の制定、極東国際軍事裁判、二・一スト、帝銀事件、下山・三鷹・松川事件、ドッジ・ラインなどは戦後の原風景として忘れることはできない。

一九四七年八月、古橋広之進が四〇〇メートル自由形で世界新記録を達成、ついで四九年の全米男子屋外水上選手権大会(ロスアンゼルス)では四〇〇メートル、八〇〇メートルに加え、一五〇〇メートル自由形において世界新で優勝(二位、橋爪四郎)、「フジヤマのトビウオ」と賞賛された。また同じ年、湯川秀樹がノーベル物理学賞を受賞した。この二つのニュースは敗戦で虚脱状態にあった日本人に勇気と希望を与えた。

街角には並木路子の「リンゴの歌」や笠置シヅ子の「東京ブギウギ」が流れ、美空ひばりは「悲しき口笛」「東京キッド」「リンゴ追分」などで天才少女歌手の評判をえた。映画では今井正監督「青い山脈」が民主主義の息吹を伝えていた。新聞の連載マンガ「ブロンディ」は、冷蔵庫にいつも食糧が一杯詰まっているアメリカ的生活様式への憧れをかき立てた。

子供たちは草野球、メンコ、べーごま、缶けり、馬とびなどをして遊んだ。いま思い起こしても、敗戦後数年間は、あの時期に特有の遊び空間、文化空間があったように思う。青年団の活動も活発だった。映画鑑賞会、盆踊り大会、運動会なども盛んにおこなわれた。他方で、戦争指導勢力への批判とニヒリズムも青年たちを覆っていた。ある青年は「私達はあれ程に信頼していた政府や軍の首脳部によつて心の中に弓の弦の如くピンと張りつめてゐた、必勝の信念を余りにも無残に切られてしまひました」と述べている(北河賢三『戦後の出発——文化運動・青年団・戦争未亡人』)。

住宅難・食糧難を反映して「ベニヤ板と甘藷を交換」などガリ版ずりの通知が出されたりした(『沼津市史』史料編・現代)。また東京・渋谷では学校の奉安殿に人が住み、オムツが風にひるがえるという、ほとんど信じられないような事態が、敗戦直後には展開していたのである(安田常雄「象徴天皇制と民衆意識」)。食糧メーデーのさいに「憲法よりメシだ」のプラカードがかかげられたのも一九四六年のことであった。

おそらく日本近代史上、この時期ほど民衆が国家(権力)から最も遠い所に位置していた時代はなかったのではないか。それは戦後思想の動向にも反映していた。

天皇・戦争責任

戦前は戦争、天皇制の専制支配、人権抑圧、貧困を特徴としていた。それゆえに戦後は反戦、平和、民主主義、貧困からの脱出が主要な価値理念となった。戦後思想の担い手たちも、これらの価値理念をめぐってさまざまな論陣をはった。

なかでも天皇・天皇制の問題は敗戦直後の重要テーマの一つであった。戦後日本の出発に当たって、経済の再建と並んで天皇制に対してどのような態度を表明するかは、その後の日本の政治の進路をきめる中心問題であった。

なかでも天皇制批判の先頭に立ったのは、「獄中一八年」の体験をもつ日本共産党であった。一九四五年一〇月一〇日、GHQの政治犯釈放により出獄した共産党指導部は「人民に訴う」を発表し、天皇制の打倒を呼びかけた。このスローガンはのちに「天皇制の廃止」に変わるが、いかなる手順、手続きによって天皇制廃止を実行するかの具体的プログラムは無いに等しかった。共産党の主張に続いて、高野岩三郎「囚われたる民衆」、羽仁五郎「天皇制の解明」も、当時の青年・知識人に大きな思想的影響を与えたものの、実行プランを明示したわけではない(久野収・神島二郎編『天皇制論集』)。

これに対し、国民の天皇制支持は八〇%をこえていた。このような状況の中で天皇制廃止よりも天皇退位を追求する第三の道があり得たのではないかと、私はおもう。事実、当時は近衛文麿、木戸幸一、詩人の三好達治を始め、天皇退位を勧める意見が多かった。内大臣・木戸幸一は昭和天皇が何ら責任もとらず、皇位に止まれば「皇室丈が遂に責任をおとりにならぬことになり、何か割り切れぬ空気を残し、永久の禍根となるにあらざるやを慮《おそれ》る」(『東京裁判資料・木戸幸一尋問調書』)と述べていた。三好達治も、南原繁(東大総長)も、国際ジャーナリスト松本重治も同様であった。したがって共産党を始めとする左翼陣営が保守派、自由派と組んで、「天皇制は残すにしても、昭和天皇には退位してもらう」という第三の道を追求していれば、「昭和」という年号も変わり、歴史のけじめはもっと明快についたはずであるが、左翼陣営は、そのような柔軟性に欠けていた(中村政則『戦後史と象徴天皇』)。

また民衆の側にも、天皇の戦争責任を追及すれば、自分に跳ね返ってくるという危惧があった。戦時中は天皇の権威に従い、「出て来いニミッツ、マッカーサー、出て来りゃ地獄へ逆落とし」と歌っていた日本人が、敗戦後数か月も経たないうちに占領軍最高司令官の権威にすがり、平伏していった、日本人の変わり身の早さ、権威主義的精神構造の根強さをこそ問題にすべきであったろう。

近代化と民主化

この日本人の権威主義的精神構造に深い分析を加えたのが丸山真男の「超国家主義の論理と

心理」(『世界』一九四六年五月号)であった。同論文を始め丸山の言論活動は『現代政治の思想と行動』に収められており、戦後思想の原点となった。また西洋経済史家大塚久雄は古典的近代を達成したイギリスとの比較から日本近代の前近代性を抉り出し、日本の近代化、民主化を達成するためには、何よりも「近代的人間類型」を創出しなければならないと訴えた。

大塚、丸山にとって、イギリス、フランスに代表される西洋近代、近代国家はきらきら輝く到達目標であった。いまでこそ近代国家は国民国家と呼ばれるようになり、批判の対象となっているが(ポストモダニズム)、当時はヨーロッパ近代を基準に日本の近代化、民主化がどこまで進んだかを計る思考様式は、私たち学生を含めて、一般的だったのである。

こうした中で、竹内好は魯迅研究を通じて「近代とは何か(日本と中国の場合)」(一九四八年)を書き、西洋中心史観を痛烈に批判した(『竹内好著作集』第四巻)。東洋では、ヨーロッパの侵入に対して抵抗を続けることで、東洋の近代を作った。それは敗北の歴史ではあったが、敗北を認めないこと、あるいは敗北を忘れることにたいする抵抗を通じて、独自の道を切り開いた。魯迅のような人間は激しい抵抗を条件にしなければ生まれない。これに対し「日本文化は、革命という歴史の断絶を経過しなかった。過去を断ち切ることによって新しくうまれ出る、古いものが甦る、という動きがなかった。つまり歴史が書きかえられなかった。だから新しい人間がいない」と言う。

要するに、「進んだ日本、遅れた中国」の図式をひっくり返して、抵抗を知らない日本の「優等生文化」を批判したのである。

マルクス主義歴史学

他方で、マルクス主義歴史学が当時の青年・知識人に与えた影響力を無視することはできない。とりわけ天皇中心の皇国史観を打ち破る力はマルクス主義をおいてなかった。古代史の藤間生大、中世史の石母田正、近代史の井上清、遠山茂樹らは、戦前の講座派マルクス主義を継承して戦後歴史学を形成した。

戦後歴史学は革命の歴史学であり、民主化の歴史学であった。侵略戦争・天皇制・封建制批判を通じて、近代的で民主的な日本を建設し、究極的には社会主義を展望していた。戦後歴史学を主導した歴史学研究会は一九四九年に「世界史の基本法則」、五〇年に「国家権力の諸段階」を大会統一テーマにかかげ、歴史を世界史的、法則的立場からとらえる方法を提起した。いわば一九五〇年前後は戦後歴史学の黄金時代だったのである(遠山茂樹『戦後の歴史学と歴史意識』)。ところが、一九五六年のスターリン批判、ハンガリー事件あたりを境にマルクス主義に対する懐疑がめばえ、さらに一九六〇年代の高度成長とアメリカ流「近代化論」の浸透によって、マルクス主義の影響力は次第に低下していった。

図8　映画「真空地帯」(監督・山本薩夫)の撮影現場を訪れた原作者・野間宏(右から2人目)(『総合日本史』10，国際情報文化社)

戦後文学と映画

文学の分野でも、戦後は特有の文学空間をつくっていた。敗戦という未曾有の体験のなかで、荒正人・平野謙対中野重治の「政治と文学」論争を始め、文学者の戦争責任が活発に議論された。また坂口安吾『堕落論』、太宰治『人間失格』、田村泰次郎『肉体の門』などが、戦後の混乱と退廃の中での人間性と性の解放をうたった。

戦争文学としては、野間宏『暗い絵』『真空地帯』(図8)、大岡昇平『俘虜記』『野火』、梅崎春生『桜島』などが自己の戦争体験を含めて、戦争・軍隊の非人間性を描いた。

戦後文学も戦後歴史学と同じように一九五一年までがピークで、五二〜五六年に「戦後」は消えていったという(本多秋五『物語　戦後文学史』一九

図9　「羅生門」の三船敏郎と京マチ子

五八年)。

映画では、一九五一年に黒沢明監督の「羅生門」(図9)がイタリアのベニス国際映画祭でグランプリを受賞、日本映画の水準の高さを世界にしめした。

洋画の輸入も活発で、東京では「ターザンの猛襲」、西部劇の「駅馬車」や「望郷」「風と共に去りぬ」「天井桟敷の人々」「大いなる幻影」「カサブランカ」などの洋画がファンを惹きつけ、一九五二年以後、観客数は日本映画を上回りはじめた。

きけわだつみのこえ

一九四七年、東大協同組合出版部から東大戦没学生の手記をあつめた『はるかなる山河に』が刊行され、反響をよんだ。翌四八年、日本戦歿学生手記編集委員会が設立され、四九年に日本戦歿学生手記編集委員会編『きけわだつみのこえ』が出版された。フランス文学者の渡辺一夫は、レジスタンス運動に参加したフランス現代詩の詩人ジャン・タルジューの短詩を翻訳し

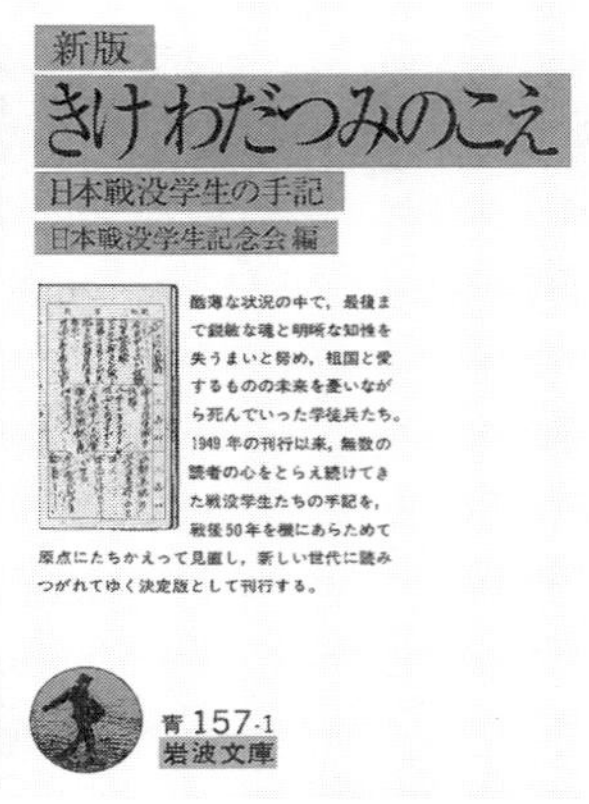

図 10 『新版　きけ　わだつみのこえ』カバー

て、序文に付した。

死んだ人々は、還《かえ》ってこない以上、
生き残った人々は、何が判ればいい？
（中略）
死んだ人々は、もはや黙ってはいられぬ以上、
生き残った人々は沈黙を守るべきなのか？

この名訳を読んで感動した読者は少なくなかった。「生あらばいつの日か、長い長い夜であった、星の見にくい夜ばかりであった、と言い得る日もあろうか」(松原成信)と書きのこした戦没学生の無念さに、感動と決意を抱いた読者も少なからずいたはずである。私も、その一人であった。学部学生のときに、私は「わだつみ会」のメンバーとなった。『きけわだつみのこえ』の刊行(光文社、一九五九年)に当たって、古山洋三、和泉あき、板橋好三、高橋武智らと一緒に私も編集に参加したが、そのころ山下肇、安田武、渡辺清、橋川文三などの戦中派と知り合ったことはいい思い出となっている。

その後、『きけわだつみのこえ』(一九四九年刊)は岩波文庫(一九八二年刊、あとがき、中村克郎)に収められ、敗戦五〇年の一九九五年には、遺稿そのものの厳密な復元をおこなった『新版きけわだつみのこえ』が出版された(図10)。同書は一九四九年の刊行以来、一〇〇万をこえる読者をえて、戦争記録の古典となっている。

5 冷戦下のアジア

中国革命と日本

一九四九年一〇月一日、毛沢東は天安門楼上より中華人民共和国の成立を宣言した。アヘン戦争以来約一〇〇年を経て、中国はついに半封建半植民地社会から脱出した。この人民中国の誕生はアジア、アフリカ、ラテンアメリカ諸国の民族独立運動を奮い立たせた。日本でも占領下にあっただけに、民族独立を重視する論議が高まった。毛沢東の『矛盾論』や『実践論』は学生の必読文献となり、エドガー・スノー『中国の赤い星』はベストセラーとなった。さて中国革命の過程については、優れた専門書が何冊も出ているので、それにゆずりたい。

いま中国革命といえば、すぐ私に思い浮かぶのは毛沢東の持久戦論であり、農村根拠地論であり、人民軍の規律の高さである。持久戦論とは、毛沢東の軍事戦略を体系化したもので、戦局を①戦略的防御の段階、②戦略的対峙の段階、③戦略的反攻の段階の三つに分け、①は敵の強いところは退き、弱いところを突くという戦法をさす。②は敵味方の勢力が拮抗し、膠着状態にある段階で、③は敵が疲弊し、後退し始めたら一挙に反転攻勢に出て敵を壊滅させる戦術をいう。この戦法は遊撃戦《ゲリラ》を駆使して国共内戦で用いられ、蔣介石の国民党軍を追いつめた。日中戦争が始まると、日本軍はこの戦法に翻弄され、しだいに泥沼状態に陥っていった。日本軍国主義の敗北後、中国はふたたび国共内戦の状態に入るが、一九四九年一月、中国人民解放軍の北京入城をもって事実上決着した。同年一二月、敗れた蔣介石の国民党は政府を台湾に移した。

農村根拠地論も独創的な戦略で、毛沢東は都市・労働運動を重視するソ連型マルクス・レーニン主義と違って、農村を根拠地とし「農村が都市を包囲する」戦術をとった。農村根拠地では地主・郷紳を倒し、土地改革を行ないながら貧農を味方につけていった。しかも、農民を主体とする人民軍は農村に入っても一本の針・糸も食糧も盗まず、きわめて高い倫理性・規律をしめした。日本軍が中国農村を占拠すればすぐ食糧の略奪を繰り返したのとは大違いである。だが、一九四九年の中華人民共和国の成立をもって、あたかも安定した社会主義国家体制が成立したと思ったら間違いである。中国の政治・社会が安定するのは、朝鮮戦争以後のことであった(天児慧『中華人民共和国史』)。

朝鮮戦争

一九五〇年六月二五日未明、とつじょ朝鮮民主主義人民共和国軍(以下、北朝鮮軍と略称)が三八度線を突破し、朝鮮動乱が始まった。当時の新聞報道を調べると、朝鮮戦争という呼び方よりも、むしろ「朝鮮動乱」という呼称のほうが多い。事実、『朝日新聞』は一九五〇年代は動乱・戦乱の語を使用している。宣戦布告はなく、あくまでも朝鮮半島内部の内戦であって、国際戦争ではないという判断があったものと思われる。また一九五一年衆参両院における国会審議でも(第三次吉田内閣時代)、朝鮮動乱の用語が一般的に使われていた。朝鮮戦争という用語がいつ使われ始めたのかわからないが、調べたところ井上清・小此木真三郎・鈴木正四共著『現代日本の歴史』(一九五二年)は早くも、朝鮮戦争の語を使用している。

動乱勃発に対し、米大統領トルーマンは国連安保理事会の開催を要求、ソ連欠席のもとで、安保理は北朝鮮の武力攻撃は侵略行為であり、北朝鮮軍の戦闘行為の停止と三八度線までの撤退を決議した。だが破竹の進撃を続ける北朝鮮軍は、六月二七日、ソウルを占領した。開戦から二週間後の七月八日、マッカーサー元帥は国連軍最高司令官に就任し、アメリカ軍を中心に国連軍を結成し、朝鮮半島へ出動した。北朝鮮軍はさらに進撃を続け、一か月後には米・韓国軍を釜山まで追いつめた。一時は北朝鮮が朝鮮半島全体を統一するかにみえた。しかし九月一五日、最高司令官マッカーサーはこの劣勢を逆転させるべく、仁川奇襲上陸作戦を敢行し、成功させた。九月二八日、今度は米・韓国軍がソウルを奪還、一〇月一日には三八度線を突破して北上し、一〇月中旬には中国との国境線まで前進した。米・韓国軍の北上を予期していた中国が参戦にむけて動きだした。成立したばかりの中華人民共和国にとって、朝鮮戦争の行方は自国の存亡を左右する重大事だった。毛沢東はモスクワに飛び、スターリンと会談して、ソ連の支援を要請したが同意は得られなかった。スターリンは、ソ連が介入すれば、米ソ戦争に発展することを恐れたのである。結局、スターリンは数個師団分の武器・弾薬や医薬品などの提供については了承したが、ソ連空軍を出すことは拒否した。もっとも一一月に入って、ソビエトのパイロットは中国飛行士の制服を着て、朝鮮民主主義人民共和国のマークをつけたミグ戦闘機で出撃したという。スターリンはこの戦争でソ連が北朝鮮軍に加担しているという証拠を残したくなかったのである。

中国義勇軍の参戦

スターリンの拒否にあって、毛沢東はソ連の支援なしに中国義勇軍を参戦させるべきか否か迷いに迷ったが、五〇年一〇月、数回の政治局会議をへて参戦を決断した。一〇月一九日午後、彭徳懐を司令官とする中国義勇軍の主力部隊は鴨緑江を越え、南下した(図11)。中国軍の参戦はまかり間違えば第三次世界大戦に発展しかねない。全世界は朝鮮半島の行方を固唾をのんで見守った。新聞・ラジオは世界戦争の到来を予測し始めた。トルーマンも一二月九日の日記に「どうも第三次世界大戦が起きそうだ」と書いている(饗庭孝典/NHK取材班『朝鮮戦争——分断38度線の真実を追う』、朱建栄『毛沢東の朝鮮戦争』)。

図11　中国人民義勇軍司令官・彭徳懐(左)と朝鮮人民軍総司令官・金日成　ふたりは1930年代から旧知の間柄だった．(J. ハリデイ，B. カミングス『朝鮮戦争』岩波書店)

翌一九五一年四月、マッカーサーは北朝鮮の背後にある中ソを攻撃するために、中国大陸での原爆使用をトルーマン大統領に進言した。トルーマンも前年一一月三〇日の記者会見で「原爆の使用もありうる」と発言していたが、軍事的・政治的・道義的にみて原爆の使用を正当化できる余地はなかった。当時、アメリカが使用できる原子爆弾は空中爆発型であって、鉄道・トンネル・橋梁などの破壊に適しておらず、それに中国の初期の戦闘は空港建設の遅延で、地上戦闘に限られていたので、その軍事的効果は大きくなかった。政治的にも中国との全面戦争のみならず、ソ連の戦争への介入を呼び込む危険があった。また中国への原爆投下は、アメリカはアジアに対してのみ使う(人種偏見)というアジア諸国の反発をまねくことは必定であった(小此木政夫『朝鮮戦争』)。だが、マッカーサーは中国本土攻撃も辞せずと声明し、トルーマン大統領に対して数個の原爆の使用を進言したのである。しかし、以上のことからして、トルーマンがマッカーサーを解任したのはやむを得ないことであった。トルーマンが人道主義者だからというのでなく、原爆を使用できる条件にはなかったのである。こうして第三次世界大戦の危機は回避されたのであり、まさに危機一髪であった。

マッカーサー解任と休戦

これに対し、日本人の多くはほっとしたが、同時に天皇より偉いと思われていたマッカーサー元帥を解任できる、もっと上位の人物が米本国にいることを知って、驚いたものである。一九五一年四月一六日、衆参両院はマッカーサーに対する感謝決議案を可決、見送りの群衆二〇万人が羽田空港までの沿道を埋め尽くした(図12)。帰国後、マッカーサーは米上下両院合同会議で退任の演説をおこない、「老兵は死なず、ただ消えゆくのみ」という有名なことばを残した。

一九五一年、朝鮮での戦闘は一進一退を繰りかえし、膠着状態に入っていた。こうして動乱勃発から一年後の一九五一年七月に休戦会談が始まった。しかし、会談は長引き、結局、一九五三年七月二七日、三八度線付近を軍事境界線とする休戦協定が板門店で調印され、三年一か月にわたった戦争は終わった。

図 12　マッカーサーが離日する朝，羽田に向う沿道で名残りを惜しむ多数の市民　20 万人が見送ったという(1951. 4. 16)

誰が引き金を引いたのか

いったい朝鮮戦争はどちらが先に引き金を引いたのであろうか。私の学生時代は、圧倒的に「米韓侵攻説」が優勢であった。朝鮮動乱直前の一九五〇年六月一八日、ジョンソン国防長官とブラッドレー統合参謀本部議長が来日し、マッカーサーと極東情勢について協議した。六月二一日にはダレス国務省顧問も三八度線を視察したあと来日した。また六月初旬、マッカーサーはとつじょ日本共産党中央委員二四名の公職追放を指令した。「反共は戦争の前夜」という言葉とともに、「米韓侵攻説」が一定の信憑性をもって語られていた。以来、十数年にわたって、「米韓侵攻説」が正しいと思われてきた。だが、一九六〇年代に入って日本現代史家の信夫清三郎が朝鮮戦争は金日成による武力的・革命的統一戦争であり、これは南北の内戦としての性格をもつという見解を提起した(『現代史の画期としての朝鮮戦争』)。朝鮮戦争は内戦であるという認識は朝鮮問題の専門家によっても支持された(神谷不二『朝鮮戦争』など)。こうした諸研究を踏まえて、神田文人は昭和通史の一冊『占領と民主主義』の中で、「北朝鮮侵攻説」を打ちだした。動乱直後の戦闘状況から判断して、北朝鮮軍の快進撃は、事前の準備なしには不可能だというのである。その頃はまだ『フルシチョフ回顧録』(テープ)も毛沢東の朝鮮戦争関連の資料も公開されていない時だけに、私はその大胆な推理——一般読者向けの通史だけに責任は重い——に驚いたものである。だが神田の推理は正しかったようである。

一九九〇年代に入って研究状況は一変した。とくに和田春樹『朝鮮戦争』は、「北朝鮮侵攻説」を疑問の余地なく実証しただけでなく、四九年中国革命と朝鮮戦争が一本の糸でつながっていることを明らかにした。和田は、在米韓国人学者の方善柱氏が発表した新資料をベースに、北朝鮮工兵隊が一週間ほど前から、戦闘準備を開始し、六月二三日までに戦闘準備を完了、二五日に本隊が南への侵攻を開始したことを明らかにした。要するに、朝鮮戦争とは、金日成がスターリン、毛沢東の同意を取りつけて開始した武力南進・統一戦争であったというのである。しかも、和田は、中国革命に参加していた朝鮮人兵士一万四〇〇〇人が金日成の要請で北に帰還し、北朝鮮人民軍に合流したこと、中国革命が終われば、今度は我々(北朝鮮人民軍)の番だという強い意識をもっていたことを明らかにした。いわば中国の内戦と朝鮮での革命は一つづきのものであり、「その意味でも、朝鮮戦争は中国革命の帰結であった」というのである。私は中国革命と朝鮮戦争がこういう形で「と」で結びつくことを初めて知った。

朝鮮特需

朝鮮戦争は、前年来のドッジ不況で苦しんでいた日本経済にとって「干天の慈雨」となった。日本に基地をおく米軍は、軍需物資(麻袋・毛布・綿糸・トラック・砲弾・鋼材など)やサービス(トラック・戦車・艦艇の修理、基地の建設・整備など)を日本に発注した。一九五〇〜五三年までにアメリカが日本で費消した額は、三〇億ドルに達した。この朝鮮特需が日本の景気回復にどの程度寄与したか、さまざまな推計があるが、米沢義衛の産業連関分析(モデルⅠ、モデルⅡの二通りの計算がある)によると、一九五一年の経済成長率は一二%であり、もし朝鮮動乱ブームがなかったとしたら、モデルⅠの場合には成長率は九・四%、モデルⅡの場合には四・九%に低下したであろうという(「戦後日本経済史」『エコノミスト』臨時増刊)。その結果、一九五一年における日本の鉱工業生産は、戦前の水準を突破し、「糸ヘン景気」「金ヘン景気」とよばれる特需ブームが現出した。また、アメリカの政治学者チャルマーズ・ジョンソンは、朝鮮戦争は日本に対しマーシャル・プランに匹敵する効果をもったとしている。

朝鮮戦争はヨーロッパに始まった冷戦をアジアにまで拡大し、世界的な冷戦状況をもたらした。米国は朝鮮戦争をきっかけに対日講和の早期締結に動きだした。

6 単独講和と独立日本

中国革命の成功は、蔣介石の中国を中心にアジア政策を構想していた米政府のアジア政策を根底から覆した。また朝鮮戦争は、アメリカの極東戦略にとって日本が重要な戦略的位置にあることを示した。対日講和の構想は一九四七年春頃から提唱されていたが、国防総省《ペンタゴン》は講和後にもアメリカ軍が日本に駐留できる保障のない限り、早期講和に反対であった。しかし、朝鮮戦争をさかいに、米政府内では講和促進の気運が一気に高まった。一九五〇年九月トルーマン大統領は、国務省顧問ジョン・フォスター・ダレスをして対日講和の予備交渉に入らせた。

日本国内では、一九五〇年から五一年にかけて講和論争が燃え上がった。全面講和か単独(片面)講和か、軍事基地を認めるのか否か、講和論争は、まさに「講和によっていかなる日本が生れ出てくるか」(『朝日新聞』社説、五〇年九月二〇日)を争点とする、一九五〇年代最大の政治・外交問題だったのである。全面講和とは社会主義国のソ連、中国、東欧諸国を含む講和を指し、単独講和とは米国を中心とする資本主義陣営のみとの講和を指す。講和問題に政治生命をかけた吉田茂首相は、日本への共産主義勢力の浸透を防ぐためには、ソ連・中国を排除した自由主義陣営との講和をすすめるほかなく、また早期講和を実現するために必要ならば、講和後も米軍の駐留継続を認めてもよいと考えていた。

これに対して、社会党は、全面講和・非武装中立の路線を提唱し、共産党も非武装中立ではないが、全面講和を主張した。また南原繁、都留重人、丸山真男、中野好夫、湯川秀樹など進歩的知識人とよばれた学者たちは平和問題談話会「講和問題についての声明」を発表し、全面講和・中立不可侵・国連加盟・軍事基地反対・経済的自立を訴えた。第二次世界大戦で中国・朝鮮および東南アジア諸国に多大な犠牲を強いた日本人にとって、これらの国々を排除した講和は倫理的にも許されないという思いが「全面講和」論にはあった(『世界』一九五〇年三月号)。これは、いわば戦後の原点でもあったのである。

この講和論争のときほど進歩的知識人が世論形成に大きな役割を演じたことはなかった。さらに全面講和運動が戦後民主主義を育てたことを忘れることはできない。GHQと日本政府が改革への情熱を失い、「逆コース」を進みつつあったとき、初期改革の成果を定着させる役割を演じたのは、むしろ革新勢力の運動だったのである。日教組(日本教職員組合)の「教え子を再び戦場に送るな」のスローガンが、あれほどの浸透力をもって人々の心を捉えたことはかつてなかった。日本国憲法の三大原則である主権在民・戦争放棄・基本的人権の意義があらためて認識されたのは、一九五〇年代の平和運動の盛り上がりの中であった。現在、イラク戦争、自衛隊の海外派兵、憲法改正の動きが表面化する中で、日本国憲法の価値が見直されつつあるが(小田実の「憲法九条はいまこそ旬だ」)、講和論争は、その先駆でもあった。

サンフランシスコ講和の功罪

朝鮮戦争が戦われている最中の一九五一年九月四日から、サンフランシスコのオペラ・ハウスでは講和会議が開かれた。この会議に中国は招待されず、朝鮮(大韓民国)も日本との間で交戦関係になかったという理由で招請されず、インドとビルマは参加を拒否した。またソ連、チェコ、ポーランドは調印をしなかった。九月八日、日本を含め四九か国が対日講和条約に署名したが、その日の午後五時、吉田茂はサンフランシスコ湾に面する米第六軍司令部で日米安全保障条約に調印した。アメリカ側の代表は、国務長官ディーン・アチソンと国務省顧問ダレス

図13　日米安全保障条約調印式　サンフランシスコ平和条約調印のわずか5時間後におこなわれた．前方で署名するのはアメリカのアチソン国務長官，右後方に首席全権・吉田茂がいる．

の二人であった(図13)。こうして講和条約は、日米安保条約と抱き合わせで成立することになったのである。

一九五一年一〇月、講和と安保の両条約を批准する第一二臨時国会が開かれた。国会審議に先立って、社会党は大会をひらき方針を決めようとしたが、講和条約に賛成だが安保には反対の右派と両条約ともに反対の左派の二つに分裂した。保守党内部にも鳩山一郎、岸信介のように吉田の対米追従外交・秘密外交に強い不満を示すものがあった。

言い換えれば、一九五〇年代の日本には、三つの選択肢があった。①吉田路線といわれる軽武装・通商国家の路線、②社会党などが主張した非武装中立の路線、③鳩山・岸信介らの対米自立、自主憲法制定の国家主義的な路線である（五百旗頭真『日米戦争と戦後日本』）。のちにソ連邦が崩壊し、また社会主義といっても社会帝国主義のような面がある歴史をみれば、第一の吉田路線がもっとも現実的な道であったと言っていいだろう。

だが、その代償も大きかった。ひとことで言って、これにより国際社会に占める日本の対米従属的な位置が決まった。日米関係は他面で、対米協調の側面があるが、軍事と外交の面で従属的性格が強いことは明らかである。それは一九六〇年の安保改定（後述）を経ても変わりない。たとえば一九九五年九月四日、沖縄で米兵三人による女子小学生暴行事件が起こった。そのとき沖縄県警は米兵三人について逮捕状をとり、身柄の引き渡しを要求したが、アメリカ側は日米地位協定を盾に拒否した。しかし、米国がドイツと結んでいる協定では、被疑者の身柄の引き渡しについて協議できるようになっている。また二〇〇四年八月一三日、沖縄国際大学に米軍の大型輸送用ヘリコプターが墜落したとき、沖縄県警は現場検証をしようとしたが、同じく地位協定を盾に拒否された。

戦前・戦後の軍隊の連続性

二〇〇四年八月一四日、海上自衛隊創設から五〇年を記念して「NHKスペシャル　海上自衛隊はこうして生まれた」が放映された。これは歴代の海上幕僚長しか見ることのできなかった『海上自衛隊創設の記録』(全九巻)という門外不出の資料をNHKスペシャル特別班が閲読することに成功したものである。その概要を述べると、次のごとくである。

旧海軍の軍人たちは、敗戦直後の一九四五(昭和二〇)年から海軍再建の構想をもっていた。番組では吉田栄三・元海軍大佐の回想を中心にナレーションが続くが、ポイントは次の五点にまとめられる。第一は、一九五〇年一〇月から旧海軍再建工作が本格化したこと。第二は、とくに朝鮮戦争勃発が引き金となって、ソビエトを仮想敵国とする海軍再建「私案」がつくられ、米海軍将校と密接な連絡を開始する点。第三は、その際にパイプ役となったのは元海軍大将の野村吉三郎(日米開戦のときの駐米大使)であり、アメリカ側はアーレイ・バーク海軍少将であったこと。第四は、一九五一年一〇月三一日、海上保安庁内に旧海軍軍人を主要メンバーとする「Y委員会」という秘密の委員会がつくられ、海軍再建案が検討された。その情報はバーク少将を通じてアメリカ海軍側に伝えられていたこと。第五は、結局、一九五二(昭和二七)年四月、新しい組織は、海上警備隊として海上保安庁内に設置されたこと(一九五四年、自衛隊法により海上自衛隊となる)。吉田栄三元大佐はのちに海上自衛隊の上層幹部の一人となった。以上があらましであるが、番組の最後に海上自衛隊の幹部が語った言葉は印象的である。「海上自衛隊は海軍の後継者。旧日本海軍なくしてあり得ない。海軍のよき伝統を受け継いでいく」。

この番組をみて痛感したのは、戦前との連続、つまり海上自衛隊と旧海軍との繋がりであった。まさしく海上自衛隊は旧海軍との合作だったのである。ちなみに朝鮮戦争が始まったとき、海上警備隊はまったくの極秘で、北朝鮮が敷設した機雷を排除する掃海艇を朝鮮半島まで出動させていた。しかし、掃海艇が機雷に触れて沈没し、隊員ひとりが死亡し、一八名の負傷者が出た。「これはおかしい」と現場の隊員も言いだした結果、参加は取り止めとなった。この事実は自衛隊関係者には二十数年前からわかっていたことなのだが、日本国民には一切秘密であった。その意味で、海上自衛隊は、最初から日米合作でもあったと言える。

旧陸軍と陸上自衛隊

これに対して、陸上自衛隊と旧軍隊とのあいだには、どのような関係があっただろうか。米政府は、占領当初は日本弱体化政策を考えていたし、日本国憲法の平和主義の原則もあったため、旧陸軍の将校や幹部が陸上自衛隊に入るようなことはなかった。むしろ当初の警察予備隊は警察官僚主体でつくられたのであって(断絶面)、たんなる一直線の連続ではない。ところが朝鮮戦争勃発四か月後の一九五〇年一〇月三〇日に約一五〇〇名の旧軍人の追放が解除され、警察予備隊への入隊は五一年四月から始まった。また五一年八月に第二次解除があり、陸軍では五五〇〇名余の旧軍人が復帰した。その結果、一九五〇年代半ばになると、旧自衛隊上級幹部は旧陸軍正規将校が五〇%を超えるようになったのである(藤原彰『日本軍事史』下巻、戦後編)。

一九五三年一一月一九日、来日中のニクソン副大統領は「憲法第九条は米国の誤りであった」と演説した。翌五四年七月一日、防衛庁が発足し、陸海空三自衛隊が誕生した。この三自衛隊の創設にあたって在日米軍事顧問団が果した役割はあまり知られていない。米軍事顧問団は憲法九条の存在ゆえに、あくまでも〝黒子〟に徹し、背後から日本自衛隊の編制・訓練・装備・統制などあらゆる側面で指導、監督していたのである(増田弘『自衛隊の誕生』)。

占領のバランスシート

けっきょく戦後改革とはなんだったのであろうか。戦後改革はGHQ革命といわれるように外からの革命、いわば「誘導された革命 induced revolution」(セオドア・マクネリ)であり、「管理された革命 managed revolution」(ジョン・ダワー)であった。革命の主体は、GHQであって、日本人ではない。だが、占領軍が長い歴史と伝統をもつ日本社会の構造を一夜にして変えられるはずもない。そこには改革を受け入れる日本の内発的な力や持続力、いわば「受け皿」があった。戦後の政党政治の出現にしても、大正デモクラシーの経験がなければ定着するはずもなかったし、農地改革にしても大正期以来の農民運動の蓄積がなければ、あれほどスムーズに行くはずもなかった。ダワーが指摘するように、「占領とは真に弁証法的な相互作用である」(『敗北を抱きしめて』)。マッカーサーによる占領が日本を大きく変えたが、同時に日本人の主体的努力もあった。アメリカ人は占領軍が撤退すれば、日本人が日本国憲法を変えるだろうと思っていた。ところが予期に反して、日本国憲法は持続し、今にいたるも「どっこい生きている」(奥平康弘)。先に私は講和論争や平和運動が戦後民主主義を育てる上で力があったと書いたが、一九六〇年安保闘争の高揚が改憲派を沈黙させる威力となったことは、のちに述べるとおりである。

だが、これはメダルの一面にすぎない。占領期の当時からA級戦犯容疑者の岸信介は、連合国による対日占領を敵視していた。

「米国を中心とした連合国の初期の対日占領政策の基本は、戦争の責任をすべて日本国民に負わせ、日本国民が今日受けている困苦や屈辱はすべて自業自得であると思い込ませる点にあり、その意味で東京裁判も絶対権力を用いた〝ショー〟だったのである」

「占領初期の基本方針は……日本人の精神構造の変革、つまり日本国民の骨抜き、モラルの破壊に主眼があったことは間違いあるまい。……その集大成が、今の日本国憲法である」(『岸信介回顧録』)。

こうした見解の持ち主(東条内閣の商工大臣)が実は、巣鴨プリズンから釈放されたあと、わずか九年にして日本権力のトップ(首相)にのし上がったのである。ナチズムを生んだドイツでは、戦後に旧ナチの幹部が政界上層に復帰することは決して起こりえないことであった。国際ジャーナリストの松本重治は、「負け取った民主主義」という言葉で、このことを表現している。つまり、戦争に負けて初めて手に入れることのできた民主主義、ここに「日本の現代史の悲しさがある」(『国際日本の将来を考えて』)。イタリアやドイツにはレジスタンス運動があった。しかし日本では反戦勢力(共産党指導者、キリスト教徒など)は治安維持法違反で逮捕され、獄中で敗戦を迎える以外になかった。戦後民主主義は、以上正負の二面をもって、今日まで尾を引いている。

戦後改革とアジア

アメリカのアジア学者トーマス・A・ビッソンは『日本民主化の展望』("Prospect for Democracy in Japan, 1949")という書物の最末尾で、「日本の戦後改革はアジアにとって何であるか」と書いたが、それは日本の民主化は、同時にアジアにとっての民主化を意味するのかという問いかけでもあった。この書物の発行年は一九四九年なので、残念ながら著者自身の答えはない。しかし、対日占領を日米の二国間関係だけで見るのでなく、アジアに広げて見ると、また違った様相が浮かんでくる。ひとことで言って、アメリカの対日占領政策は、アジア諸国の民主化を促進するどころか、開発独裁政権を後押しすることによって、むしろアジア諸国の民主化を抑圧する結果をまねいた。

たとえば朝鮮半島についてみると、一九四八年に米国は南朝鮮のみの分断国家をつくろうと単独選挙を実施しようとした。だが、その分断意図を見抜いた南朝鮮労働党や農民は、武装蜂起して抵抗した。しかし、米軍に後押しされた韓国警察や親日派は島民三万人以上を虐殺して鎮圧した(済州島四・三事件)。また一九五二年四月、対日平和条約の発効にともなって、日本は蔣介石の台湾政府と日台基本条約を締結して、中国政府とは国交断絶状態に入った。私はかねがね中国残留孤児がなぜ老齢になってからしか帰国できなかったのか疑問に思ってきたが、その一つの理由は、米日両国が中国を講和条約から切り離し、国交回復を遅延させたこと(戦争状態の継続)にある。残留孤児の姿を映像で見るたびに、私は国家によって翻弄された彼らの運命の過酷さを思わずにいられない。

さらに在日外国人問題がある。一九四五年一二月の衆議院議員選挙法は、婦人参政権を実現した法律として知られるが、このとき実は在日の朝鮮人(朝鮮戸籍)と台湾人(台湾戸籍)は逆に、それまで与えられた参政権を剝奪された。ついで新憲法施行の前日には最後の勅令で、「外国人登録令」が公布・施行され、植民地出身者は一般外国人の中に押し込められ、講和条約発効の五二年四月二八日を期して、朝鮮人・台湾人は日本国籍を一斉剝奪された(外国人登録法)。これ以後、彼らは指紋押捺制度、民族教育の否定など、民族差別と抑圧のもとに無権利状態を強いられることになった(尹健次『孤絶の歴史意識』)。

沖縄についても、本土との違い、差別は歴然としている。大田昌秀、新崎盛暉らが、つとに指摘しているところであるが、本土の平和主義、民主化は、実は沖縄に軍事基地が置かれることにより始めて可能となった。一九四七年六月二七日、マッカーサーは東京を訪問したアメリカ人記者団と会談し、沖縄人は日本人ではないから、基地を置いても反対する日本人は少ないであろうと言い、「沖縄を米軍基地とすることは日本の安全を保障する」、と述べた。つまりマッカーサーにとって沖縄の分離軍事支配と第九条による軍備放棄は一体不可分の関係にあったのである。また憲法研究者古関彰一は、四五年一二月の衆議院選挙法の改正により、朝鮮人・台湾人とともに沖縄県民の選挙権が停止されていたことを明らかにした(『法律時報』一九九六年一一月号)。したがって沖縄県民は憲法制定会議(第九〇帝国議会)に一人の代表も送り込むことはできなかったのである。要するに、象徴天皇・第九条・沖縄の軍事基地化は、まさに三位一体の関係にあったのであって、沖縄の視点を欠落させた憲法論議は、重大な陥穽に陥っていると言わざるをえない。

以上のように、戦後民主主義は生まれたときから、「天皇制民主主義」「冷戦民主主義」としての性格を帯びていたのであった。

7 一九五五年体制の成立

社会党統一と保守合同

一九五五年一〇月一三日、講和・安保条約問題で左右に分裂していた日本社会党が、四年ぶりに統一を果たした(委員長鈴木茂三郎、書記長浅沼稲次郎)。その一か月後に日本民主党と自由党が保守合同をとげて自由民主党(初代総裁鳩山一郎)が成立した。社会党の議席数は衆院一五五、参院六九に対し、自民党のそれは衆院二九八、参院一一五で、その勢力比はほぼ二対一の割合であった。一一月二二日国会が召集され、自民党の絶対多数のもとで第三次鳩山内閣が成立し、ここに自民党・社会党の保革二大政党を軸とする五五年体制がスタートした。鳩山内閣の最大の課題は、日ソ国交回復と憲法改正にあった。社会党をはじめとする野党は、改憲阻止をかかげて徹底抗戦の構えをみせた。こうして一九五五年一二月から五六年六月までの第二四国会は、いまでは驚くほどの与野党激突の国会となった。小選挙区制法案、防衛二法など対決型の法案が目白押しで、新教育法案の採択をめぐって、衆院は大混乱に陥り、参院では警官五〇〇名を導入する激突国会となった。二四国会は自社両党による二大政党政治のスタートといわれたが、「五五年体制」の前途を暗示していた。

日ソ国交回復

一九五六年七月、鳩山内閣は参議院選挙で日ソ国交回復と憲法改正を争点とする選挙に打って出た。結果は社会党を中心とする革新派が改憲阻止に必要な三分の一の議席を確保した。国民の憲法擁護の熱意は冷めていなかった。これ以後、鳩山内閣は憲法改正に意欲を失い、日ソ交渉に全力をあげることになった。鳩山内閣は五六年一〇月、「日ソ共同宣言」に調印し、日ソ間の戦争状態は終わった。また日ソ復交の結果、それまでソ連の反対で実現されなかった国連加盟の障害は取り除かれ、五六年一二月、日本の国連加盟が実現した。しかし、平和条約は締結されず、北方四島問題も未解決のまま今日にいたっている。

日ソ国交回復を花道に退陣した鳩山のあとは、石橋湛山が内閣を組織するが、政権担当からわずか二か月にして病気退陣をよぎなくされた。歴史に「もしも」の仮定は禁物だが、もしも石橋内閣が数年続いていたら、「五五年体制」はもう少し違った展開を遂げたかもしれない。石橋の政治理念は「小日本主義」にもとづく平和主義、自立経済の構築にあった。警職法、安保闘争などの激突型の政治は避けられたに違いない(姜克実『戦後の石橋湛山』)。

警職法反対運動

一九五七年二月、石橋内閣に代わって岸信介内閣が成立した。石橋湛山は、岸が民主党の幹事長時代にこう語ったことがある。「岸君は頭もいいし度胸もあるが、官僚的権力主義のところが気にかかる。……いつかあの権力主義が頭をもたげてきそうな気がする」。この石橋の危惧は一九五八年の警職法(警察官職務執行法)改定問題と六〇年の安保改定問題で現実のものとなった。警職法は警察官による職務質問や所持品調べの権限を拡大し、国民の集会・デモなどの自由を大幅に制限するものであった。週刊誌や新聞は、「デートも邪魔する警職法」「オイコラ警察の復活」などと書きたてた。

このころ日本では都市化が進み、大衆社会が形成されつつあった。一九五八年には「団地族」という言葉も生まれ、一九六〇年には第二次産業の就業者が第一次産業のそれを凌駕し、都市中産階級が一つの社会層として姿を現しつつあった。プライバシーの尊重、家庭の幸福を最優先とするマイホーム主義は一面で政治的無関心を生む土壌であるが、他面で私生活を脅かすものに対して牙をむく受動的攻撃性を秘めている。「デートも邪魔する警職法」という標語は、そうした中産階級の受動的攻撃性を引き出し、警職法反対の気運を盛り上げるのに役立った。

社会党・総評など六五団体は、警職法改悪反対国民会議を結成し、五次にわたる全国統一行動を展開した。国民会議に参加した労働組合員の数は四〇〇万人におよび、一九五〇年代最大の動員であった。結局、岸内閣は警職法の国会通過は無理と判断し、法案を引っ込めた。私は当時、大学生であったが、大衆運動が勝利をしめたのは、初めての経験であり、労働者・学生に「やれば出来る」という気持ちをあたえた。これが翌年からの安保闘争につながっていったのである。

安保闘争

一九六〇年一月、岸首相はワシントンを訪問、アイゼンハワー大統領との間で新安保条約に調印した。旧安保条約は、日本全土における外国軍隊の駐留と基地設定を認め(全土基地方式)、しかも条約期限もなく、米国の日本防衛義務もないという片務的なものであった。これを双務的な条約に改定しようというのである。岸首相は吉田茂が構築したサンフランシスコ体制を「占領時代の遺産」と見ており、その見直しをはかることが自己の政治使命であると考えていた。

一月三〇日から新条約の批准を目的とする「安保国会」が開かれた。新安保条約は一〇か条からなるが、与野党論戦では、①日米相互防衛義務が強められ、軍事同盟としての性格が濃厚になったこと、②「極東の範囲」が明確でないこと、③在日米軍の海外出動や核兵器の持ち込みについて「事前協議」の規定はあるが、日本の同意を必要としていないなど、その危険性が指摘された。ひとことで言って、「安保が改定されれば日本は戦争に巻き込まれる」という危

図14　4・19革命　戒厳軍の戦車を占拠，不正選挙を糾弾する韓国の学生

機意識が野党や反対派にはあった。

国会の外では、社会党、総評、原水協など一三四団体が結集した安保改定阻止国民会議(警職法改悪反対国民会議を発展的に継承して、五九年三月に結成)が反対運動の中心部隊となった。学生運動も、共産党系と反共産党系が対立しながらも、安保闘争に合流した。一九六〇年四月一八日、韓国で李承晩政権打倒のデモが起こり(図14)、二七日李承晩はついに辞任、五月に李はハワイに亡命した。この四・一九革命のとき、私は学生デモ隊の一員として、三宅坂の国会周辺にいたが、作家の堀田善衛が街路樹の傍らで学生デモを凝視している姿を目撃している。そのころ堀田は『海鳴りの底から』を執筆準備中だったとおもう。

ついで五月五日、ソ連首相フルシチョフが、米偵察機U2型機が領空侵犯をしたとして撃墜

図15　衆議院で新安保条約強行可決前日，国会周辺デモをおこなう総評・社会党・全学連(1960.5.19)

し、かつそれがスパイ行為をしていたと発表した。この事件は、米ソ対立の中で、日本が本当に戦争に巻き込まれる危険のあることを実感させた。これが契機となって、反対運動は急速に勢いを増した。しかし、岸内閣はこのような世論に耳を傾けることなく、むしろ六月一九日に予定されていたアイゼンハワー米大統領の訪日までに批准を完了しようと焦っていた。五月一九日、政府・自民党は、国会内に警官隊五〇〇人を導入して、条約批准案を単独で強行採決した(二〇日未明)。この強行採決は国民に大きな衝撃を与えた。この五・一九以後、自然承認の六月一九日まで史上未曾有の大衆運動の高揚をまねき、「激動の一か月」が始まった

(図15)。この間の経緯については、社会学者日高六郎編『一九六〇年五月一九日』が生き生きと描いている。

ちなみに、たしか五・一九のあとのことだったと思うが、当時私は「わだつみ会」の会員であり、同会は国会へ請願行動をすることをきめた。参加者は、わだつみ会理事長の阿部知二(作家)、東大教授の山下肇(ドイツ文学)、戦中派の論客として知られる安田武(評論家)ら十数名であった。国会請願の帰り道に文部省を訪ねた。応対に出たのは文部政務次官であった。阿部代表が「わだつみの声を繰り返すな」の申入書を手渡すと、政務次官は「先生の『冬の宿』は、私も読み感銘を受けました」と言った。阿部氏はただ「やあ」と答えただけであったが、あとで阿部氏に名前をたしかめると、「宮沢喜一さん」と言った。宮沢氏(のち首相)は、大蔵官僚出身であるが、当時は岸内閣の文部政務次官だったのである。

五・一九をきっかけに、国会には連日のように一〇万～三〇万のデモの波が押しかけ、「安保反対」「岸を倒せ」のシュプレヒコールがこだました。私の自宅周辺のわき道でも、幼稚園児たちが、縄の紐で電車ごっこしながら、「安保反対、岸を倒せ」と叫んでいた。

六月一五日、安保改定阻止第二次実力行使が行なわれ、全国で五八〇万人が参加、空前の盛り上がりを見せた。その夜、反日共系の全学連主流派は、国会突入をはかり、完全武装の機動隊と激突するなかで、東大の女子学生樺美智子が死亡した。この六・一五闘争が全国に波及することを恐れた岸首相は、赤城宗徳防衛庁長官に自衛隊の出動を打診したが、「自衛隊出動で死者が出れば、デモは全国にひろがり、収拾がつかなくなる」と言って、断ったとのちに証言している(『This is 読売』一九九〇年五月号)。もしこのとき、自衛隊が出動し、デモ隊と激突を繰りかえし多数の死者が出たら、それこそ取り返しのつかないことになっていたろう。こうした状況のなかで、岸首相はアイゼンハワー大統領の訪日を断念するほかなかった。六月一九日、三三万人のデモ隊が国会を包囲するなかで、新安保条約は参議院の議決をへないまま「自然承認」された。新条約が発効した後、岸首相は退陣した。

安保闘争の歴史的意義

安保闘争は、戦争の記憶も消え去らない時期に起きた「平和と民主主義」の運動であった。安保改定反対運動がなぜ空前の盛り上がりを見せたかと言うと、第一に、「戦争はもうこりごりだ」という反戦・厭戦感情が基本にあって、それがナショナルな規模で噴出したのであり、革命運動でも反米運動でもなかった。第二に、岸信介が戦中、東条内閣の閣僚であったことが、国民の反岸=反安保感情を刺激した。第三に、安保闘争と同時並行で闘われていた三池争議をみてもわかるように、ナショナルセンターの総評や労働組合(炭鉱労働組合、国労・動労など)が戦闘心を失っていなかった。安保闘争の中心に元気な労働組合が存在していたことが大きい。

第四に、警職法反対運動のところで述べた、新しい市民の登場が運動に厚みを加えた。「声なき声の会」主催のデモで、主婦が赤ん坊を背負い、カラフルな風船やプラカードを掲げて行進する姿は、市民社会の形成を感じさせた。第五に、五・一九強行採決に怒って立ち上がった国民の運動は、まさしく民主・護憲の運動でもあった。安保以後、戦後一五年にして、日本に議会制民主主義が定着し始めたのである。

ここで一つのエピソードを紹介しておきたい。一九八四年ころ、ゴルバチョフ・ソ連大統領の日本語通訳を担当していた、朝鮮系ロシア人の柳学亀《ユハック》氏が一橋大学に留学したさい、私は数時間にわたって議論したことがある。そのとき、柳氏は、「安保闘争で得をしたのは自民党だ」としきりに強調していた。「安保」のおかげで、自民党内閣はアメリカの軍備増強要求をできるかぎり抑え、経済成長に邁進することができた。米国が過度の防衛費の増額要求をしてくれば、「また第二の安保が起こるといって、アメリカ政府を牽制することができたから」と言うのであった。その頃、ソ連はレーガン政権との間で、ミサイル開発・核競争で国力が疲弊していた。安保闘争が自民党を助けたという逆説的な関係を述べる柳氏の意見を面白く思ったが、それ以上に私は同氏の苦渋を読みとるべきだったかもしれない。

今から考えても、一九五〇年代は「政治の一〇年」(political decade)であった。年表を見ても、講和論争、破防法闘争から基地反対闘争、原水爆禁止運動、勤務評定反対運動、そして「英雄なき一一三日の闘い」の三井鉱山連合会(三鉱連)争議・日鋼室蘭争議など歴史的な大争議が続いた。この「政治と労働の季節」の最後を飾ったのが、警職法反対運動であり、安保・三池闘争であった。

政党レベルでも、五〇年代は自民党内の派閥抗争が熾烈を極め、かつ保革の対立が戦後史のなかでも最も激化した時代であった。「五五年体制の成立」という言葉で、あたかも自社二大政党制が安定的に成立したように思ったら、正確な五〇年代認識を曇らせることになろう。政治評論家の後藤基夫は、「五五年体制と言われるものは、ぼくは、体制と言えるまでのものじゃないとかねて思っているんだ。(略)そんなにがっちりした、将来の日本の政治を展望した体制というものではなかった。むしろ五五年体制はこわれやすいという感じだった。(略)だから、保守合同以後の変化、六〇年安保をくぐったあとが本当の体制となったと言える」と語っている(後藤基夫・内田健三・石川真澄『戦後保守政治の軌跡』上)。そもそも「五五年体制」という言葉は、一九六〇年代半ばに使われ始めた言葉であって、一九五〇年代に生れた概念ではない。むしろ自社二大政党制が実質化してから、普及した用語であった。その意味で、私は一〇年ほど前から、「一九六〇年体制」という言葉を用いて、一九五〇年代の過渡期性を強調してきた(中村政則「一九五〇―六〇年代の日本――高度経済成長」)。戦後史を大きく時期区分するとき、一九五五年で切るか、六〇年で切るか学問的にも難問であって、同一論者でも重点を変えることがある。

過渡期としての一九五〇年代

一例として、中村隆英は、日本の現代史を時期区分して「一九五五年がいちばん大きな区切りになると考えてよさそうである」と書いた(『昭和史』I)。しかし、四年後の編著では、一九五〇年代は過渡期として捉え直された。何から何への過渡なのだろうか。一つは東西関係も日米関係も「まさに過渡期」にあって、六〇年の安保改定で日米関係は安定化した。イデオロギーの面でも、東西冷戦の一方のイデオロギーであったマルクス・レーニン主義はその妥当性を疑われはじめ、西側世界では階級社会から大衆消費社会への変貌を遂げたという。また政治的には一九五五年体制によって保革の対立は整理されるが、一九五〇年代前半は「混乱たる過渡期」であり、労働運動の分野でも、一九五〇年代は大争議の時代であったが、三井三池争議の終結を最後に、協調的な労働組合運動に移行した。要するに、世界全体でみても日本に限っても、一九五〇年代は大きな過渡期として括ることができるというのである(中村隆英・宮崎正康編『過渡期としての一九五〇年代』)。私の意見は後者に近く、序章でも述べたように、政治・経済・社会・外交をふくむ戦後体制の基本的枠組みが定着するのは、一九六〇年代であった。

空間としての一九五〇年代

景観の面からみても、一九五〇年代は戦前からの景観が残っていた最後の時代であった。近年、昭和三〇年代の景観写真が多く出版されるようになったが、その一冊に川本三郎編、田沼武能撮影の『昭和30年東京ベルエポック』がある。これによると、東京タワーが聳え立ったのは昭和三三年(一九五八)であるが、これは六〇年代的都市景観の先触れと見たほうがいい。むしろ一九五〇年代の――この場合は、和暦をとって昭和三〇年代(一九五五～六五年)と記したほうが都合いいのであるが――風景は、都電やトロリーバスが走り、交通もまだそれほど混雑はしていなかった。そのころテレビはまだ一般家庭には普及しておらず、映画の年間観客数は一

図16　映画館の掛け持ち用のフィルムを自転車で運んでいる人(1958，池袋行きのトロリーバスがはしる渋谷駅ハチ公前付近，川本三郎編，田沼武能撮影『昭和30年東京ベルエポック』岩波書店)

図 17　三両編成で走っていた当時の井の頭線(1959. 3. 15)

一億二七〇〇万人に達し(国民一人当たり年約一二回映画を見たことになる)、「映画の黄金時代」を迎えていた。私は東京新宿西口を起点とする青梅通りを走る都電の脇を、若者が映画館の掛け持ち上映用のフィルムを自転車で運ぶ姿をよく見かけたものである(図16)。昭和三〇年頃の東京都杉並区の私家版写真集(『富士見ヶ丘の写真集——昭和30年頃の記録』北川仁撮影、水野昭造発行)をみると、井の頭線富士見ヶ丘駅の前にはまだ都営住宅は立っておらず、空き地がひろがっている(図17)。商店街ものんびりした雰囲気を漂わせていた。

また子どもの世界には、路地裏文化が残っていて、貸し本屋や駄菓子屋が点在しており、ガキ大将も健在で、子ども集団を率いて悪戯遊びをしていた。ところが一九六〇年代の高度成長の時代になると、都市化が進みテレビも普及し、外で遊ぶ子どもの数が減るなど、遊び集団はしだいに解体されていった(『高度成長と日本人』I)。

地方に目を転じると、軒下に干されている下着について、「昭和三十五年ごろまではまだ木綿が多く、それも手縫いしたものが主であったが、三十七年ごろから既製品が多くなり、急速に地方的な特色はきえてきた」と民俗学者の宮本常一が書いているのも時代の雰囲気をよく写しとっている(佐野真一『旅する巨人――宮本常一と渋沢敬三』)。二〇〇三年、長野県飯田市に講演に行ったときに会場で見た写真展でも、一九五〇年代の町の景観が展示されていた。明治末〜大正期に建てられた小学校が五〇年以上経ち、ちょうど建て替えの時期に差しかかっており、その戦前からの景観が消える直前の町並みを写し撮ったもので、誰もが懐かしそうに見入っていた。

図 18　1964 年 9 月 5 日に開通した名神高速道路(愛知県一宮インターチェンジ付近)

ところが一九六四年の東京オリンピックをさかいに、都市景観はすっかり変わった。浜松町・羽田空港間にモノレールが走りだしたのは一九六四年九月、東海道新幹線の開業は一〇月一日である。東名高速などのハイウェーが建設され、都心には立体交差の道路がはりめぐらされた(図18)。私の実家も近所の代々木公園にオリンピック村ができるというので、道路拡張のため、宅地は強制買収で半分に減った。道路幅が広がるにつれて、「向こう三軒両隣」の人間関係は、しだいに希薄になっていった。

雨宮昭一は、一九五〇年代を「古いものから新しいものへの移行過程、ないし混在という側面に解消しえない固有の社会」と位置づけ、「これは近現代日本において以前にも以後にもなかった固有な社会である」と書いているが(「一九五〇年代の社会」)、そのとおりだとおもう。

第二章　「戦後」の基本的枠組みの定着（一九六〇～一九七三年）

1　高度経済成長の時代

所得倍増計画

一九六〇年七月、池田勇人内閣が成立し、一一月に所得倍増計画を発表した。じつは国民所得の倍増をめざす長期経済計画は、前年すでに岸内閣の時代に立案されていたのだが、「安保と三池」が終わるまで、それを実行に移す余裕はなかったのである。だが、「安保と三池」が終わると、対決型政治からの転換をのぞむ財界や国民の声も高まった。池田首相は「寛容と忍耐」をモットーに低姿勢の政治を打ち出した。自民党総裁選挙に出馬するにあたって、池田は「安保騒動で暗くなった人心を所得倍増計画で明るくきりかえてしまう、これがチェンジ・オブ・ペースであり、本当の人心一新だ」と語っていた。

所得倍増計画とは、一〇年間に国民所得を二倍にすることを国民に約束したものであるが、このほかに完全雇用の達成、社会資本の充実、国際経済協力の促進、人的能力の向上と科学技術の振興、二重構造の解消などをかかげ、経済成長を軸とする国家目標を「所得倍増」という非常にわかりやすい形で、国民にアピールしたものであった。

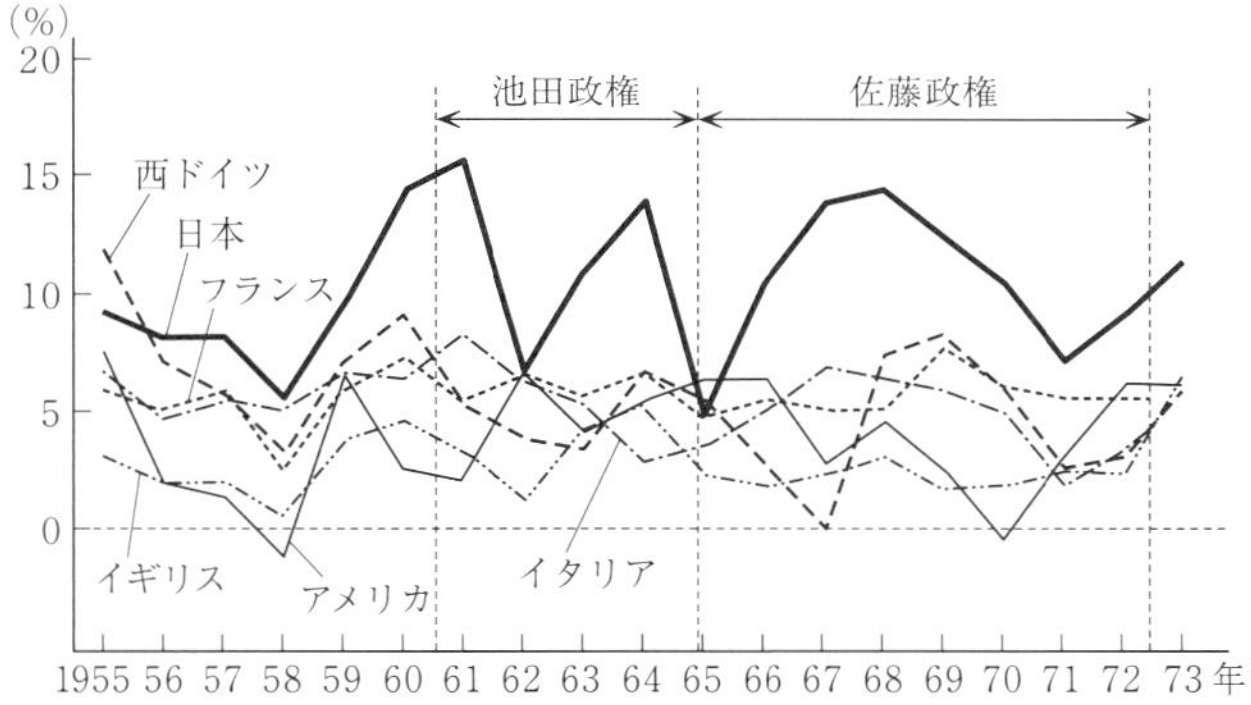

図 19　主要国の実質経済成長率の推移(『三井銀行調査月報』1975 年 3 月号より作成)

この計画を実施するにあたって、池田首相は鉛筆をなめなめ計算したようであるが、七・二%、高くてもせいぜい九%の名目成長率が達成されればよいと考えていた。ところが図19に見るとおり、一九六〇～六五年の実質経済成長率は九・七%、国民総生産(GNP)も七年後の一九六八年には二倍に達した。この年、日本のGNPはイギリス、西ドイツを抜き、アメリカ、ソ連に次ぐ世界第三位となった(自由主義陣営では第二位)。イギリスBBC放送や『エコノミスト』誌などが「日本を考える」(Consider Japan)を特集して、「世界の奇跡」と喧伝し始めたのは、この頃である。

高度成長の政治的条件

高度経済成長の時代とは、一九五五年から一九七三年の第一次石油危機までのほぼ一八年間を指すが、この一八年間にGNPで計った日本の経済規模は名目で一三倍、実質で五倍ほど大きくなった。内閣でいうと池田内閣から佐藤栄作内閣の時代にほぼ重なる。この間には東京オリンピック翌年の昭和四〇年(一九六五)不況があって、成長は一頓挫した(いわゆる転型期)。そこで前半期を第一次高度成長期、後半を第二次高度成長期と呼ぶ人もいる。大まかに言えば、前半は内需拡大型の成長、後半は輸出主導型の成長と言うことができよう。

とくに一九六〇年代は本格的な高度成長の時代であって、戦後史のなかでこれほど躍動的《ダイナミック》な時代はなかった。現在と違い人々は将来に目標をもち、実によく働いた。事実、労働統計を見ても、日本人が一番働いたのはこの時代で、一九六〇年の労働時間は年二四二五・五時間でもっとも長く、以後一九七二年まで二二〇〇時間台を推移している。

学生運動、市民運動の面でも、ベトナム反戦運動、日韓条約反対運動、消費者運動などが高まった。日常生活の面でも、スキーのアノラックは麻からナイロンに代わり、ブリキでできたバケツはプラスティックに代わるなど生活革命が進行した。時代が大きく変わりつつあることは、誰の目にも明らかであった。しかし、それは何から何へ向けての転換なのか、当時の私にはわからなかった。いったい高度成長の時代とは何だったのだろうか。またそれを可能にした条件とは何であったろうか。

まず国際的条件を見ておかねばならない。一九六〇年代は「黄金の六〇年代」(golden sixties)

と呼ばれるように、先進工業国ではどこの国でも高度成長を遂げていた。世界の貿易規模は拡大の一途をたどっており、そのおかげで日本の輸出入規模も大きく拡大した。また国際石油資本《メジャーズ》の支配のもとに中東で油田の大開発がすすみ、低廉で豊富な石油が供給された。当時の原油価格は一バレル(約一六〇リットル)が二〜三ドル程度で、石油を湯水のように使っていたのである(公害については後述)。

次に国内的な政治の安定が大きい。一九六〇年一一月に行なわれた総選挙で、自民党は無所属を加えると三〇〇議席で、戦後最大の議席を占めた。一九五〇年代の「政治の季節」にあきた国民は、まさしく時代の変化を求めていた。このタイミングを捉えて、池田首相は「経済の季節」への転換をはかった。憲法改正のような対決型の政治を回避し、国会運営も「ゴリ押し」を避け、迂回作戦をとった。野党の側でも日本社会党は所得倍増計画に対抗できる経済政策をもちえず、自民党のペースに巻き込まれていった。のちに社会党委員長となる勝間田清一は「高度成長時代に対しての社会党の対応の仕方が成熟していなかった」と反省の弁を述べている(エコノミスト編集部『証言・高度成長期の日本』下)。

労働運動の分野でも、政治闘争重視の高野実ラインに代わって、一九五五年七月に太田薫・岩井章ラインが成立し、春闘における賃上げ闘争を重視した。春闘とは、毎年春に総評(日本労働組合総評議会)が中心になって統一的におこなう賃金闘争を指し、一九五五年、総評の主導により民間八単産の共闘で始まった。春闘参加人員は、五五年の七〇万人から六〇年の四〇〇万人、六五年六三五万人にまで激増した。主要企業(一〇〇〇人以上企業)の春闘賃上げ率は五五年の六・三%から六〇年の八・三%へ増加、六〇年代後半には連年一〇%以上の賃上げが実現した。こうして労働運動は高度成長によるパイの分け前を獲得するという成長政治に呑みこまれていったのである。

他方、日本共産党は六全協(一九五五年七月)で、一九五一年綱領の「極左冒険主義」を自己批判し、一九五八年と六一年の二つの党大会をへて、憲法擁護・議会闘争重視の政治路線へと転換をはかった。これまで(一九五〇年代前半)「火炎ビン」闘争に熱中し、労働運動で過激なスト戦術を展開していた共産党が憲法秩序の中に入ってきたことは大きい。私は中学生時代に、新宿駅東口駅前交番に火炎ビンが投げ込まれる情景を目撃したことがあるが(ビンは交番内に届かず、入り口手前で燃えていた)、「共産党だよ」という通行人の声を聞いて、「なんで、こんな馬鹿なことをするのだろう」と不思議に思ったものである。当時の共産党はソ連や中国共産党に従属し、極左冒険主義の方針に振り回されていたのである。その共産党がソ連、中国への「盲従」を捨て、自主独立路線(議長宮本顕治の名前をとって宮本路線ともいう)に踏み切ったのは、戦後革新派の歴史の中で画期的なことであった。また一九六四年に結成された公明党は、六五年に一一議席を獲得して以降着実に議席を伸ばし、一九七〇年代には多党化現象の有力な一翼を担うようになった。

このように、一九六〇年代は議会政治も安定し、まさしく自社二大政党制がたいした波瀾もなく推移した。第一章で述べたように、「五五年体制」が実質化したのは、実に六〇年代のことであって、五〇年代の「政治の季節」とは明らかに異なる政治状況にあった。しかし、以上の説明は高度経済成長を可能にした国際的・国内的枠組みを述べたものにすぎない。

高度成長の経済的要因

では高度成長を可能にした経済的要因は何であったろうか。ここでは(1)技術革新、(2)資本、(3)労働力、(4)輸出の四つの要因を上げておきたい。

(1)技術革新 図20は日本の技術の進歩が経済成長にどれだけ寄与したかを示したものであるが、高度成長期においては成長率の六〇%が技術進歩によるものであり、資本蓄積や労働力の増加によって得られる成長率の寄与は四〇%にとどまった。もっとも、ここでいう技術進歩は新製品の開発や新生産方法の導入などによる労働生産性の増大のみならず、農業などの低い生産部門から、工業など高い生産部門への労働力の移動にともなう産業構造の変革なども含んでいるので、かなり広義の概念として使用されているが、技術革新が高度成長を可能にした最大の要因であったことは間違いあるまい(宍戸寿雄『日本経済の成長力』)。

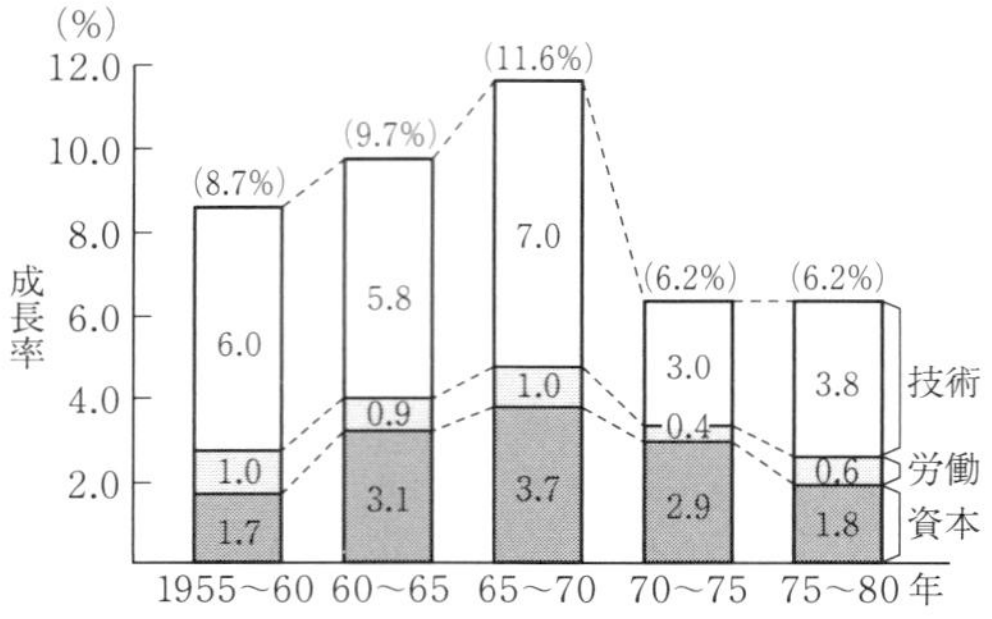

図 20　成長への寄与率(生産要素別)(穴戸寿雄『日本経済の成長力』より)

一九六〇年代半ば、私は東洋レーヨンに就職した友人が、東レが社運を賭けて導入したナイロン製造で失敗していたら、いまごろ東レは潰れていたろうと語ったのを記憶している。事実、東レの田代茂樹(のち社長)は、一九五一年にアメリカのデュポン社に三〇〇万ドル(一〇億八〇〇〇万円)の特許料を支払って、ナイロンの製造技術を導入し、成功させた。その当時の東レの自己資本金は七億五〇〇〇万円であるから、もしこれに失敗すれば東レはとっくの昔に破産していたであろう。このほかにも川崎製鉄の西山弥太郎のように、一万田尚登日銀総裁から「ぺんぺん草を生やしてみせる」(成功するはずもない)と言われた千葉県千葉に、世界銀行からの借款で銑鋼一貫製鉄所を建設し、立派に成功した例もある(一九五四年)。高度成長のキーワードは新鋭重化学工業化であり、この時代は鉄鋼、造船、自動車、電機、石油化学工業などの「重厚長大」産業が新技術を導入して、ダイナミックな発展を遂げたのであった。

(2)**資本**　新鋭重化学工業の巨大装置を導入するためには、巨額の設備資金を必要とする。この設備投資を可能にしたのは高い貯蓄率と間接金融であった。間接金融とは企業が金融機関から設備投資資金などを借入れる方式をいう。これに対し、企業が株式・社債などを発行して資金を調達するのが直接金融である。高度成長期の大企業の資金調達方式は、外部資金への依存が六〇％と高く、この外部資金の八〇〜九〇％は、銀行からの借入れであった。この資金はどこから来たかというと、一般の人々の民間金融機関への預金などであった。現在も日本の貯蓄額の対GNP比率は世界のトップクラスにあるが、一九六〇年代半ばの貯蓄率は二〇％を超えていた(同じ頃、ドイツは一八％前後、米英は一〇％前後)。この貯蓄率の高さは所得上昇によるが、社会保障の不備のため病気や老後に備えたり、教育・住宅資金のために貯蓄せざるをえないという事情もあった。これらの貯蓄は民間金融機関に集中し、これが企業の設備投資資金に供給されたのである。さらに民間銀行の資金供給を背後で支えたのが、政府の低金利政策や利子課税減免措置と日本銀行による都市銀行への貸付け、いわゆるオーバー・ローンであった。Over loan とは和製語で、一般的には銀行が預金以上に貸出している状態を指すが、この場合は市中銀行が日銀からの借り入れに依存している状態を指す。

(3)**労働力**　高度成長期の人の移動の多さは有史以来かつてない規模であった。一九五五年から七三年にかけて農村から大都市への人口移動が激増し、就業構造は大きく変わった。一九六〇年に第二次産業の就業者は第一次産業のそれを追い越し、六五年には製造業の就業者数は農林水産業のそれを上回った(図21)。

都市へ流入した労働力は、二つの方向に分岐した。一つは大企業へ雇われ、中高年齢者は中小企業に吸収された(労働市場の二重構造)。とくに中学卒業生は「金の卵」としてどこでも引っ張りだこであった。一九五〇年代後半から六〇年代は高校卒業者が急増した時期であり、大企業はこれらの新規卒業者を採用し、企業内教育を通じて本工に育て上げた。彼らは若年労働力であるがゆえに、賃金は低くても技術革新に適応できる知的レベルと柔軟性をもっていた(野村正實『終身雇用』)。

また、人手不足になやむ都会の中小企業や商店(クリーニング業、米屋、酒屋など)は、職業安定所の斡旋で、東北地方の青少年を雇い入れた。集団就職列車(一九五四年開始)で上野駅に到

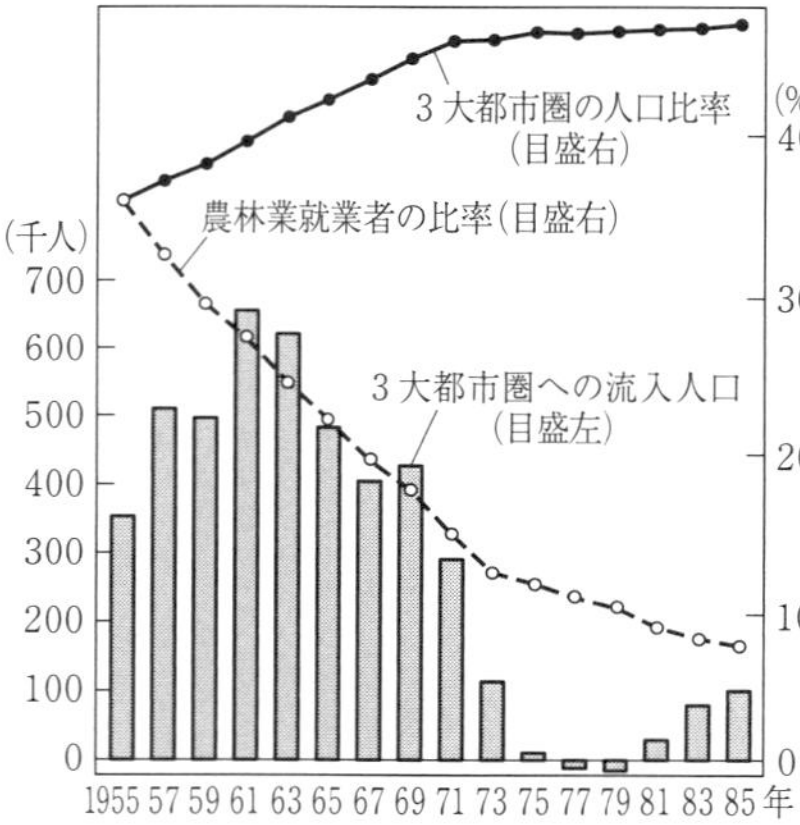

図21　高度経済成長期に大きく進展した都市化　①総務庁「住民基本台帳人口移動報告年報」,「労働力調査」により作成. ②3大都市圏とは, 埼玉, 千葉, 東京, 神奈川, 岐阜, 愛知, 三重, 京都, 大阪, 兵庫の1都2府7県の全域である. ③『国民生活白書』1990年版より.

着した子供たち(図22)を、駅のアナウンスは「ウィノー、ウィノー」と東北なまりで迎えたのである(加瀬和俊『集団就職の時代』)。

他方、戦時中の軍需工場で働いていた熟練労働者が、飛行機からミシンや自動車生産に移動して、高い生産性を上げた(戦時期からの連続性)。事実、高度成長期における製造業の労働生産性(就業者一人一時間あたり実質GNP)はアメリカよりも日本のほうが一貫して高かったのである(日銀調査統計局『国際比較統計』一九七五年)。またOECD調査団から「三種の神器」といわれた終身雇用・年功制・企業別組合を三本柱とする日本的労使関係が威力を発揮した。一九六四年に結成されたIMF-JC(国際金属労連日本協議会)と同盟(全日本労働総同盟)は協調的企業別組合の連合体であり、これを境に基幹的重化学工業における労働組合運動は、資本の支配下に組み込まれることになった。しかしながら、この時期の協調的労使関係はいまだ民間大企業部門に限られており、大半の中小企業では終身雇用は存在せず、大企業に比べていっそう劣悪な雇

図22　上野駅に到着した集団就職者たち(昭和30年代後半)

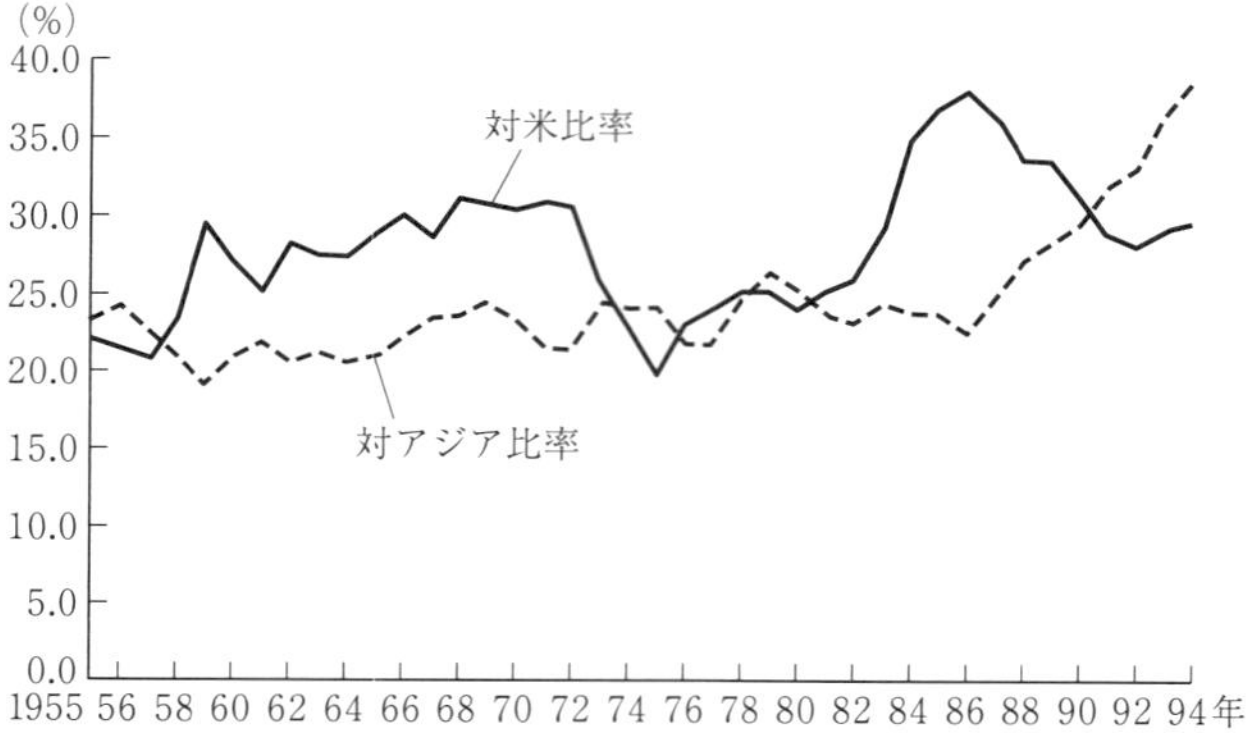

図23　対米・対アジア輸出比率の推移　日経NEEDS『外国貿易概況』各年，より作成．アジアは，NIES(韓国・台湾・香港・シンガポール)，ASEAN 4か国(タイ・マレーシア・インドネシア・フィリピン)およびインド・中国の計10か国である．

用条件の下に置かれていたのである。

（4）**輸出**　図23は、一九五五〜九四年にかけての対米輸出と対アジア輸出の推移を示したものである。一九五八年を境に対米輸出の割合はアジア向け輸出を追い越し、以後、一九七三年まで一貫して対米輸出が首位の座にあったことがわかる(比率にして三、四割)。貿易における対米依存の輸出構造はまさに高度成長期に決定的になったのであった。そしてこの輸出構造は、第一次、第二次の石油危機のときを除いて、一九九〇年代初頭まで維持されてきたのである。

一九八〇年に西ドイツのシュミット首相が来日したとき、日本の対米輸出が輸出全体の三〜四割を占めるのを知って、「だから日本はアメリカにしか友人ができないのだ。ここに日本の弱点がある」と語ったのを聞いて、私は軽いショックを受けた。つまり、この貿易構造と日米安保体制が続くかぎり、軍事・外交・経済面における対米追随・依存の仕組みや構造は変えようもないことを思い知らされたのである。しかし、一九九〇年代に入って、対アジア輸出は対米輸出を追い越した。また二〇〇四年に入って、日中貿易はついに対米貿易を上回った。この劇的ともいうべき転換がもつ政治経済史的な意味については終章で述べることにしたい。

歴史的勃興期とは何か

さて、以上高度成長の経済学的な説明を行なってきたが、私にはなお釈然としないものがある。この説明だけならば、他の時代の経済成長にも当てはまるのであって、一九六〇年代の高度成長の説明としては何かが欠けていると思わざるをえない。それは何であろうか。思い切って言えば、タイミングとスピードである。かつてカナダ人の著名な歴史家E・H・ノーマンは、明治維新の「成功」は時機と速度にあると述べた(『日本における近代国家の成立』)。それと同じように、二〇年足らずで日本を世界有数の経済大国にのし上げたのは、時機と速度であろう。

余談になるが、司馬遼太郎は『竜馬がゆく』のなかで、「時勢」という言葉を驚くほど多く使っている。「時勢は一変する」「時勢は動いている。我慢することだ」、「時勢に投げ入れた」

ということである。時勢とは時代の移り変わる勢いであり、時代の趨勢である。歴史上、そういう時代は何度もあるものではない。一九八〇年代に日本の高度成長を調べにきた中国人学者も、結局、「天・地・人」という言葉を残していったが、同じことである。

私は高度成長の演出者・下村治のいう「歴史的な勃興期」とは、こういうコンテキスト（時代の流れ）で考えれば、いいのではないかと思うようになった。香西泰は「歴史的勃興期ということで逃げちゃうしかないのかなと、ときどき科学者としては非常に弱気になる」と述べているが、そんなことはない（宮崎勇・内野達郎との座談会、エコノミスト編集部『証言・高度成長期の日本』下参照）。

下村は「勃興期」についての質問に対して、次のように答えている（前掲『証言・高度成長期の日本』上）。「この歴史的とは、戦前にはなかった条件、金本位でなくなっている、植民地主義でなくなっている、戦後初めて与えられた条件」のなかでの成長という意味である。所得倍増計画が始まった頃は、自動車輸出は夢であり、時計も腕時計の輸出ではなく、柱時計や置き時計のようなものを細々と輸出している程度であった。しかし、下村は倍増計画以前に民間の設備投資が「神武景気」を上回る勢いで力強く伸びていることに気付いた。「そういった潜在力が日本経済のこれからの成長を生み出すにちがいないというのが、出発点です」（インタビュー構成、聞き手・竹内宏『決定版　昭和史15　高度成長』）。

高度成長開始期には近代経済学者、マルクス経済学者、官庁エコノミストなどを巻き込んで、さまざまな論争(高度成長は是か非かの成長論争、在庫論争、転型期論争など)が繰り広げられたが、一〇年間で所得(GNP)を二倍にするなどということはできるはずもないという「悲観論」者が圧倒的に多かった。ところが、そういう悲観的予想を覆して、一〇%台の高成長が二〇年近くも続いたのだから、日本だけでなく世界中の注目をあびたのは当然であった。

GHQ労働科学局のセオドア・コーエンは戦後改革が戦争中に抑えつけられていた「日本人の活力を解き放った」と述べたが(『日本占領革命』下)、この制度改革(GHQによる「上からの革命」)と「政治の季節」から「経済の季節」への時勢の転換、この二つが下から湧き上がる日本人のエネルギーを引き出したのだと思う。

この歴史的勃興期は程度の差はあれ、どの国・民族にもあるのであって「漢江の奇跡」を実現した一九七〇年代の韓国、改革開放以後、つまり一九九〇年代の中国もその一例であろう。

2 大衆消費社会の成立

農業の衰退と都市化

高度成長期の社会変動のなかで、最も大きな変化は農村からの人口流出と都市化の進展であ

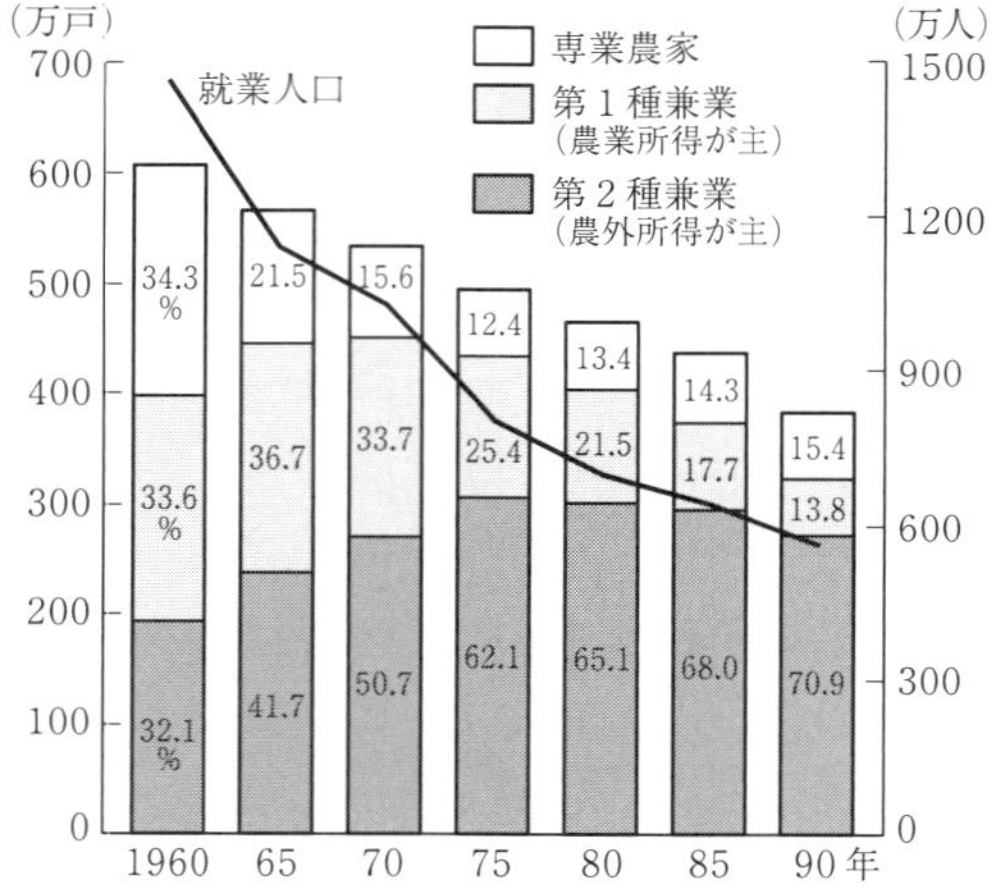

図24　農家戸数と農業就業人口の推移(『朝日新聞』1995年4月5日)

る。並木正吉『農村は変わる』は、一九五〇年代に世界的にもまれな地滑り的な「民族移動」が起こっていることを指摘したが、一九六〇年代における人口流出は並木の予想を上回るスピードで進行した。その結果、就業人口に占める農業人口の割合は、一九五〇年四五・二%、六〇年三〇・〇%、七〇年一七・九%へと急角度で減少している(ちなみに二〇〇〇年には遂に五%を切った)。それに伴って、専業農家が激減し、農業収入より兼業収入のほうが多い第二種兼業農家の比重が急増した(第一種兼業と第二種兼業の比重の逆転は一九六五年)。一九六三年には「じいちゃん、ばあちゃん、かあちゃん」が従事するいわゆる「三ちゃん農業」という言葉が生れた。農業解体の始まりである(図24)。

他方、農村の過疎化とは対照的に、世界史上でも例をみない都市化現象が進んだ。一九四五年には二〇〇二万人であった都市人口（その比率は約二八％）は、一九七〇年に七五四三万人となり、総人口の七二・一％が都市に住むようになった。これはアメリカが一世紀をかけた都市化を、その四分の一の二五年でなしとげたことになる（宮本憲一『経済大国』）。都市化の進展とともに、都市中産階級が一つの層として姿を現してきた。膨大な下層階級をもつピラミッド型から、分厚い中産階級をもつダイヤモンド型の階層構造の成立である。

さらに一九六〇年代を通じて核家族比率が六〜七割を占めるようになった。核家族とは統計上、「夫婦のみ」「夫婦と子供」「男親と子供」「女親と子供」の四類型を指すが、そのうち「夫婦と子供」からなる家族が七割以上を占めており、これが核家族の典型をなす。

主婦の時代

ジェンダー学の大沢真理によると、〝主婦〟は意外にも高度成長の末期に成立したという。昔の「主婦」は農家や商店など自家営業の重要な労働力（家族従業者）であった。ところが農林業など第一次産業が衰退し、都市化が進むと、家族の形態に大きな変化が生まれた。集団就職などで都会へ流出した若者たちは、都市で結婚し、アパートや団地に住むようになった。平均二人の子どもを持ち、夫の収入だけで生活できるサラリーマン家族が形成された。「男は仕事、女は家庭」といわれる性別分業が成立し、一九七〇年代には専業主婦という言葉が登場した

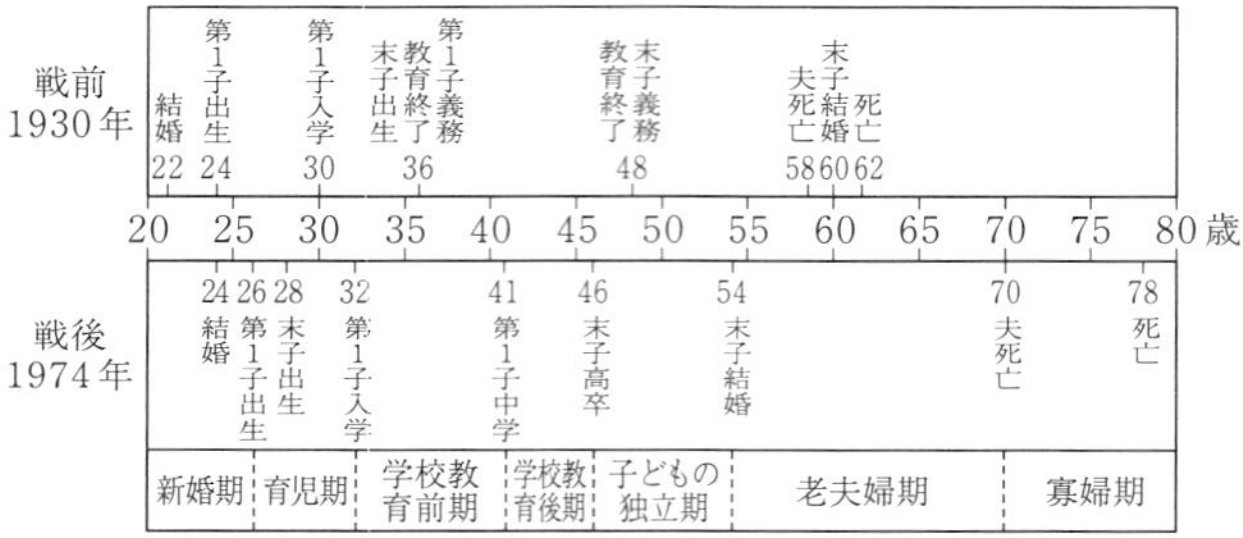

図25　戦前・戦後の女性のライフサイクルの変化　戦前＝子ども平均5人，戦後＝子ども平均2人以上で，作成している．
将来構想研究会編『図説 女の現在と未来』亜紀書房，1979年，139頁(総理府「国勢調査」，文部省「学校基本調査」，厚生省「日本人口の動向」「人口動態統計」より作成)．

(鹿野政直『現代日本女性史』)。さらに電気洗濯機や電気冷蔵庫が普及すると、女性のライフサイクルを大きく変化させた。

図25はその変化を示すが、一九三〇年時点を基準に戦前型の女性のライフサイクルを描くと、義務教育終了後二二歳で結婚し、平均五人の子どもを産み育て、家族の世話や家事、あるいは婚家の家業の手伝いと、末の子どもが独立するころには多忙のうちに生涯を終えていたのである。これに対し、戦後型の女性のライフサイクル(一九七四年基準)は、学歴上昇で結婚は遅くなり、出生児数も二、三人となって(現在は一・三ショック、すなわち一人の女性が産む子どもの数の平均が一・三人にまで減った)、三二歳前後には出産・育児期を終え、四六歳で末子の高校卒、五四歳で末子の結婚を迎えるというように、現代日本の女性は自分たちの母親が経験することのなかった育児終了後の長い中高年期をむ

かえることになった(塩田咲子「高度成長期の技術革新と女子労働の変化」)。

消費は美徳

高度成長のもとで私的欲望は解放され、生活様式も大きく変わった。スーパーマーケットの出現など流通革命が、消費の拡大に拍車をかけた。とくに民放テレビによる五秒コマーシャルが開始されてから(一九六二年)、「消費は美徳」の風潮が強まった。五秒CMの傑作は植木等の「なんである、アイデアル、トホホ」であり、レナウンのカジュアルウエア「イエイエ」(一九六七年、図26)はカラーCMの決定版といわれ、軽快なCMソングは人気を博した(山川浩二「大量消費時代のPR」、前掲『決定版昭和史16 昭和元禄』)。

図26 「イエイエ」(1967年)

この時代には「大きいことはいいことだ」「オオ! モウレツ」「ガンバラナクッチャ」などが一種の流行語となった。「大きいことはいいことだ」というコピーを作った宣伝マンは、次のように言っている。「小さなしあわせ、小さなマイホーム……われわれは個人生活の面で必要以上に小ささを強調され、がまんさせられている。それを突き破って〝大きいことはいいことだ〟と明快に断定した思想が共鳴された」のだと。これはGNP第一主義の思想の表明でもあるが、当時の個人生活は決して「大きい」ものではなかった。

　先に日本のGNPは一九六八年にイギリス、西ドイツを追い抜き自由世界第二位になったと書いたが、私はその頃日本が豊かだと思ったことは一度もない。世界第二位の「経済大国」像と私の実感のズレは一体どこから来るのだろうと思って調べてみると、一九六八年の一人当たりGNPは世界で二〇位、ブラジル並みであった。私が日本は豊かな国と思うようになったのは、第一次オイルショックを乗り切った一九七〇年代半ばである。ちなみにエズラ・ヴォーゲル『ジャパン・アズ・ナンバーワン』が日本でベストセラーになったのは、一九七九年であった。こんなわけで「ガンバラナクッチャ」というコピーは切実な実感をもって受け入れられた。頑張らなければ、会社での地位も維持できないし、住宅ローンや教育費も払えない（深川英雄『キャッチフレーズの戦後史』）。オイルショックのあと、主婦たちが育児終了後に職場復帰したり、パートタイムで働くようになるが、それは夫の収入を補うためもあったが、新商品の洪水のなかで発せられた「消費は美徳」イデオロギーの所産でもあった。

　まことに高度成長の時代とは、想像を超えるほどに変化の大きな時代であった。一九九五年ころだが、私はある学会誌の編集長をしていて、中世史家の網野善彦に原稿を依頼したことがある。そのとき氏は、社会変動が最も激しかったのは南北朝時代と高度成長の時代だと私に語っていた。また現代経済史家の原朗は、高度成長期は、稲作農耕や金属器の使用が始まった、はるか二〇〇〇年前の弥生時代の変化に匹敵するとまで言い切っている(『年報 日本現代史』創刊号)。

以上のように、高度成長の時代をどう位置づけるかは未完の仕事であって、これからもあらゆる専門分野から多面的に論じられる必要がある。あと五〇年も経てば、もっと広く深く論じることのできる歴史的位置に立てるのであろう。そこで以下には、これまでの分析を踏まえて、私なりの「総括」をして、次に移りたい。

高度成長の功罪

高度成長の「功」は、第一に企業家や国民に少なくとも一〇年間の目標を与えた。人々は猛烈に働き、一〇年どころか七年間で所得倍増を達成した。第二に、明治維新始まって以来はじめて完全雇用を達成した。それにつれて経済の二重構造は解消し、賃金が上がった。床屋やクリーニング屋などサービス労働の価値が高まった。ひとことで言えば、それ以前の時代に比べて人間の価値が高まったのである。第三に、企業の中間層の活力を引き出し、さまざまな発明、工夫を生み出した。電気洗濯機、テレビを始めとする新製品の開発が相次いだ。NHKの人気番組「プロジェクトX」は、まさしく高度成長期の技術者や営業マンの苦労と成功物語に焦点

図 27　公害裁判の原点ともいえる四日市判決が下りた直後も煙をはき続ける四日市コンビナート(1972. 7. 25)

をあてている。第四に、これが最も大切な点であるが、平和憲法の存在ゆえに軍事費を最小限に抑え、経済成長に全力を集中する道を開き、歴史上、軍事力を使わずに経済大国となりえたモデルを世界に示した。

これに対し、「罪」のほうは、第一に水俣病などの取り返しのつかない公害を引き起こした(図27)。また水質汚染、大気汚染、交通事故などを多発させた。第二に過疎過密問題を生んだ。とくに農業の衰退、農業解体をまねき、後継ぎ問題を深刻化させた。第三に官僚の権限を強めた(行政指導)。バブル崩壊期に護送船団方式と呼ばれた「官僚王国」は、高度成長期にいっそう強められたのである。しかし、九〇年代の相次ぐ官僚汚職によって、「官僚王国」は「崩壊」した。第四に、「会社第一主義」をはびこらせ、地域共同体を解体させ、都会における人間関係を希薄化して、連帯意識の喪失をもたらした。これがのちに癒しを求める感情やナショナリスティックな感情を呼び起こす一因にもなる。

以上の功罪二面は、現在につらなる問題であって、決して過去の問題ではない。

3 一九六〇年代の文化と思想

新たな感性の誕生

ニューヨーク知識人の旗手として知られるM・ディクスタイン著『アメリカ 一九六〇年代』は、六〇年代を稀にみる激動の時代であり、既成価値への反逆の時代であると位置づけて、サブタイトルに「新たな感性の誕生」と付けた。確かに一九六〇年代のアメリカには、公民権運動の高まり、ワシントン大行進における We shall overcome someday(いつの日か勝利を)の大合唱、ケネディ兄弟暗殺、キング牧師暗殺、ベトナム戦争の泥沼化、ヒッピー、反戦フォークソング等々、アメリカ現代史を塗り替えるほどの衝撃力があった。アメリカ学生運動を題材にした映画「いちご白書」は、日本の高校生、大学生にも影響をあたえ、スチューデント・パワーは既成価値への「反逆」を呼号する全共闘運動を生みだした。

図28　ビートルズ来日　世界的な人気ロック・グループが初来日し，東京の日本武道館で5回の公演をおこなった．熱狂するファンの殺到に備える警備は「60年安保」なみのものものしさだったといわれる．

イギリスのビートルズとそれに影響されたロック・ミュージックは日本でも熱狂的に迎え入れられ、彼らのライフスタイル、行動様式は若者に支持された。一九六六年ビートルズが来日し(図28)、日本武道館で開かれたロック・コンサートには熱狂的なファンが押しかけ、彼らが滞在中に動員された警備陣は三万五〇〇〇人にのぼったという(中野収『ビートルズ現象』)。

確かに一九六〇年代は、中国紅衛兵、パリ五月革命に象徴されるように「反抗の時代」と呼ぶにふさわしい時代であった。

読書と映画

団塊世代の編集者・小野民樹『60年代が僕たちをつくった』は、この時代の高校生、大学生の新しい生き方や感性、心象風景を伝えている。この世代は、マルクス『経済学・哲学草稿』『共産党宣言』、毛沢東『実践論・矛盾論』、スノー『中国の赤い星』、スメドレー『中国の歌ごえ』などを読む一方で(安保世代と同じ)、白土三平『忍者武芸帳』、山田風太郎の忍法帖、吉本隆明『共同幻想論』、高橋和巳『邪宗門』、寺山修司の『家出のすすめ』などに影響を受け、キューバ革命のカストロよりも、三九歳の若さでボリビア陸軍に殺害された世界革命論者、チェ・ゲバラのほうに惹かれていた。また「安保世代」と違って、彼らは「漫画に抵抗のない年齢の最上限」に属し、『ガロ』などの劇画やマンガをよく読んだ。

映画では大島渚の『青春残酷物語』、『日本の夜と霧』や浦山桐郎『キューポラのある街』(浜田光夫、吉永小百合主演)に共感し、今村昌平監督の『豚と軍艦』『にっぽん昆虫記』(左幸子主演)を見て左翼インテリのひ弱さを反省させられたりしていた。

しかし、全共闘世代の理念や行動、心情は、一九七二年三月に発覚した連合赤軍のリンチ殺人事件で終末をむかえた。「造反有理」「大学解体」の行きつく先が、このような凄惨かつ無残な結末を迎えたとき、豊かさ以外の何ものかを求めていた「青年たちの一九六〇年代」は確かに終わったのである。これ以後、青年の保守化がすすんだ。

近代化論の登場

一九五七年一〇月、ソ連は人工衛星スプートニクの打ち上げに成功した。これがアメリカに与えた衝撃ははかりしれなかった。J・F・ケネディはのちにスプートニクの打ち上げについて、世界の人々は「共産主義こそは(宇宙)科学技術の未来をひらく鍵をにぎるものであり、人類必然の運命であるという観念をうけいれはじめた」と語った。六一年四月、ソ連の有人衛星ボストーク一号が地球一周飛行に成功、最初の宇宙飛行士ガガーリンは「地球は青かった」と言った。二年後、今度は史上初の女性宇宙飛行士テレシコワがボストーク六号から「私はかもめ」と呼びかけ、人々の夢を宇宙に向かわせた。

アメリカはソ連を封じ込めておけば自動的に崩壊するという「予断」をすて、西欧社会とは異なるロシア社会独自の道を研究する必要にせまられた。さらに近代ロシアの発展をトルコ、日本、アジア諸国の発展と比較する、総合的な研究組織の樹立に向かった。こうしてプリンストン大学のC・E・ブラックを始め、A・ガーシェンクロン、フォン・ラウエらを中心にロシア近代化の比較研究が推し進められた(和田春樹「現代的「近代化」論の思想と論理」)。

一九六一年、ライシャワーがケネディ政権の米駐日大使として赴任、以後、アメリカ近代化論を精力的に説いて回るが、その背景には「スプートニク」に対する米政府およびアメリカ知識人の危機意識が脈打っていたのである。

アメリカの「近代化論」とは、ロストウ『経済発展の諸段階――ある非共産主義宣言』がサブタイトルで明記したように共産主義・マルクス主義を敵視する対抗イデオロギーであった。ライシャワーも明治維新以後の日本近代化の歴史をアジア唯一の「成功物語」として描き、アジア諸国が近代化していくためには、社会主義の道ではなく、日本の途こそが「いい手本」になると説いた。

日本・日本人論

この議論は日本国内の竹山道雄、桑原武夫らの日本再評価論と軌を一にしており、日本社会の病理現象の解明に重点を置いた丸山真男らの近代主義の立場とはするどい対照をなしていた。和田春樹の現代的「近代化」論というネーミングは、丸山たちの古典的「近代化」論と区別して、付けられたものである。

ところで一九六〇年代には、高度成長、東京オリンピックの成功を契機として、日本人は自信を取り戻し、肯定的日本人論が一つのピークを形成した時代でもあった。中根千枝『タテ社会の人間関係』、イザヤ・ベンダサン(山本七平)『日本人とユダヤ人』、土居健郎『「甘え」の構造』、会田雄次『アーロン収容所――西欧ヒューマニズムの限界』などは、日本社会の特殊性の発見を通じて、西洋コンプレックスを吹き飛ばす解毒剤としての役割を担った。だが、それは模倣対象としての西欧の失墜をそのまま日本社会の優秀性の確認と受けとめて、ただ日本人に安心感を与えるに止まったように思う(桜井哲夫『思想としての60年代』参照)。

むしろ私にとって思い出深いのは、梅棹忠夫「文明の生態史観序説」(『中央公論』一九五七年二月号)とその批判論文の加藤周一「近代日本の文明史的位置」(同誌、三月号)であった。前者は文化人類学者の梅棹が「アフガニスタンのテントの中で」考えた試論風の論文であるが、日本の近代化を第二地域(ソ連・中国・インド・パキスタンなど)よりもむしろ第一地域(英仏独など)に近いとして、丸山・大塚的な近代主義者の日本像に修正を迫っていた。これに対し、後者はいかなる視点・立場から比較をおこなうかで、結論は大きく違ってくるとして、比較の難しさと西欧とは異なる日本文化の可能性について語っていた。

比較は三つがよい

のち加藤周一は「近代日本の文明史的位置」を著作集に収録するにあたって、「あとがき」を書き、比較は二つよりも三つがよいと述べている。つまり「二つの社会の比較から結論できるのは、その相違であって、どちらか一方の社会の特殊性ではない。特殊性を結論するためには、三つ以上の社会を比較することが必要である」と言うのである。譬えとして、アメリカの亭主は皿を洗い、日本の亭主は洗わないとしよう。そしてこの命題から、アメリカの亭主は民主的で、日本の亭主は「封建的」で「家父長的」という結論を導けば大きな誤りをおかすというのである。なぜなら日本だけでなく、ヨーロッパ大陸やアジアの多くの社会から見れば、むしろアメリカ社会のほうが特殊という結論がでるかも知れないからだ。

比較経済史の大塚久雄は、世界の工場としてのイギリスの特徴を見いだすために、オランダ、日本と比較して、周知の「中産的生産者層概念」や「近代的人間類型」などを提起した。文化人類学者の川田順造は、アフリカ、フランス、日本という「三角測量」から、それぞれの文化・社会の普遍と特殊な構造を明らかにしてきた。私自身も、日本地主制の三類型論(近畿型・養蚕型・東北型)や「資本主義、地主制、天皇制」の構造的関連を問題にしてきた。たしかに比較は二つより三つのほうが有効なのである。また余談だが、日本では皿を洗う亭主は、若い世代の中では多数派になっているかもしれない。特殊性も時代とともに変化することを見なければならない。

戦争史の諸類型

一九六〇年代は、戦争史の諸類型が出揃ったことでも注目すべき時代であった。とくに林房雄の「大東亜戦争肯定論」(『中央公論』一九六三年九月号)がでたときには、読者を驚かせたものである。この論文は一九六四〜六五年に同名の二冊本として刊行されるが、その主張の骨子は、大東亜戦争はペリー来航以来の欧米列強に対する「百年戦争」の一環であり、それは侵略戦争ではなくアジア解放のための東亜百年戦争であったというのである。いわばタブーに挑戦した論文として注目をあびたのだが、これは一種の「運命論・宿命論」であって、私は意外と単線的な歴史観だと思った。しかし、敗戦後長い間、凍結されていた大東亜戦争論がでたことによって、戦争史の諸類型が出揃ったことが重要である。

一九三一年の満州事変以来の戦争をどう認識するか(戦争認識)は、そのまま日本人の自己認識を示すばかりでなく、日本がアジアでいかに生きていくかに直結する、すぐれて現代的なテーマである。それゆえに、「先の戦争」にはさまざまな呼称がある。「第二次世界大戦」「大東亜戦争」「太平洋戦争」「十五年戦争」「帝国主義戦争」「抗日戦争」等々、これほど多くの戦争観をもつ国民はほかの国にはないのではないか。

英米から見れば、反ファシズムの太平洋戦争、ソ連から見れば帝国主義戦争、中国から見れば抗日戦争、日本の進歩派から自由派の最大公約数的見解は侵略戦争であり、保守派・民族主義者にとっては大東亜戦争ということになる。それゆえにある哲学者は、それぞれの戦争の呼称は日本、アメリカ、ソ連、中国の国家利益と結びついて作られた政治イデオロギーの産物にすぎず、そのどれもが自己の正当性や優越性を誇ることはできないとした(上山春平「大東亜戦争の思想史的意義」、のち『大東亜戦争の意味』に収録)。

だが、問題はこのように相対化できるのであろうか。たとえば満州事変の発端となった満鉄線路の爆破は、中国人の仕業ではなく関東軍の謀略であったことは、いまや右左を問わず、周知のところとなっている。これはイデオロギーではなく、事実である。では、盧溝橋事件はどうなのか、真珠湾攻撃の真実はどこにあるのか、「大東亜戦争肯定論」の登場から早くも四〇年以上が経過した現在、この戦争観の変遷とその意味の検討は避けて通れない。くわしくは第四章で検討するが、以上のように、一九六〇年代は思想、文化においても「思想の一九六〇年体制」と呼ぶにふさわしい基本的構造が出揃ったのであった。

4　ベトナム戦争

北爆の開始

一九六四年八月初旬、私は夏休みを利用して、四国旅行の最中だった。昼のニュースを聞こうと携帯ラジオのスイッチを入れると、米駆逐艦が北ベトナム魚雷艇による攻撃への報復として、北ベトナム爆撃を開始したと伝えた(トンキン湾事件)。当時、米国防長官であったマクナマラは、その後、この情報が全くの誤報——悪天候下での戦場錯覚——であったと証言しているが(『マクナマラ回顧録』)、その二日後、米議会はジョンソン大統領に戦争を拡大できる「白紙委任状」を与えた(トンキン湾決議)。これ以後、米国は史上経験したこともない「アメリカの最も長い戦争」に深入りしていくことになった。

ベトナム戦争とは狭くとれば、一九六五年二月七日の北爆の本格化から一九七三年一月のベトナム和平協定調印までの約八年間の戦争を指すが、長くとれば第二次大戦終結後の、ベトミンによる対仏独立戦争(一九四五年)から一九七五年四月三〇日サイゴン陥落までの三〇年間を指す場合もある。ベトナム戦争は私の大学院・講師時代と完全にかさなっており、今でもテレビ、映画、新聞、雑誌などで見た映像は鮮明に覚えている。いったいベトナム戦争とは何だったのか、これは「戦後史」を書くさいに欠くことのできないテーマである。とくに、一、世界最強の軍事力をもつアメリカがなぜアジアの一小国ベトナムに敗北したのか、二、ベトナム戦争は日本の政治・経済にいかなる影響を与えたか、三、ベトナム戦争と日米安保条約の関連はどうか、この三点は貫戦史の視点からも避けて通ることのできないテーマである。

ベトナム戦争の基本性格

これまでにベトナム戦争の原因をめぐってさまざまな議論が交わされてきたが、長い間、中国・フランス・日本・米国に支配され従属し続けてきたベトナム人が、第二次世界大戦終結を

図 29　ベトナム戦争のアメリカ軍　ラオス国境に近い山岳地帯につくられたアメリカ第四歩兵師団の荒涼たる前線基地(1967.11, 撮影＝石川文洋)

契機に決起した民族解放の戦争、ここにベトナム戦争の本質があったと思う。もちろん米ソ冷戦下における資本主義対社会主義の体制選択の問題を含んでおり、アメリカが「ドミノ理論」にもとづいて、ベトナムの共産化を防ぐために介入した帝国主義戦争であったことは否定できない。しかし、アメリカがつくり上げた傀儡政権(ゴ・ジン・ジエム政権からグエン・カオ・キ政権など)が短時日で自壊していく姿を見たとき、体制選択というよりも、傀儡政権がベトナム国民に根づいていないこと、つまり民族的基礎を欠いていることは明らかであった。私は、ホー・チ・ミンが書いたベトナム独立宣言を読んだとき、何世紀にもわたる外国支配に屈してきたベトナム人の自由と独立への希求がいかに強いものであるかを知った。

この宣言は冒頭にアメリカ独立宣言とフランス人権宣言を引用し、地上のすべての民族は平等に生まれ、生きる権利、幸福の権利、自由の権利を有することを宣言している。にもかかわらず、フランスは建国の理念にそむき、ベトナムの自由、平等、博愛をけがしていると、ホー・チ・ミンは帝国主義国家フランスに対する告発状を突きつけたのであった(宮沢俊義他編『人権宣言集』)。こうしてベトナム人民は、一九四五年九月から抗仏救国闘争に立ち上がり、一九五六年フランスを追い出すことに成功した。一九六一年アメリカはフランスに代わって軍事顧問団を送り込むなど、ベトナム介入を開始するが、このときアメリカはベトナム民族ナショナリズムの強さを真に理解することはできなかった。戦前の日本も同じで、一九三七年の盧溝橋事件勃発に際して、日本軍部は「二、三か月で中国を叩きのめしてみせる」と豪語したが、戦争は八年にわたって長期化し、最後は中国侵略に失敗した。これも中国ナショナリズムの高揚を日本の軍部や政府が理解できなかったことに根本の原因があった。

自由と独立の戦い

ベトナム戦争はよく言われるように、テレビが戦場の映像を全世界に送った初めての戦争であった。ゴ・ジン・ジエム政権の仏教弾圧に抗議して、路上で焼身自殺を遂げてゆく僧侶に対して、ジエム大統領の弟ニューの妻が「僧侶の一人をバーベキューにしただけ」と言い放った。テレビを見ていた私は自分の耳を疑ったが、その五か月後に、ジエム政権は軍事クーデタで崩壊した。

戦場シーンとしては、密林作戦がある。最強の軍事力と五〇万(のべ二五〇万)の大軍を投入したアメリカ軍に打ち勝つために、北ベトナム人民軍は密林に潜入し、米軍をジャングル戦に引き込んだ。ジャングルに迷い込んだアメリカ兵は、ジャングルにしかけられた地雷で吹き飛び、また見えない敵に怯えた。ある兵士は「今どこにいるのかさえわからない。精神がフラフラになって気が狂いそう」だと記者のインタビューに答えていた。また解放軍がジャングルの中に網の目のようにトンネルを掘りめぐらし、神出鬼没のゲリラ戦を展開したことはアメリカ兵の戦意を喪失させた。それに「アメリカ兵のベトナム勤務は一年間(海兵隊は一三か月)だったから、戦場に慣れたと思う頃には帰国していた」(松岡完『ベトナム戦争』)。

他方、ゲリラ戦で敵が疲弊しているとみると、解放民族戦線(当時、西側ではベトコン=ベトナム共産主義者と蔑称していた)はテト(旧正月)攻勢やサイゴン総攻撃のような反転大攻勢にでた。いわば毛沢東の持久戦論を彷彿させるような戦略・戦術で南ベトナム政府軍とアメリカ軍を攪乱し、弱体化させたのである。レ・ズアンやボー・グエン・ザップ国防相などの軍事戦略家の優れた戦争指導にもよるが、解放軍兵士の独立への強固な意志と命がけの戦闘が勝利への最大の牽引力となった。一九六七年七月、ホー・チ・ミンは「独立と自由ほど尊いものはない」という有名な声明を出すが、ベトナム戦争とは、米国の帝国主義的介入に対する、ベトナム人民の自由と独立をかけた民族解放戦争であった。

反戦運動

さらにアメリカを敗北に追いやった力として、国際的なベトナム人民支援の運動があった。とくに一九六八年三月、アメリカ軍が南ベトナムの村民五〇〇名以上を虐殺したソンミ事件が報道されたとき、世界が受けた衝撃は大きかった。この虐殺事件は世界中の人々に長く記憶されており、四〇年後の二〇〇四年四月、イラクのファルージャで六〇〇人の無辜の市民が米軍の空爆で殺されたとき、ソンミ事件を想起した人々は少なくない。この非人道的なソンミ事件を契機に、全世界のベトナム人民支援の輪は広がった。

日本でも社共両党・総評が何回も統一行動をおこなった。また反共産党系の新左翼がヘルメットとゲバ棒姿でゲリラ活動を展開した。一九六五年四月、「ベトナムに平和を！ 市民文化団体連合」、通称「ベ平連」が結成されたことも、ベトナム反戦運動に新しいスタイルを打ちだした。これは作家の小田実、開高健、評論家の鶴見俊輔ら三八人の呼びかけで始まった市民運動であった。

鶴見俊輔といえば、ここに一つの思い出を記しておきたい。一九七九年、カナダ・ノヴァスコシアにあるセイント・メアリーズ大学でE・H・ノーマン・コンファレンスが開かれた。私は当時ハーバード大学に留学中であり、友人の金容徳《キムヨンドク》氏(日本の地租改正をテーマにハーバード大から学位取得。現ソウル大学教授)の誘いで、会議に参加した。その会議のメイン・スピーカーはハーバード大学のライシャワー教授であった。そのとき鶴見氏はたまたまカナダのマッギル大学に教えにきていたので、会議に顔を出したという。私は鶴見氏とは初対面であったが、「ぼくはベトナム脱走兵をかくまい、逃がしたので、ライシャワーには会いたくないのだ」と言っていた。ベトナム戦争当時、駐日米大使であったライシャワー氏は、鶴見氏に米大使館に話に来るようにと何度も誘ったようだが、結局、一度も行かなかったという。鶴見氏および「ベ平連」は、やはりライシャワー大使にとって気にかかる存在だったようである。ちなみに、北朝鮮による拉致犠牲者・曾我ひとみさんの夫ジェンキンズ氏が、韓国から北朝鮮に脱走したのは一九六七年のことであり、ベトナムへの派兵が近いと判断し、それを避けるために脱走したという。こういう形の抵抗運動もあったのである。

もう一つ、反戦運動・世論の影響について、加藤周一が秦正流との対談(司会・吉沢南)で述べていることを紹介しておきたい。ベトナム戦争は世論が止めた最初の戦争だが、世論がアメリカのメディアと財界を動かし、『ニューヨーク・タイムズ』や『ウォール・ストリート・ジャーナル』などの代表紙、テレビでは有力なニュース・キャスターが反対しなければ政府を動かすことはできないと言うのである。加藤氏によれば米政府にベトナム戦争をやめさせた決定打は、アンカーマンのウォルター・クロンカイトの戦争反対の発言であった。彼はタカ派のイメージの強い人だが、国民の信用も厚く、次第にベトナム戦争批判の姿勢を強めていった。一九六八年一〇月のジョンソン大統領の北爆停止、再出馬辞退声明のいちばん決定的な要素となったのは、クロンカイトの批判であったという。

加藤氏は、「ジョンソンの再選辞退の特別声明のテレビ番組は、バンクーバーの大学で同僚の歴史家の家で見ました。我々は思わず「ブラボー」の声が出てついに勝ったという感じがしましたね。忘れません、あの放送は」と語っている(『ベトナム戦争の記録』)。クロンカイト一人の発言で、ジョンソンが大統領選再出馬を辞めたわけではないだろうが、「象徴的例示」として受けとれば、かなりパンチ力のある分析である。これは世論というものを深く分析する必要があることを教えている。ただ世論の影響を指摘するだけでは、何も分析したことにはならないのである。

ベトナム特需

ベトナム戦争は朝鮮戦争ほどではないが、日本経済のさらなる躍進を可能にした。とくに北爆開始後の一九六五〜七〇年度におけるGNP年平均成長率は名目で一七・五%、実質一一・二%で、第一期高度成長を上回るスピードで発展を遂げた。ベトナム戦争が始まると、日本は自衛隊の海外派遣をのぞいて米国に対する政治的・経済的支援に乗りだした。佐藤栄作首相は「米国の立場に対する支持」を表明し、東南アジア諸国に対する経済援助を約束した。また日本国内にある米軍基地の使用に理解を示した。沖縄にある米空軍基地はベトナムへ向けての出撃基地となり、横須賀・佐世保基地は米第七艦隊の拠点となった。

一九六〇〜七〇年におけるアメリカの対外軍事支出総額は約二五〇億ドルで、国別にみると日本(三三億ドル)がトップ、二位は南ベトナム(二八億ドル)、三位は韓国(一五億ドル)、四位はタイ(一三億ドル)、五位は沖縄(一一億ドル)と続く。当時、沖縄は米軍統治下にあって日本国とみなされないため、統計上は区別されていたのである。

ベトナム特需とは、①米軍の軍事支出、②ベトナム周辺地域への輸出が大きな比重を占めるが、ベトナム特需を詳しく分析した井村喜代子『現代日本経済論』によると、①は米軍基地や道路、空港、港湾、輸送、通信施設、宿舎などの建設・拡充、米軍帰休兵のサービス需要、航空機・艦船・車両などの補修、基地労働者の雇用と支払いなどを含んでいた。②は韓国、南ベトナム、台湾、香港、シンガポールなどへの輸出(すべて出超)で、日本はベトナム周辺地域に対する輸出拡大・出超をつうじて、米国がアジア諸国に散布したドルのかなりの部分を吸い上げたのである。さらに③対米輸出の驚異的な増大があった。ベトナム戦争のための輸出が主で、弾薬、衣料・繊維・戦車と車両、食糧など、また核ミサイルなど先端軍事兵器など関連産業への鉄鋼輸出が急増した。こうして敗戦以来連年赤字続きであった対米輸出は、一九六五年に一転して貿易黒字を記録、一九六六年の全輸出に占める対米輸出の割合は初めて三〇％台に達した。

ベトナム戦争の拡大による輸出の増大を見越して、大型化設備投資が急ピッチで進んだ。鉄鋼業では巨大高炉、大型ＬＤ転炉、ストリップミル(灼熱の鋼板から帯状の薄い板を製造する圧延機)の大型化が進み、一九七〇年代に日本は世界最大級の鉄鋼王国となった。電力、石油化学、造船など新鋭の重化学工業も相次いで大型投資を行なった。ベトナム戦争がなければ、これほどの規模と速度をもって第二期高度成長が進行することはなかったであろう。

とはいえ、ベトナム特需は朝鮮特需ほどの直接的影響はなかった。むしろベトナム特需で潤ったのは隣の韓国であった。当時、韓国は朴正熙軍事政権の時代であって、一九六五〜七二年累計で一〇億ドルのベトナム特需(派兵者の送金、米軍の物資調達が中心)を受け、その見返りとして朴政権は最大で五万人の韓国兵をベトナムに派兵した。また「現代」、「韓進」、「大宇」など韓国を代表する新興財閥は、この時期に形成されたのである(朴根好『韓国の経済発展とベトナム戦争』)。さらに一四年の長年月を要した日韓基本条約が、一九六五年に急きょ、締結に向かったのもベトナム戦争の影響であった。

日米安保条約の変質

ベトナム戦争は日米安保体制にも深刻な影響を与えた。最も大きな影響は、安保条約の極東条項の拡大解釈と事前協議制の形骸化である。「極東」の範囲については、一九五九年の「安保国会」でも争点となったが、当時の岸内閣は「フィリピン以北並びに日本及びその周辺」、つまり韓国、中国、台湾地域を指すと答えていた。ところがベトナム戦争が始まると「極東」はベトナムまでを含むと拡大解釈された(いまは「極東」の範囲はイラクまで拡大された)。

もう一つの事前協議制とは、米軍の配置の変更、核の持込み、核弾頭をもった原子力潜水艦の寄港などの作戦行動がおこなわれる場合は、日米双方の事前協議で話し合うという取り決めである。しかし、ベトナム戦争当時から野党は核持込みの「秘密合意」が存在するのではないかと追及したが、日本政府は「米政府が事前協議を提起してこない以上、核の持込みはない」、「密約はない」と繰り返すのみであった。

その後、一九六七年一二月、佐藤栄作首相は衆院予算委員会で核兵器を「持たず、つくらず、持込ませず」の非核三原則を表明した。しかし、一九八一年五月一七日、ライシャワー元米大使が突如、核兵器を積んだ米国の艦船は二一年前から日本に寄港していたし、日本政府も当然了解していたという爆弾発言を行なった。あわてた日本政府は、「核の持込み」は事前協議の対象であり、事前協議がない以上、その事実はないと強く否定したが、日本では大騒ぎになった。

もう二五年以上前になるが、私はライシャワー教授の教え子の一人から、「我々は核の持込み(introduction)があることは非公式に聞いていた。教授は、軍事常識からみて当然のことを言ったまでなのに、日本でなぜそんなに大騒ぎになるのかわからないと語っていた」と聞かされた。ちなみに『ライシャワー自伝』には、こう書いてある。「いわゆる「ライシャワー発言」は日本で大問題になったが……事実は、日本政府が二十年間というもの日本領海に入るアメリカ艦艇があたかも核兵器を積んでいないかのように国民に説明し、実情を糊塗してきたことこそ問題なのである」。

二頭立ての馬車

しかも、この「核持込み」問題は、沖縄返還交渉でも再浮上する。また「核密約」の存在を示す公式文書が米国ワシントンで発見されたことは何回かにわたって報道された(『朝日新聞』一九八七年四月五日や二〇〇五年五月一五日、我部政明琉球大教授談話)。そのたびに日本政府は否定するが、非核三原則はいつしか新聞等で「非核二・五原則」と呼ばれるようになった。

極東条項といい、事前協議といい、安保条約の変質は誰の目にもはっきりしてきた。日本国憲法体制と日米安保体制の相克・矛盾、これを切り抜ける手段として日本政府が用いた常套手段が解釈改憲論である。憲法学者の杉原泰雄は、日本国憲法下の政治は、最初の二、三年を別とすると、ほぼ一貫して「解釈改憲の政治」と「明文改憲を求める政治」という二頭の馬にひかれてきたという(杉原泰雄『憲法読本 第3版』)。一つには自民党長期政権が続いたため、自己に都合のいい憲法解釈がまかり通ったこと、二つに日本国憲法がすぐれた現代市民憲法でありながら、市民革命という徹底した意識変革を伴っていないこと、三つは日本国憲法体制と日米安保体制の対立が戦後政治を一貫して規定していることにその原因がある。しかし、解釈改憲ではもはや間に合わず「明文改憲」という一頭が暴走し始めたというのが、今の状況であろう。これについては、終章で再論したい。

5 未完の「戦後処理」——日韓国交正常化・沖縄返還・日中国交回復

日韓基本条約

遅れた過去の清算

戦争が終わっても、その過去の遺産や犠牲は消えてなくならない。とくに敗戦国の場合には戦勝国と違って「過去の清算」がつきまとうから、「戦後」はなかなか終わらない。なかでも「近くて遠い国」といわれる、朝鮮と中国との関係をいかに正常化するかは、戦後長い間の懸案であった。しかし、すでに述べたように(五六―五九頁)、サンフランシスコ講和会議で朝鮮と中国を除外したために、戦争が終わっても、国際法上、この両国との間には「戦争状態」が続いていた。しかも、日本は朝鮮に対し三六年間にわたる植民地支配を行なっていたし、中国に対しては侵略戦争を行なった。この植民地支配と戦争責任問題に一定の「決着」をつけない限り、戦後の日本は生きていけなかったはずである。ところが、単独講和で日本は米国の庇護下に入ってしまったために、ヨーロッパの帝国主義国(宗主国)が旧植民地を失ったときのような脱植民地意識、つまり「喪失感」「責任意識」が希薄なままに、戦後二〇年以上を過ごしてしまった。

ベトナム戦争と日韓会談

ところがベトナム戦争が本格化するにつれて、アメリカは日本のみならず韓国の助力を必要とするようになった。日韓の予備会談自体は、米国の斡旋ですでに一九五一年から開始されていたのだが、約一四年も経った一九六五年に急きょ一転妥結した理由は、軍事クーデターによる朴正熙政権の成立と、ベトナム戦争への米国の支援要求を抜きにして考えることはできない。

なぜこれほどの長期間を要したのであろうか。

一つは日本側の交渉代表が植民地支配の反省に欠け、しばしば「妄言」を繰り返したことである。二つは、交渉の核心とも言うべき「請求権」問題でこじれにこじれたこと。三つは「日帝三六年の植民地支配」に対する両国の歴史認識のみぞは最後まで埋まらなかったこと。言い換えれば「足を踏んだものには踏まれた者の気持ちはわからない」という民族感情の対立があった。以下、その経緯を追ってみよう。

第一の「妄言」を象徴するのは、一九五三年一〇月、第三回日韓会談における日本側首席代表久保田貫一郎の「日本の朝鮮統治は朝鮮に恩恵を与えた」という発言であった。その議事録を読むと、外交的駆け引きとして故意に言ったのではないかと思わせるほどに、発言内容は居丈高で、おそまつな歴史認識である。その重要箇所を少し引用してみよう。旧日本帝国の財産請求権をめぐる議論が行なわれたときのことである。

久保田　韓国側が植民地支配で蒙った被害に対し、対日請求権を出すなら「日本としても朝鮮の鉄道や港を造ったり、農地を造成したりしたし、大蔵省は、当時、多い年で二千万円も持ち出していた」

張〔韓国側〕「千万円とか、二千万円とかの補助は韓人のために出したのではなく、日本人のために出したので、その金で警察や刑務所をつくったのではないか」

洪［韓国側代表］「なぜカイロ宣言に「朝鮮人民の奴隷状態」という言葉が使われているのか」

久保田「私見であるが、それは戦争中の興奮した心理状態で書かれたもので、私は奴隷状態とは考えない」

カイロ宣言とは、一九四三年一一月、ルーズベルト米大統領、チャーチル英首相、蔣介石中国主席がエジプトのカイロで発表したもので、日本に対して無条件降伏を要求し、朝鮮の独立などの重要事項を含み、ポツダム宣言の基礎となった。いわば国際的に公知の宣言である。韓国側は久保田発言の撤回を要求したが、日本側は認めず、結局、会談は決裂した。

会談決裂後、李ライン——韓国大統領李承晩が一九五二年に設定した漁船立ち入り禁止線——内での日本漁船の操業が禁止され、李ラインを侵犯した日本人漁民は拿捕《だほ》された。当時、映画館に行くと日映ニュースが毎回のように、この問題を大きく取り上げていたので、私には強い印象がある。

結局、五年間の空白期間をおいて、第四次会談が一九五八年に再開されることになった。久保田発言の取り消し、財産請求権の放棄などの譲歩をおこなった上での会談再開であった。当時は岸内閣で、日本は朝鮮特需で戦前の経済水準をこえ、高度成長に突入しつつあった。政府と財界は請求権を放棄する代わりに、韓国への経済進出を望んでいた。また漁業権問題を解決するためにも、会談再開を急ぐ必要があったのである。以後、日韓交渉は、第五次から第七次まで断続的に続くが、一九六五年一月、高杉晋一首席代表が外務省記者クラブで、「日本は朝鮮を支配したというが、わが国はいいことをしようとした。……創氏改名もよかった。朝鮮人を同化し、日本人と同じく扱うためにとられた措置であって、搾取とかいうものではない」と述べた。これを聞いた金東祚《キムドンヂョ》大使は「メガトン級の妄言」と述べたという(高崎宗司『検証 日韓会談』)。しかし、妥結寸前のところまで来ていたため、会談決裂には至らなかった。

むしろ佐藤内閣は米国の対韓援助を肩代わりする代わりに沖縄返還問題を有利にする意図もあって、日韓会談の早期妥結をはかった。他方、当時の韓国経済は、数百万人といわれる失業者の存在が示すように、国際収支の大幅赤字、慢性的インフレ、軍事費の圧迫などに悩まされていた。労働者の賃金も日本の三割程度、農村部ではほとんどの家に電灯もない時代であった。朴正熙政権の側にも焦りがあった。

こうして一九六五年六月、椎名悦三郎外相と李東元外務部長官との間で、日韓共同声明が発表された。懸案の請求権・経済協力については、まず両国が請求権を放棄し、日本は無償供与三億ドル、政府借款二億ドル、三億ドル以上の民間信用の供与などを決めた。これで李承晩ラインも事実上消えた。その上で六月、日韓基本条約が締結された。この条約で、日本は韓国政府を朝鮮半島における唯一の合法政府として承認し、また漁業、在日韓国人の法的地位、経済協力、文化財と文化協力の四つの協定が結ばれた。交渉開始以来、じつに一四年を要したことになる。

残された課題

しかし、以上の日韓条約にはさまざまな問題が含まれていた。第一に、日本が「韓国政府を朝鮮半島における唯一の合法的な政府」として承認することは南北分断の固定化につながる。それだけでなく、日韓条約は米、日、韓三角安保体制の構築を目指したものであるとして、韓国では学生・知識人を中心に激しい反対運動が巻き起こった。これに対し、朴政権はたびたび戒厳令を発動し、学生運動参加者を逮捕・投獄し、街頭デモには徹底的な弾圧を加えた。青年・知識人、大学教授らを始め数え切れないほどの反対声明が出された。

次のソウルの大学教授団宣言文は、朴政権と知識人の間の亀裂の深さを象徴している。「大韓民国の主権者は厳然と国民である。国民は政府の政策をいつでも自由に批判する権利を持つ。にもかかわらず政府は国民の沸きたぎる世論を、催涙弾と警察棒による暴圧と仮飾に満ちた宣伝で封鎖する一方、日本に対しては理解できないほど焦り伏して、乞うように屈辱的な協定に調印してしまった」(池明観『韓国民主化への道』)。

第二に、有償無償あわせて五億ドルの供与は、賠償でもなければ請求権の肩代わりでもなく

「経済協力」という、なんとも摩訶不思議な名目に変わった。日本側の言い分は、韓国はサンフランシスコ講和会議にも呼ばれていないので、戦勝国ではなく、したがって賠償を請求する権利をもたない、請求権については八項目にわたって認めるが、強制連行された朝鮮人労働者の補償などを認めれば日本植民地主義の恥部をさらすことになるというわけで、「経済協力」となった。当時の大平外相は「過去は問うまい、一皿の灰として捨ててしまおう。そして将来の展望に立とうというのが、対日請求権の処理方式なんです」と語ったという。ここでも植民地支配責任はあいまいにされた。また請求権・経済協力規定の第二条第一項に、請求権問題は「完全かつ最終的に解決されたことになることを確認する」が挿入されたことによって、個々の労働者の未払い賃金、退職積立金、預貯金などを日本政府に要求することはできなくなった。一九九〇年代に戦争被害者の個人補償問題が浮上し、日本政府を相手取った訴訟が頻発した根源はここにある(山田昭次「日韓条約の今日の問題点」)。

第三に、日韓条約第二条の「千九百十年八月二十二日以前に大日本帝国と大韓帝国との間で締結されたすべての条約及び協定は、もはや無効であることが確認される」の条項は双方に都合のいいように解釈された。焦点は「もはや無効」なのか「当初から無効」なのかの対立にあった。韓国側は、日本は大韓帝国の大臣を懐柔し、脅迫して日韓併合条約を一九一〇年に締結したものであって、ウィーン条約の第五十一条(当該国の代表者に対する脅迫による強制の結果行なわれた条約は、いかなる法的効果も有しない)にもとづき当初から無効であると主張した。これに対し日本側は、同条約は締結から少なくとも一時は有効であったとし、それが失効したのは一九四八年八月一五日の大韓民国独立をもってである、という解釈で切り抜けたのである。しかしこの問題こそ、日韓交渉の冒頭から対立した問題であり、現在にも尾を引いている難問である。

事実、韓国の中学・高校歴史教科書をみると、一九一〇年は「国権被奪」あるいは「強占」(軍事占領)と記されていて、日韓併合条約とは決して書かれていない。要するに、韓国は政府も国民も、日本による朝鮮植民地化は認めていないのである(なお、この問題については、李泰鎮(ソウル大学教授)と海野福寿(明治大学教授)の論争がある。『世界』一九九八年七月号、九九年一〇月号など参照)。

二〇〇五年一月一七日、韓国政府は、一九六五年六月の日韓基本条約締結までの日韓会談の文書の一部を初めて公開した。それを機会に談話を寄せた当時の韓国条約課長・元駐日大使の呉在熙《オジェヒ》(七二歳)は、会談をまとめるために、「賠償」と「謝罪」の二つの言葉を捨てたが、拉致問題で途切れた日朝正常化交渉の再開で、もし「賠償」と「謝罪」の言葉が使われれば、日韓条約の見直しが韓国で再燃するかもしれないと語っている(『朝日新聞』二〇〇五年一月一八日)。

他方、「日帝の経済侵略」の代名詞とも考えられた「経済協力」とベトナム特需の結果、韓国は一九七〇年代に、日本の高度成長を上回るいわゆる「圧縮成長」(condensed growth)を遂げた。九〇年代に入ると韓国では、「漢江の奇跡」を実現した朴正煕の再評価が進み始めた。だが、二〇〇三年に盧《ノ》武鉉《ムヒョン》が韓国大統領に就任すると、かつて学生運動の闘士だった若手官僚が政権中枢に入った。彼らは学生時代、朴軍事政権によって何度も投獄された経験をもつ。二〇〇四年、さらに野党ハンナラ党代表に朴正煕の娘である朴槿恵《パククネ》が就くと、にわかに親日派批判が高まり、朴正煕の銅像や肖像画が取り外されたという。盧武鉉政権の「歴史見直し」の一環であると同時にハンナラ党に対する政治的巻き返しでもある。

沖縄返還

ニクソン・ドクトリン

日韓基本条約が調印されたあと、沖縄返還問題が現実的日程にのぼってきた。一九六五年八月、佐藤首相は首相として初めて沖縄を訪問し、「沖縄の祖国復帰が実現しない限り日本の戦後は終わらない」と声明し、自己の政治生命をかけた。

他方、ジョンソン辞任のあと、米大統領に就任したリチャード・ニクソンは泥沼化するベトナム戦争からの「名誉ある撤退」とベトナム戦争で疲弊したアメリカ経済の立て直しを図ることが自己の使命であるとした。こうして一九六九年のニクソン・ドクトリン、七一年のニクソン・ショック、七二年の米中接近など日米関係は戦後最大の激震に見舞われることになる。沖縄返還問題も、この一連の流れの中にあり、かつベトナム戦争の行方と完全にリンクしていた。

一九六九年七月二五日、ニクソンは長期のアジア旅行の途上でグアム島に寄り、ニクソン・ドクトリンを発表するが、当時の日本の有力新聞を見ても、これについての記事は全くないか、小さな囲み記事しか載せていない。それよりも五日前、七月二〇日の米宇宙船アポロ11号の月面着陸成功のニュースで世界は沸き立っていた(図30)。演出効果をねらったのだろうが、ニクソンは長期のアジア旅行のタイミングをアポロ11号の太平洋着水の時期に合わせて設定したという(マイケル・シャラー/市川洋一訳『「日米関係」とは何だったのか』)。ニクソン・ドクトリンこそは、米国の威信をかけたグランド・デザイン(大構想)であり、沖縄返還、ベトナム戦争終結、米中接近にいたる、ニクソン戦

いま月を踏んだ

アポロ11号 けさ5時17分40秒到達

月面に作業急ぐ両飛行士

鋭い岩、細かい砂

さばくの風景 紫の小石も

予定早め 午前11時56分20秒に第一歩

図30　人類史上初めて月面に下りたアポロ11号の飛行士(『毎日新聞』1969.7.21 夕刊)

略の出発点をなすものだったのである。

隠密の返還交渉

ニクソン大統領は、国務担当補佐官ヘンリー・キッシンジャーを使って沖縄返還交渉を開始させた。日本側でも佐藤首相は、密使として若泉敬京都産業大学教授を派遣して、キッシンジャーとの交渉に当たらせた。その詳しい経緯は若泉『他策ナカリシヲ信ゼムト欲ス』にゆずるが、電話連絡の際に若泉は「ミスター・ヨシダ」、キッシンジャーは「ジョーンズ博士」、佐藤首相は「君の友人《ユア・フレンド》」、ニクソンは「私の友人《マイ・フレンド》」などの符丁が使われた。佐藤首相もキッシンジャーも「裏のルート」を使うのを好み、この方式は面と向かっての交渉を避けたがるニクソン大統領の意向と一致したという。しかし、この隠密交渉が後述の「核抜き・本土並み」返還、じつは「核密約」につながっていった。

縄と糸の取引

さらに沖縄返還交渉をこじらせた問題の一つは合成繊維の対米輸出規制であった。繊維はニクソンの泣き所だった。一九六八年の大統領選で苦戦したニクソンは、南部の繊維業者に日本の対米繊維輸出を規制すると公約していた。本来まったく関係のない繊維問題が沖縄返還交渉に絡みつき、解きがたいほどにもつれてしまった。

ニクソンは大統領に就任するやいなや、早くも四年後の再選のために〝南部戦略〟を練り始めていたわけで、いわば米国の内政問題を外交に絡ませていたのである。しかも、キッシンジャーは「ベトナム戦争で頭が一杯」で、繊維問題にも素人であったから、繊維交渉に当たっては商務長官スタンズの意見を多く取り入れたようである。佐藤首相の側も、沖縄のために日本の繊維産業を米国に売り渡したという批判を避けるために、繊維交渉はジュネーブで日米双方の繊維代表が行なうよう指示した。つまり沖縄返還と繊維問題の切り離しをはかろうとしたのである。しかし、繊維紛争は長期化し、日米貿易摩擦の火種としてくすぶり続けた。当時、沖縄返還が新聞・テレビなどで「縄と糸の取引」と騒がれた背景には、以上のような経緯があったのである。

日米共同声明

一九六九年九月末、沖縄返還交渉は大詰めを迎えていた。密使の若泉とキッシンジャーの間で、最終案の取りまとめが始まった。繊維問題についてキッシンジャーは、「大統領の威信がかかっているので、佐藤首相自らの手でぜひとも実現してもらいたい。また沖縄基地からの核抜き返還に同意するが、緊急時の核の再導入と通過をなんらかの形できちんと保障してくれない限り、沖縄の返還に応じることはできない」と、威圧的ともとれる口調で言ったという。これを聞いて、若泉はなんらかの秘密了解を取り交わすことはやむを得ないと覚悟したようだ。

米統合参謀本部は、すでに沖縄返還後にも米軍基地が自由に使用できることを絶対要件としていた。またニクソン大統領は、沖縄が日本の主権下に入ったら、日本としても軍事的に大きな責任を分担してほしい、核兵器は撤去するが、緊急時には再び核持込みを認める日本政府の確約がほしいと要求していた。さらにニクソンは佐藤首相が辞任した後でも、のちの日本政府を拘束する文書(秘密協定)に佐藤が署名するよう要求したという。

こうして一九六九年一一月一九日、佐藤首相とニクソン大統領は、ホワイトハウスの大統領執務室で会談し、沖縄返還共同声明の合意に達した。その後、両首脳は執務室の隣の部屋に移り、核密約の文書にそれぞれ署名したという(前掲、若泉著)。

その二日後の一一月二一日、佐藤・ニクソン共同声明が発表された。その骨子は、①沖縄は一九七二年中に核抜きで返還され、その後は安保条約と地位協定などは本土と同様に沖縄に適用される、②韓国と台湾における平和と安全は日本国の安全にとって「緊要」かつ「重要な要素」であるとし、また日本はインドシナ地域の安定のために積極的な役割を探求していくとうたった。

要するに、経済大国としての地位を占めるに至った日本は、ベトナム戦争中および終結後に

24年の苦悩—やっと

険しい道、まだ続く

屋良さん、目に一筋の涙

図31　沖縄返還の日米共同声明発表に見入る屋良朝苗主席(『毎日新聞』1969. 11. 22)

おいて、同盟国にふさわしい責任分担・防衛分担を負うこと、また台湾と韓国の防衛のために米国が沖縄の軍事基地を自由に利用できるよう積極的に応じることを誓ったのである。これこそアメリカの負担軽減とアジア同盟国の負担増を求めるニクソン・ドクトリンの狙いであって、日本はニクソン・ドクトリンが成功するかいなかの鍵を提供していたのである(藤本博・島川雅史編著『アメリカの戦争と在日米軍』)。

本土復帰は実現したが……

これに対し沖縄では、佐藤・ニクソン共同声明の翌日、初代の公選知事となった屋良朝苗が百万県民を代表して、琉球政府声明をだした。その中で、屋良主席は沖縄返還を実現させた佐藤首相、愛知(揆一)外相の熱意と努力に感謝を述べる一方、「沖縄基地を要とする安保体制を容認することはできない。安保体制の長期継続は憲法改正の恐れすら抱かせる」、また沖縄に基地が存続する限り、基地被害はなくならず、あまりに基地に密着している社会環境・経済構造からも脱却することはできないと述べた(図31『毎日新聞』一九六九年一一月二二日)。一九七二年五月一五日、沖縄県の本土復帰は実現した。だが、復帰後も、日本の総面積の〇・六%に過ぎない沖縄に、在日米軍基地の七五%が残った。屋良主席の三十数年前の指摘は、決して杞憂ではなかった。

すでに述べたように(六〇頁)、その後の沖縄の現代史は基地被害に満ちみちている。そしてイラク戦争が始まると、沖縄から出撃した戦闘機が、住民への無差別爆撃(ファルージャ攻撃)に参加した。憲法改正の動きも浮上してきた。

佐藤首相は沖縄の本土復帰をもって沖縄の戦後は終わるとしたが、米軍基地が存在する限り沖縄の戦後は終わらないのである。ちなみに、佐藤首相は沖縄返還その他の業績で、一九七四年度のノーベル平和賞を授与されるが、その決定に影響力のあった推薦者二人のうち一人はライシャワー元駐日大使であったという(前掲『ライシャワー自伝』)。

日中国交回復

ニクソン・ショック

一九七一年七月、キッシンジャーは秘密裏に中国を訪問、周恩来と会談し、翌七二年五月までに米大統領が訪中することで合意に達し、世界を驚かせた。それまで中国の国連加盟に反対しつづけてきた佐藤内閣は、その頭越しの米中接近に衝撃を受けた。それから一か月後の八月一五日、ニクソン大統領は金とドルの交換停止、一〇％の輸入課徴金、繊維製品の輸入割当など新経済政策(ドル防衛声明)を発表して、またもや世界に衝撃を与えた。

かねがね私はニクソンが日本敗戦の八月一五日(米国から見れば対日戦勝記念日)を選んだのは何か意図があるためではないかと思っていたが、ニクソンはのちに、七一年の新経済政策の一つは「日本人につけをまわすため」、繊維問題で誠意のなかった「日本の首相にわざと恥をかかせた」と述べている(シャラー前掲書、三六八、四〇〇頁)。経済大国日本の登場は、それだけ米大統領にとって癪でもあり、脅威だったのである。

変動相場制への移行

第二次世界大戦後の世界経済は、ドルを基軸通貨とする国際通貨基金体制(ＩＭＦ体制)によって運営されてきた。アメリカは豊富な金準備と国際収支の黒字によって、金に裏打ちされたドルにより世界経済に君臨してきた。ところがベトナム戦争で米国は国家財政の四〇〜四九％におよぶ巨額の戦費(年間五〇〇〜八〇〇億ドル)を投入し、経済力を衰微させた。国際収支の赤字は年を追って累積し、その経済的地位は低下の一途をたどっていた。金とドルの交換停止はＩＭＦ体制の事実上の崩壊を意味していた。これにより一九四九年以来二十数年間維持されてきた一ドル＝三六〇円の固定相場制は崩れ、翌一六日の東証株価は大暴落した。一九七一年一二月の一〇か国蔵相会議では、金一オンスをそれまでの三四ドルから三八ドルへとドルの減価をおこない、新為替レートは一ドル＝三〇八円、一六・八八％の円切り上げが決まった。

一二月一九日、日本政府は「円の為替レート切り上げにあたって」を声明し、今回の多国間の通貨調整をもって、いわゆる「戦後体制の終わり」と表現した。つまり、「ドルを中心に打ちたてられた体制が変更を迫られ、多元的な国際協調と競争的な共存の時代」が始まったというのである(大蔵省国際金融局「国際金融問題必携」)。

その後もドルの急落は止まらず、一九七三年二月一四日、円は変動相場制へ移行した。翌一五日、為替相場は一ドル＝二六四円へと急騰し、円高経済時代が到来した。現在の若い人々はテレビ・新聞等で毎日のように円高、円安のニュースを聞いているとおもうが、それはわずか三〇年前からのことであって、私の学生時代には考えられないことであった。

ニクソン訪中

キッシンジャーの劇的な北京訪問を受けて、一九七二年二月、ニクソンが中国を訪問し、毛沢東主席、周恩来首相との間で米中共同声明を発表した。共同声明の焦点は、中国は一つであり、中華人民共和国政府が中国の唯一の合法政府であり、台湾は中国の一部であるという中国側の主張をアメリカに認めさせることにあった。他方、米国側の狙いは米中接近をはかることによって中ソ間に楔を打ち込むこと、また中国のベトナム支援を止めさせることによって、ベトナム戦争の早期解決を目指すことにあった。沖縄返還時の佐藤・ニクソン共同声明が、韓国・台湾地域の安全が日本自身の安全にとって緊要であると述べたことは、中国政府の警戒感を強めていた。米中接近には、アジア地域で日本が軍事的・経済的に強くなりすぎないようにする意図が周恩来にあったという。

朝日新聞論説顧問の森恭三は「共同声明を読んで」という記事で、「ニクソン大統領の北京訪問は、中国封じ込め政策失敗の告白であった」「ベトナム人民による米帝国主義反対のたたかいは偉大であり、実に世界の歴史を変えたということができる」と書いた(『朝日新聞』一九七二年二月二八日)。その後のベトナムの動きを考えると(ベトナムのカンボジア侵攻など)、過大評価のそしりを免れないが、読者に感動を与えた記事の一つであった。

日中国交回復

沖縄返還を花道にして佐藤内閣が総辞職した後、田中角栄が政権を担当した。田中は「決断と実行」をスローガンにかかげて、日中国交回復を第一の政治課題とした。組閣後二か月も経たない八月三一日、田中首相はハワイでニクソン大統領と会談、中国問題について打ち合わせを行なった。このときニクソンはトライスター機の導入を田中首相に希望したという。これがのちの、「首相の犯罪」といわれたロッキード事件に発展するとは、神のみぞ知ることであった。

九月二五日、田中首相は北京を訪問し、周恩来首相と会談し、日中共同声明に署名した(図32)。その骨子は、①中華人民共和国が中国の唯一の合法政府であること、②台湾は中華人民共和国の一部であること、③日中両国間のこれまでの「不正常な状態」に終止符を打つこと(戦争状態の終結)、④中国は日本国に対する戦争賠償の請求を放棄する、などであった。敗戦から二七年目にして、ようやく日中の国交正常化が実現したのである。そして六年後の一九七八年八月に日中平和友好条約が締結された。

図 32　日中国交正常化交渉で話しあう田中角栄首相(左)と周恩来首相(1972. 9)

ニクソン大統領は、米中正常化は「保守派の私だからできた」と言ったそうだが、日中国交回復も保守派の田中だからできたと言えなくもない。田中角栄の人気は、一気に高まり、「今太閤」と呼ばれさえした。しかし、同年一二月の総選挙で圧勝するかと思われていた自民党は二七一議席で予想外に振るわず、むしろ社会党復調（一一八議席）、共産党躍進（三八議席）が目立つ結果となった。田中の『日本列島改造論』と金権政治への批判が有権者の間で高まっていたのである。

第三章　「戦後」のゆらぎ（一九七三〜一九九〇年）

1 「日本列島改造論」とオイルショック

日本列島改造政策

日中国交回復をなし遂げた後、田中首相は「日本列島改造政策」を発表して、大規模工業地帯の配置、新幹線や高速道路などの全国交通ネットワークの構築、地方へ人口を移すための二五万都市の建設など強気の政策をかかげた。だが、この政策は地価の暴騰を引き起こし、それに引きずられて諸物価が軒並み暴騰した。田中内閣成立後一年間だけで、卸売り物価はじつに二五％も高騰した。しかも、それまで安定していた国際収支も赤字基調に転じ、一年間に一〇〇億ドルの赤字を出すという異常事態となった(福田赳夫『回顧九十年』)。このような状態のときに、日本は第一次オイルショックに直撃されたのである。その意味で、石油危機前に日本経済はすでに不正常な状態にあったわけで、一九七三年の危機をたんに「輸入された危機」(imported crisis)とだけ理解することはできないのである。

オイルショック

一九七三年一〇月、第四次中東戦争が勃発、アラブ産油国は原油公示価格の二一%引上げを決定し、翌年一月には二倍の引上げを通告した。以後、石油価格は上昇し続け、三ドル前後であった石油価格は一一ドル以上、約四倍に暴騰した。オイルショックで、主婦たちはトイレット・ペーパーや洗剤の買いだめに走った。当時、私はとっさに関東大震災のときに渋沢栄一が述べた「天譴《てんけん》(天罰)論」を思い出したものである。財界の大御所といわれた渋沢は、第一次世界大戦以来、日本人は大戦景気に有頂天になって、太平をむさぼってきた。今回の大地震は「天がくだした天譴である」と警世の言葉をはいた。それと同じように、オイルショックは、一九六〇年代高度成長に酔いしれる日本人に対する「天譴」ではないかと、私は古風な感想を抱いたのであった。しかし、石油危機は「天譴」などという言葉で片付けられるものではない。いったい石油危機とは何だったのだろうか、何人かの実業人の話を聞くことにした。

商社の投機

西井正臣(一九三六年生れ、元エッソ石油専務)は、当時、営業の第一線(大阪支店長)にいただけに、その話はすこぶる生々しいものであった。

第一次石油危機については、国内・国外の二つの要因があった。国内事情としては、田中角栄の「日本列島改造論」の影響が大きかった。土地投機や土地に絡む株式投機が盛んになった。

「商社が投機に走るようになったのはこの頃からだ。そこにオイルショックが来たので、ショックは大きかった。大阪吹田《すいた》市の主婦たちがトイレット・ペーパーの買いだめをしたのが原因というが、そんなことはない。むしろ商社がスペキュレーション(投機)に走り、商品の値段をつりあげたのだ」。

アラブの石油戦略

他方、国外的には、「リビアのカダフィが石油会社の国有化を宣言し、それにイラクが同調した。最近、カダフィはやけに大人しくなっているが、当時はリビアの首都トリポリで国際石油資本大手六社に挑戦状を突きつけたのだ」。

当時の新聞を調べると、確かに「イラク石油国有化」の大きな見出しつきで、イラクのバクル大統領が「帝国主義諸国」を激しく批判し、ブリティッシュ・ペトロリアム(英)、ロイヤル・ダッチ・シェル(英、オランダ)、フランス石油、スタンダード・オイル・ニュージャージー(米)の四社の合弁会社イラク石油を国営化したと報じている(『朝日新聞』一九七二年六月二日)。こうしてリビアはイラクと組み、サウジアラビアの支持を得て、メジャーズにとって最も大事な石油価格の決定権を奪い返した。石油の値段は一九七一年から七三年にかけてじりじりと上昇した。そして七三年一〇月、ついにアラブ産油国は石油価格の三〇%引き上げを断行したのである。一バーレル当たりの原油は三ドルから五ドルへ、さらに一一ドルへと四倍近く高騰した。

西井は言う。「我々はアラブの石油戦略の変化を予感はしていたが、こんな形で急展開するとは全く予想していなかった。オイルショックで、心理的には高度経済成長は終わったという感じだった。それにローマクラブの『成長の限界』が出たのが一九七二年。いつまでも高度成長が続くわけがないと思った」。

日本経済は翌七四年に戦後初めてのマイナス成長を記録した。

政府の対策

石油危機に直面して、政府は一一月一六日、「石油緊急対策要綱」を閣議決定した。これは石油・電力消費の一〇%節減、高速道路における高速運転の自粛、ガソリンスタンドの休日営業の自粛などが行政指導という形で奨励され、ネオンサイン、深夜テレビ放送の自粛、風俗営業の短縮などが決まった(図33)。

ある日、テレビを見ていたら日本の官僚やサラリーマンがエレベーターの代わりに階段を上っていく姿や夜のネオンサインやオフィスの明りが次々と消えていく映像が出てきた。これで石油消費量二五%を節約できたというナレーションが続いた。翌日、たまたまアメリカ人の友

図33　節電のためネオンの消えた東京・銀座の通り　上が午後6時，下が午後9時15分撮影(1973. 11. 15)

人に逢ったら、そのニュースを見たようで、「日本人は組織的で有能だけど怖い。政府の命令一つで、一斉にダーッと動いて、二五%も石油を節約してしまう。アメリカでは到底考えられないことだ」と言っていた。

このあと政府は石油二法(国民生活安定緊急措置法・石油需給適正化法)を制定したが、半年後にはいくらか落ちついてきた。政府は三木武夫副総理を特使として中東に派遣し、いくらかの成果を上げたが、その〝お願い外交〟は「アラブ寄りではなくアブラ寄りだろう」と皮肉られたものである。

一九七九年一月、イランのパーレビ国王が亡命し、二月最高指導者ホメイニ師がパリから一五年ぶりに帰国した。イラン革命が成ったのである。国際石油資本は、再び原油供給の制限を行なった(第二次石油ショック)。いったい第一次と第二次とではどこが違うのだろうか。私の質問に答えて西井は次のように語った。「衝撃《ショック》は第一次のほうが大きかったが、第二次石油危機のほうが金額は大きかった。アラビアン・ライト(サウジアラビア産の軽質原油で、産出量も多く中東原油価格の基準とされた)の価格は一一ドル六五セントであったが、高いときには三五ドルまで上がった。売上代金でいえば、第二次のほうがずっと大きかった。だからGDP(国内総生産)に与えたインパクトは第二次石油危機のほうが大きい。それに第一次は六か月で終わったが、第二次は二年間続き、ボディブローのように効いてきた。企業の省エネ投資が本格化したのも第二次石油危機以後だと思う」。

省エネ作戦

一九八四年にゼミの学生や留学生諸君を連れて、私は新日本製鐵君津工場と川崎製鉄千葉工場に見学に行ったことがある。行って驚いたのは、エネルギー源に石油はほとんど使われていないことだった。たとえば君津製鉄所では、一九七三年に全エネルギー源の二〇%を重油に依存していたが、七八年には一三%に落とし、八三年には二%弱にすぎない。川鉄千葉製鉄所も同様で、八四年現在石油依存率は一%以下とほとんどオイルレスの状態であった。

この省エネ作戦の主眼は、第一に徹底してムダを省くことであった。銑鉄を溶かす熱火の状態のコークスは、それまで水をかけて消していたのを窒素ガスで消火することにした。そして溶鉱炉の上部から吐き出される高熱の窒素ガスを回収してタービンを回し、電気を起こすという「炉頂圧発電」が開発されたのである。これにより両製鉄所が東京電力から買う電力は全使用量の約二五%に減り、残りの七五%は自家発電になった。第二は、連続鋳造方式の比率を高めることであった。鉄製品の製造工程は、鉄鉱石―銑鉄(iron)―製鋼(steel)―圧延という順序であるが、連続鋳造とは、このうち製鋼から圧延に移る工程を大幅に短縮する方法をいう。この方法で一トン当たりで三〇～四〇ドルのコスト削減を可能にしたという。

企業別労働組合

一緒に工場見学に行った中国人留学生が私に言った。「日本がこれだけ石油危機に素早く対応できたのは、技術者や労働者の企業への帰属意識、忠誠心が強いからではないか」と。たしかに技術の導入・定着がうまくいくかどうかは、その国の社会関係や文化の型と密接な関係をもっている。もし日本の労働組合が欧米型の職種別組合であったら、これだけうまくいったかどうかは疑わしい。最新鋭の技術や設備を導入するといっても、職種別組合の場合には、溶鉱炉工組合と圧延工組合の意見が対立すれば、結局、計画はダメになることはしばしば起こりうるからである。事実、イギリスの新聞『タイムズ』が新技術を導入しようとして活版工組合と他の組合との意見が合わず、技術合理化に失敗したことがあった。ところが日本の企業別組合では、そうしたことは起こらない。それに君津製鉄所では、社員一人一人の創意工夫を引きだす自主管理活動が展開され、品質向上、コスト切り下げ、職場環境の改善などについて意見交換が行なわれていた。

かつてOECDの報告書は、日本的労使関係の特徴として、企業別組合、年功序列型賃金制、終身雇用制の三つを指摘したが、君津にきたOECD調査団は、「日本が植民地を失ったことがプラスに作用した」と言ったという。アメリカは銑鉄や石炭を五大湖の製鉄工場まで運ぶには鉄道輸送し、さらにミシシッピー河を船で上がらなければならないが、日本は臨海工業地帯に工場を建設し、世界で一番良質で安い石炭や銑鉄をどこからでも輸入できる。技術面だけでなく、輸送コスト面でも日本鉄鋼業は英米鉄鋼業より有利だというのであった。

明治維新以来、日本は外圧を利用して国内政治・経済の再編(リストラクチュアリング)をはかるのを得意としてきた。幕末開港時の黒船ショック、敗戦時の占領軍ショック、そして二度のオイルショック、そのいずれもが国内再編のテコとなった。OPEC(石油輸出国機構)も、石油危機に際して、まさか日本がここまで対応するとは思わなかったであろう。だが、他方で、オイルショックを境に日本経済は低成長時代を迎え、サラリーマンはそれまで経験したこともない苛酷な世界に投げ込まれることになった。

減量経営

減量経営とは、乾いた雑巾をさらに絞るような合理化を指す。肩たたきによる中高年の人員整理、出向、単身赴任、サービス残業、過労死などはオイルショック以後に普及した言葉である。労働組合は抵抗力をうしない、むしろ石油危機を国難のように受け止め、労使協調、官民一体の路線に巻き込まれていった。製薬会社のコマーシャルに「二四時間たたかえますか」というのがあったが、これも第二次オイルショックのあとのものである。そのころ私がハイウェーを走っているとき、大型トラックがものすごいスピードで追い越していったので、ふとトラックの後部を見たら、「せまいニッポン、そんなに急いでどこへ行く」というステッカーが取りつけてあったので、おもわずふきだしてしまった。

春闘の値上げ率も急速に下がり、一九七四年の賃上げ率三〇%は、七八年には五・九%にまで低下した。石油危機後、日経連は「生産性基準原理」という巧妙な「理論」をつくり出した。賃金の上昇率はインフレ率の枠内におさめないと、不況下の物価高、つまりスタグフレーションに陥るというのである。せっかく賃金を上げても、インフレで実質賃金が減価してしまえば元の木阿弥というのであった。労働組合はこのロジックに打ち勝つだけの賃上げ論はもてなかったように思う。

オイルショックは、労働運動の衰退の引き金となった。勤労者の政治意識も保守化した。こうして「企業国家」が確立した。企業国家とは、宮本憲一の造語で(『現代資本主義と国家』)、日本は軍事国家にならなかった半面、福祉国家にもなれず、結局、大企業優先の経済国家になったという意味である。言い換えれば、「経済大国」と「生活小国」は同じメダルの表裏の関係にあって、そうした国家・社会システムは高度成長期に形成され、石油危機後に完成したというのである(渡辺治『「豊かな社会」日本の構造』)。

2　新中間層のゆらぎ

新中間層論争

先に一九六〇年代の高度成長期に、膨大な下層階級をもつピラミッド型から分厚い中産階級をもつダイヤモンド型の階層構造が成立したと書いた(九九頁)。しかし、この「ダイヤモンド型の階層構造」とは何を指すのであろうか。またその階層構造はオイルショックを経てどのように変化したのであろうか。これは現代日本社会を理解する一つの鍵をなす。

一九七七年に行なわれた新中間層論争は、まさにこの問題をテーマとする興味ある論争であった。経済学者の村上泰亮は、「新中間大衆」という概念を使って、高度成長期以後の日本社会を分析した。村上は言う。「「新中間階層の成立」とは、上層でもなく下層でもない中間的な地位に、生活様式や意識の点で均質的な巨大な層が現われ、しかもその層が周辺をさらにとりこんで拡大しつつあることをさしている」(『朝日新聞』一九七七年五月二〇日夕刊)。

村上の議論の特徴は、農民・自営業主などの旧中間層に代わって、いまやホワイトカラーなどの新中間層が六割に達し、生活様式・消費・政治の動向までを左右する巨大な存在になったこと、「豊かな社会」の到来によって、彼らの政治意識は保守化したというのであった。

たしかに総理府「国民生活」調査においても、「お宅の生活程度は?」という質問に対して、一九六〇年代は一貫して「中」と答える人が八〜九割に達していた。問題は、この「中」の中身である。村上は、高度成長の過程で所得も上昇し、ホワイトカラーとブルーカラーの境界はしだいに曖昧となって、新しい階層を形成しているという。これを彼はマルクスのいう「中産階級」(旧中間層)と区別して、高度大衆消費社会における「新中間大衆」と名付けた。

中流の幻想

これに対し、同じ経済学者の岸本重陳は、アンケート調査における質問の仕方に問題があって、「上」、「中の上」、「中の下」、「下」と聞けば、「中」のいずれかに集中するのは当然であって、統計をそのまま信じるわけにはいかないと批判した。事実、年収一〇〇万円未満(月収九万円以下)、貯蓄残高五〇万円未満、借家住まいでも、その五〜七割以上が「中」か「上」と回答している(一九七六年)。つまり、回答者はたいして「金持ち」でないにもかかわらず、①過去にくらべれば生活はよくなっている、②自己の努力を認めたい気持ち、③実際は苦しくても、生活の中に一つや二つは世間並みのものがある、などの理由から「中」と答えている場合が多く、見かけと実態に乖離があるとして、岸本はこれを「中流の幻想」と呼んだ(『中流の幻想』)。

「地位の不一貫性」

この両者の議論に対し、第三の見解を対置したのが社会学者の富永健一であった。彼の議論はどちらかと言えば村上の議論に近いが、社会学会が一〇年おきに行なう「社会階層と社会移動」(いわゆる「SSM調査」)にもとづき、「地位の不一貫性」仮説を提示した。富永は「みんな同じ、みんな中間」ということではなく、雇用、職業上の地位、報酬、世代間職業移動などの諸点から見て、非一貫的で多元的な「中間」があると言うのである。たとえば職業的な威信地位と所得の関係は、正の関係にはなく、ズレている。威信地位の高い職業の典型は裁判官や高級官僚や大学教授だが、彼らの所得は威信地位のスコアがもっと低い中小企業家や商店経営者より高いとはいえないし、親の職業を子どもが引き継ぐ割合が高いかというとそうとも言えず、階層構造は非一貫的で、「多様な中間」があると言うのであった(『朝日新聞』一九七七年六月二七日夕刊)。

新階層消費の時代

以上の論争は、高度大衆消費社会の様々な現象を読み解く、新たな視点を提供したといってよい。新中間層は、二面性、両義性をもっており、流動的である。これまでに達成した生活水準と既得権益を守ろうとして現状維持的である反面、旧中産階級(地主や自営業主)のようなはっきりした生活基盤をもたず、生活は不安定で不満を感じている。その意味で、彼らは現状批判的でもある。村上はそのことを「中間層は怪物である」という言葉で表現した。

この「中間層」に消費の側面から光を当てたのは、小沢雅子『新「階層消費」の時代』であった。とくに小沢は、高度成長期を経てオイルショックを境に、新中間階層がどう変化したかに焦点をあてた。結論のみを記せば、①一九五五年以降、一九七〇年代初頭までの高度成長時代は、大衆消費の時代であった。②ところが石油危機以降、所得格差、資産格差がひらき、消費の階層化が進んだ。つまり、消費者は経済力の大小によって何段階かの階層に分かれ、上層から下層にいくにしたがって、高級志向から価格志向へ移っている。③要するに、オイルショック前後に大衆消費時代から階層消費時代へと構造変化しつつあると言うのであった。消費の局面に限られているとはいえ、「みんな同じ、みんな中間」と受けとられがちな村上説は修正され、より実態に近くなったというのが私の感想である。なぜか、私のささやかな経験を述べておきたいとおもう。

偏差値社会

一九八〇年代に入ってからだとおもうが、ゼミなどで大学生が論争しなくなった。それまでは取っ組み合いの喧嘩とまではいかなくとも、口角泡を飛ばして論争する場面に出合うことは何度もあった。大学紛争時代の一九七〇年前後は、とくにそうだった。ところが八〇年代半ばころから個性がなくなり「ほどほど意識」をもつ学生が増えてきた。クラスやゼミで目立ちたがる学生は「ダサイ」といって軽蔑された。流行歌の一節ではないが、まさに「ギンギンにさりげなく」やらなければ、いけなくなったのである。クラブ活動でも、山岳部やテニス部に入るよりも、山岳同好会、テニス同好会に入って、「ほどほどに」楽しむ学生が増えてきた。

なぜだろうと考えたが、一九七九年の共通一次試験の導入が大きい。高校や予備校ではもうすこし早く始まっていたようだが、大学では共通一次で偏差値の全国化が確定した。こうなると入学してくる学生は、八〇〇点台とか、七五〇点台とか同点ないし一点刻みで一斉に横並びである。昔は「神童」とか「天才」とか言われた学生がいたものだが、偏差値導入後はだいたい「どの程度できる奴」かは、自分の想像の範囲内である。要するに、偏差値で横に輪切りにされているから、五十歩百歩でむきに論争する必要もないのだ。

ところが全国レベルで見ると、偏差値の高い大学は一流大学の評価を得、一流大学は一流企業に就職できる、一流大学・一流企業に入るためには、一流中学、一流高校を出なければならない、そのためにはいい幼稚園に通わなければならない、というわけで全国の教育機関は団子状にかたまりながら、序列化が進む。日本の学歴社会は偏差値社会とセットになってきたのである。就職、昇進などもこの序列に規定される。新中間大衆社会といっても、決して均質ではなく、「均質のなかの格差」が厳然として存在している、これが実態ではあるまいか。九〇%が「中」と答えるのは、質問の仕方に問題があるばかりでなく、以上のような無意識の格差の構造が隠されてしまっているからである。

3 保守本流とは何か

ロッキード事件

一九七四年八月、アメリカではニクソン大統領がウォーターゲート事件で辞任した。この事件は、ニクソンの再選委員会の運動員が、ワシントンのウォーターゲート・ビルにある民主党本部事務室に盗聴器を設置しようとしたもので、ニクソン自らも隠ぺい工作に関与したことを認め、辞任をよぎなくされた。ちなみにウォーターゲート事件の情報源、通称「ディープスロート」は永い間、謎とされてきたが、本人自身の告白により、元FBI副長官マーク・フェルト(九一歳)であることが三三年ぶりに判明した。「(情報源は)死ぬまで明かせない」と言ってきた『ワシントン・ポスト』紙ウッドワード記者らも、事実であることを認めた(米時間、二〇〇五年五月三一日)。

同じ頃(七四年一一月)、日本では田中首相の金権政治に対する批判が高まり、ついに田中首相は自民党総裁辞任に追い込まれた。代わって登場したのが「クリーン」三木武夫であった。小派閥の三木が後継総裁に選ばれたことは意外であったが、副総裁椎名悦三郎が「神に祈る気持で」選定したのである(いわゆる椎名裁定)。これくらい大胆な手を打たなければ、当時の国民の批判をかわすことはできなかったであろう。事実、七月の参議院選挙で自民党は後退し、「保革伯仲」といわれていた。

三木内閣といえば、一九七五年一一月のパリ郊外ランブイエにおける第一回主要先進国首脳会議(サミット)の参加と、七六年七月のロッキード事件における田中前首相逮捕が記憶に新しい(図34)。序章で、私は「戦後」とは、貧困からの脱出を含むと書いておいたが、日本が英・

毎日新聞
号外
ロッキード事件特報

田中前首相を逮捕

疑獄捜査、一気に頂点へ

丸紅の五億円受取る

外為法違反容疑 「ピーナツ」「ピーシズ」分

図34　ロッキード事件　逮捕された田中角栄前首相が東京地検に入るところ(『毎日新聞』1976. 7. 27)

米・仏・西ドイツ・イタリアと並んで先進六か国に加わったことは、世界の「金持ちクラブ入り」を象徴しており、「戦後」の一つの終わりを意味していた。

またロッキード事件は、七二年夏ハワイで行なわれた日米首脳会談で、ロッキード社と関連の深いニクソン大統領から軍用機および民間大型旅客機トライスターの導入要請を受けたのに始まる。以後、田中首相は総理大臣の職務権限により、ロッキード社航空機の導入を約束、商社丸紅から五億円を収賄したというものであった。裁判は丸紅ルート、全日空ルート、児玉誉士夫・小佐野賢治ルートに分かれて審理された。いわば日米癒着からくる「構造汚職」であった。また「ピーナッツ一〇〇個」という暗号の使用も国民の関心を高めた。田中角栄の刎頸《ふんけい》の友・小佐野賢治が国会証人喚問で述べた「記憶にございません」は流行語となった。

日本の近代史において前首相が逮捕されるなどということは前代未聞の事件であり、戦後民主主義の「成長」を感じさせた。

保守本流

しかし、自民党内では、前首相逮捕は行き過ぎだとして「三木おろし」が始まった。その結果生れたのが福田赳夫《たけお》内閣であった。このあと、大平正芳、鈴木善幸内閣と続くが、各内閣の施政については他の専門書にゆずりたい。むしろ、ここではこの頃までよく使われた保守本流とは何かについて説明を加えたほうがいいだろう。

一般的に保守本流とは、第二次大戦後の保守政治の路線をしいた吉田茂の政治手法を継ぐ政治家や派閥を指すとみていい。ふつうは「吉田学校の優等生」といわれた池田勇人・佐藤栄作を指すが、福田、大平、鈴木もこれに属し、「戦後政治の継承」を説く宮沢喜一が、いわば最後の保守本流ということになろう。

政治評論家の石川真澄によると、元自民党幹事長の保利茂は「新憲法のあの精神で政治を運営していく。それにサンフランシスコ平和条約、日米安保条約、これが戦後の新しい日本の骨組み、骨格となった。これを維持、発展させようとすることが、せんじつめれば本流意識ではないか」と述べたという(同「保守本流」臨時増刊『世界』一九九四年四月)。「保守本流」の定義を人脈よりも、政治理念・政治手法(政策)で分けることに私も賛成で、この基準で、戦後の保守政治を整理すると、その筋がよく見えてくるのではないか。

したがって「戦後政治の総決算」を呼号する中曾根康弘は政治理念、政策において明らかに「保守本流」と異なり、「傍流」と言うべきであろう。というよりも、中曾根以後、新保守主義の潮流(英国のサッチャーリズム、米国のレーガノミクスにつらなる)が、主流となったと見れば、石川真澄の言うように「保守本流」は事実上消えたということになる。では、なぜ「保守本流」は消えたのか。ひとことで言えば、二度にわたるオイルショック以後、ケインズ的な有効需要創出政策や福祉国家の理念は後退し、新古典派的な市場原理主義が優越してくるが、日本における「保守本流の消失」も、こうした世界的な動きの一環であった。言い換えれば、「大きな政府」から「小さな政府」への転換である。現在の小泉内閣というのは、こうした「本流」の交代、転換の結果登場した内閣であって、一九六〇〜七〇年代までの「保守本流」とは区別しなければならないのである。

アメリカから見た日本

余談になるが、大平首相が急死し、鈴木内閣が成立した頃、私はハーバード大学に留学中であった。一九八〇年五月四日のことであるが、テレビがユーゴスラビアのチトー大統領の死去を伝えた。じつはアメリカのテレビは五日ほど前から毎日のようにチトー危篤のニュースを流していたので、驚きは少なかった。ところが、一か月後の六月一二日夜、大平正芳急死の報道があった。そのときのトップニュースは自動車会社クライスラーの欠陥車の回収(リコール)で、そのあと大平首相急死のニュースが短く挿入されていた。私はナショナリスティックになっていたわけではないが、「何だこれは。やはりアメリカのメディアは依然としてヨーロッパ第一主義なのだな」と思った。

たまにアジアのニュースが流れることはあったが、アジアといえば日本ではなく中国なのである。日本から見ると、日米関係という太いパイプで両国はつながっているように見えるが、じつは「日米関係という太いパイプは存在しない」、さらに言えば、「日米関係は米中関係の(従属)関数である」と、私は考えるようになった。言い換えれば、国際社会における日本の位置を知ろうとするなら、日米関係だけを見ただけでは不十分なのであって、日・米・中あるいは日・米・アジアのトライアングルの視点で見ない限り、日本の位置を正確に知ることはできないのである。

その約一か月後、鈴木善幸内閣が成立した。『ニューヨーク・タイムズ』は「Zenko Who ?」(善幸って誰?)という見出しつきで、袴姿で木刀を振りおろす鈴木首相の写真をかかげていた。私も意外だったが、それ以上に、アメリカのメディアは「Zenko Who ?」だったのである。

案の定、鈴木内閣は二年ちょっとの短命で終わった。

4　忘却の中の戦争――アジアから問われる戦争責任

教科書問題

一九八二年はアジアから対日批判が噴出した年であった。きっかけは八三年春から使われる高校社会科教科書の検定で、文部省が自民党などの〝偏向キャンペーン〟を背景に、歴史の事実をゆがめ、侵略戦争を美化したというのであった。とくに対日批判の急先鋒は中国であった。中国共産党機関紙『人民日報』(七月二〇日)は「この教訓を銘記せよ」と題する論評を掲載して、次のように述べた。

日本側新聞報道によると、日本の教科書は、①一九三七年一二月の日本軍による南京大虐殺を中国軍が抵抗したためであると、虐殺責任を中国側に押し付けた、②日本の華北「侵略」を「進出」に変えた、③「中国への全面侵略」を「全面的侵攻」としたなどを上げ、検定権をにぎる文部省の責任を追及したのである。さらに新華社は、「こうした歴史の改ざんは日中共同声明と日中平和友好条約に違反する」と報道した。

いっぽう韓国の『東亜日報』(七月二〇日)は、三・一独立運動が日本の教科書では「暴動」と書かれ、また戦時中の朝鮮人労働者の強制連行を単に「徴用」とぼかされたことを取り上げ、日本の植民地支配を正当化していると批判した。『東亜日報』に続いて韓国各紙も激しい対日批判を展開したが、とくに韓国マスコミを怒らせたのは、日本政府や国民が中国からの批判にはすぐ対応したのに、それに先立つ韓国側の批判を冷淡に受け止めたことであった。これは韓国軽視の表れであるとして、事態を一層こじらせた。このほか北朝鮮、香港、フィリピン、インドネシア、ベトナム諸国からも、日本の支配層は「過去の侵略」をたたえているなどの批判が相次いだ。

アジア諸国と日本における歴史認識の落差がこのときほど浮き彫りにされたことはない。

日本政府の対応

これに対し、文部省は当初「検定は適当」「誤りはない」の一点ばりで取り繕おうとしたが、結局、八月二六日の官房長官談話で「政府の責任で是正する」と約束し、ようやく外交決着にこぎつけた（『毎日新聞』一九八二年八月二七日）。その第三項でアジア近隣諸国との友好、親善を進める上で、今後は「検定基準を改め」と明記したように、それまで不適切な検定を行なってきたことを日本政府は暗に認めたのである。

侵略戦争を否定する保守派・民族主義者のなかには「侵略」を「進出」に書き替えさせた事

例は一つもないと主張して、文部省の検定を擁護する人々がいるが、帝国書院の『世界史』の教科書二冊は「侵略」を「進出」と書き替えさせられている。これは氷山の一角で、検定過程で語句の修正・削除を求められた事例は枚挙にいとまがない。従来から「密室検定」批判が繰り返されてきたのである。

草の根の国際交流

しかしながら、この教科書問題の国際化と国内における「家永教科書訴訟」のたたかいを通じて、文部省の検定は以前にくらべればずっと緩和された。とくに八二年の教科書問題を境に「近隣条項」が定められてから、アジアに対する侵略戦争の実態は、はるかに詳しく書けるようになった。その具体例を私の教科書執筆経験(南京虐殺事件、「従軍慰安婦」の記述など)にそくして述べたことがあるが(拙稿「教科書執筆と教科書裁判」)、最近では歴史学と歴史教育の国際交流化《グローバル》を反映して日本史教科書のコラムに外国人研究者が執筆する例も現われはじめた。

また八二年の教科書問題を契機に、大学、高校レベルでの国際交流が活発となった。そのような草の根の国際交流は、現在十数例はあるとおもうが、その中から比較史・比較歴史教育研究会編『黒船と日清戦争』や李元淳ほか著『若者に伝えたい韓国の歴史』のような優れたシンポジウム記録や副読本が刊行されている。保守政治家の心ない「妄言」にびくともしない草の根レベルの交流は今後もますます強まっていくであろう。

だが、歴史にはつねに動・反動の弁証法がつらぬくものである。一九九〇年代にはいると「自由主義史観」グループや「新しい歴史教科書をつくる会」が結成され、侵略戦争や「従軍慰安婦」の記述に反発する言説や運動が目立ってきた(第四章参照)。

5 バブル経済の発生

転機としての八五年

一九八六年からバブル崩壊の一九九〇年までの五年間、日本はいわゆるバブル経済に踊った。バブルとは泡のことで、実態以上に経済がふくらみ、みせかけの繁栄を作りだした状態を指す。とくに地価と株価が異常に騰貴した状態をいう。

実際この頃は、朝起きて新聞や折り込み広告を見ると、東京都内のマンションが一億数千万円と目もくらむような値段で売りに出されたり、不動産業者が一晩で一億円儲けたなどという記事があった。何かがおかしい、日本は狂っているという感想をもったのは私だけではないとおもう。いったい日本人を狂わせた〝バブル〟とは何で、どうしてそんな異常事態が発生したのであろうか。

何よりも一九八五年という年に注意すべきだとおもう。この年九月二二日、日・米・独・仏・英の先進五か国蔵相、中央銀行総裁会議(G5)がニューヨークのプラザ・ホテルで開かれた。この会議は、財政赤字と貿易赤字の双子の赤字になやむアメリカが要請したもので、ドル高修正のために先進五か国が為替市場への協調介入を行なうことで一致した(プラザ合意)。その結果、ドル安、円高がすすみ、プラザ合意直前に一ドル=二四〇円だった為替相場は、八六年には一ドル=一二五円前後に暴騰した。いわば国際金融市場における円の価値が一年で二倍に跳ね上がったのである。

さらに日本銀行はアメリカによる内需拡大の要請もあって、一九八七〜八八年には二・五%という超低金利政策を実施した。八六年の公定歩合(日銀など中央銀行が市中銀行に貸出すさいの金利)は、年初は五%、年末は三%であり、八七年末の米国の公定歩合は六%であった。しかも、この超低金利はいつまでも続きそうな形勢であった。まさしく「永久低金利の神話」が生れたのである。

しかも、この頃、トヨタ銀行などと呼ばれたように、大企業は内部蓄積を高め、銀行離れが進んでいた。円高不況で、製造業などの借り手も少なかった。銀行は有力な借り手をうしない、資金がだぶついていた。こうして日本国内に過剰流動性、つまり「金あまり現象」が発生したのである。

前川リポート

それに加えて、八六年四月、経済構造調整研究会(中曾根首相の私的諮問機関、座長は前川春雄元日銀総裁)の、内需拡大と市場開放を求める「前川リポート」が出された。プラザ合意後の大幅な円高を受けても日本の経常黒字はなかなか減らなかった。アメリカは焦燥感をつのらせ、日本商品の輸入を制限する保護主義的な傾向を強めつつあった。中曾根首相がテレビに出て、「国民一人一〇〇ドルずつ外国製品を買いましょう」などと呼びかけたのは、この頃である。

政府・日銀は内需拡大をはかり、プラザ合意以降の金融緩和に加え、八七年からはさらに財政を拡大した。これがまたバブルを煽ることになったのである。なぜなら財政政策が拡張に転じたことによって、ゼネコンや不動産業の収益が「保証」され、銀行のゼネコンやノンバンク(不動産業が多かった)などへの貸し付けが助長されたからである(田中隆之『現代日本経済――バブルとポスト・バブルの軌跡』)。

アメリカ金融革命の影響

それだけではない。平尾光司(一九三九年生れ、元日本長期信用銀行副頭取、現専修大学教授)は、「アメリカの金融革命が日本のバブルと金融危機の出発点になった」と言う。平尾は、一九七〇年代後半から八〇年代を通じて長銀のニューヨーク支店長を務めた国際金融のスペシャリストで、ニューヨーク勤務中にM&A、デリバティブ(金融派生商品)、証券化業務、年金運用の新展開など、アメリカ金融革命を経験した。

「オイルショック以後、ロンドンを中心に巨大なオイル・ダラー市場(ユーロ市場)が発達した。預金金利は、アメリカ国内では規制されていたために五%だが、自由金利のユーロ市場では一五%だった。水が低いところに向かって流れていくように、資金は金利の高いユーロ市場に流れ、こうした資金の流出入がアメリカ国内の金融市場を攪乱した。こうした中で、メリル・リンチなどの証券会社は、預金金利規制を受けなかったために、高金利のマネー・マーケット・ファンド(MMF)などの新しい金融商品を開発した。新しい金融技術革命が起こるとともに、窮地に追い込まれた銀行による金利規制撤廃の要請が金融自由化の発端となった。これは日本に来るな」と直感したという。

その直感が現実となったのが、八四年の日米円・ドル委員会でアメリカ側から提出された全面的な金融自由化の要求であった。これも契機となって日本も金利の自由化を加速させ、業務規制の緩和、国際資本移動規制の緩和などの金融自由化が進んでいった。この動きは、新たな金融商品を族生させ、企業が資金調達と運用を国内外で急増させる可能性を高めた、という。

バブル期の資金の流れを整理すると、①銀行が中堅・中小企業(不動産関連)あるいは住宅金融専門会社(住専)などのノンバンクに貸し出し、その資金が土地に流れ込むルートと、②事業会社などが主として資本市場から調達した資金などが、財テクといわれた多様な資金運用の一環として株式購入に向かうルートの二つがあって、地価・株価の異常騰貴を招いていたのである。

ビッグバン

バブル経済形成の原因を、プラザ合意による円高そして過剰流動性(金あまり現象)の発生から解くのが普通であるが、以上のように国際金融市場の激変が、資金の流れを変え、日本の銀行マンや証券マンの心理や行動に大きな影響を与えたことを見なければならない。

一九八六年、サッチャー首相はイギリスの証券取引所が行なった証券制度の大改革を、宇宙のビッグバン(大爆発)になぞらえてこう呼んだが、日本でビッグバンを政策に取り入れたのは、一〇年ほど後の橋本龍太郎内閣のとき(一九九六年)である。日本版ビッグバンの対象は、イギリスをはるかにしのぎ、金融・証券の全分野に及んでいた。外国為替や株式取引手数料の自由化、さらには銀行・証券・保険の間の垣根を取り払い、相互の競争促進と市場の活性化を目指したのである。またビッグバンをきっかけに外国銀行・証券・保険などの日本市場への参入が進んだ。

一九七〇年代後半から八〇年代に英米で始まった証券・金融革命が日本に上陸し、マネーゲームの範囲と技術が拡大した。一ドル＝一二〇円台の到来とともに、日本人は一種のユーフォリア(陶酔状態)に陥った。これがバブルであった。

政府は一九九〇年頃から、金融の引き締めや地価抑制策などを打ち出して「バブル潰し」に動きだすが、くわしくは第四章にゆずりたい。

日米逆転

プラザ合意以後、円が二倍以上高くなったこともあって、日本資本の米国・アジアに対する海外直接投資が怒濤のように進んだ。また三菱地所によるロックフェラー・センター・ビルの買収、ソニーによるコロンビア映画会社、CBSレコードの買収など、海外での企業買収が進んだ。ハワイ・ワイキキ海岸のリゾート・ホテルのほとんどが日本資本の手に落ちた。

他方、一九八五年にアメリカの経常収支は史上最大の一一一四億ドルの赤字を記録し、第一次世界大戦以来七一年ぶりに債務超過国に転落した。これに対し、八〇年代を通じて日本の貿易収支は一貫して黒字基調で、日米逆転といわれた。

一九八五年は、ソ連でゴルバチョフが書記長に就任し、ペレストロイカ(改革)を推し進めた年でもあった。だが、ペレストロイカは思うように進まなかった。私は一九九三年に国際交流基金から派遣されて、ポーランド、ブルガリア、ソ連に講演に行ったが、モスクワの日本大使館で枝村大使から、こんな話を聞いたことがある。

「外相のシュワルナゼ(のちグルジア大統領)が私に言ったのだが、我々は順序を間違えたかもしれない。グラスノスチ(情報公開)を先にし、それからペレストロイカ(改革)という順序でやったために政治的混乱を招いてしまった。経済改革を先にすべきであった」と。

中国はソ連の失敗をじっと見ていたから、経済を優先させ、政治的民主化を後回しにした。一九八九年の天安門事件は、この文脈で見るとわかりやすい。同年六月四日深夜、中国当局は学生たちの民主化運動を「反革命暴乱」と断定し、戒厳部隊を繰り出して、天安門広場に集まった学生・市民を装甲車・戦車で制圧したのである。

国際国家日本

経済優先の国際環境の中で、日本経済の世界経済に占める比重は、いっきに高まった。一九八八年、日本のGNPは世界のGNPのおよそ一四%を占めるに至った。一九五〇年が一%、六〇年が三%、七〇年が六%、八〇年が九%であったから、この二〇年間に日本はいっきに経済大国の地位を占めることになったのである(中村政則『経済発展と民主主義』)。

当時、ニューヨークやワシントンを訪れる日本の政治家や経済人は、本当に傲慢になってい

これが53億円ですか…

名画「ひまわり」東京着

ロンドンの絵画オークションで、安田火災海上保険が五十三億円という高額で落札したビンセント・ファン・ゴッホの代表作「ひまわり」が二十日、航空便で成田空港に無事到着、同日夕、厳重な警戒の中を東京都江東区の運送会社でこん包を解かれ、報道陣に公開された。

この「ひまわり」は一八八八年に描き始められ、八九年に完成したとされているが、安田火災海上保険によれば、八八年が同社の創業と一致することや、後藤康男社長の強い希望もあり、同社の創業百周年記念事業として購入されたという。

しかし、絵画としては史上最高の「高価な買い物」は、「絵の値段をつり上げた」「金余り日本の象徴」「企業の社会的責任として、ほかにもやることがあるはずだ」といった批判も浴びた。同社側は「投機として購入したのではなく、国民資産と考えており、高額になったのは、オーストラリアの富豪とのセリになったから」と説明している。

一般公開については、今年秋、新宿本社ビルの四十二階の「安田火災東郷青児美術館」で、展示のための改修工事が終わり次第行うという。当初、英国文化財保護の法律により、政府審査委員会が「海外持ち出し許可猶予期間」を六カ月と決定していたにもかかわらず、英国の公共機関の買い戻し申し出がなかったため、早期輸出が認可された、という。

図 35　名画「ひまわり」の到着．実際には 58 億円だった(『朝日新聞』1987. 7. 21)

た。「成功を通じての傲慢さ」Arrogance through success という言葉が、アメリカで聞かれるようになった。

中曾根首相が「不沈空母日本」をとなえ、他方で「アメリカには黒人などがいるので知識水準が低い」と発言し、陳謝に追い込まれたのは、一九八六年のことである。また盛田昭夫との共著『「NO」と言える日本』(一九八九年)で、石原慎太郎が、「Ten minutes 先しか見ないアメリカは衰退する」など「アメリカ、ダメ論」を展開したのも、八〇年代末のことであった。

投機・消費熱

地価と株価は「列島改造」期を上回る暴騰をとげた。八七年四月、国土庁の発表によると、東京の地価は、銀座二丁目の明治屋ビルが一坪

(三・三平方メートル)一億五六〇万円、新宿三丁目の東新ビルが一坪一億二三〇万円に跳ね上がった。地価高騰は東京にとどまらず地方都市にまで拡大し、ビル用の土地を求めて、暴力団による「地上げ」が横行した。実際、バブル期の市中銀行は、支店長権限の貸付枠をふやしたり、確実な担保も取らずに、不動産や株式投機資金などの貸付に狂奔したのである。

八七年三月、ロンドンで行われた競売で、ゴッホの「ひまわり」を絵画史上最高値の五八億二〇〇〇万円で安田火災海上保険が落札し、世界を驚かせた(図35)。東京のゴルフクラブ、小金井カントリー・クラブの会員権が四億円まで暴騰したこともあった。主婦の中には、投機目的でゴルフ会員権を買う人もあったが、借金で購入しているから、バブルが崩壊したときには、莫大な借金だけが残ったのである。デパートでは、高級絵画、宝石類、高級服などがよく売れたという。

だが、バブルはしょせんバブルでしかない。バブル経済は、いつかはじける運命にあった。

6　昭和の終焉——昭和とは何であったか

自粛現象

一九八八年九月一九日、マスメディアは裕仁天皇が吐血、重体に陥ったと発表した。それから翌年一月七日の天皇の死去にいたる一一一日間、日本列島は異様な雰囲気に包まれた。いわゆる自粛現象である。

図36　天皇病気のため中止を決めた東京・新橋まつりの垂れ幕(1988. 9. 27)

テレビは、毎日、天皇の体温・脈拍数・出血量を報道し続けた。宮内庁は九月二二日から全国一二か所で天皇の病気回復を祈る一般記帳を開始したが、それに続いて全国の自治体でも記帳所が設けられた。記帳者の数は、全国集計で一週間に二〇〇万人、一一月末には六〇〇〇万人に達したといわれる(『読売新聞』一九八八年一一月一〇日)。各地の市町村では、予定されていた結婚式や運動会、秋の祭りを中止するところが相次いだ(図36)。死去後はデパート、銀行、スーパーマーケットでは半旗をかかげ、赤飯などの祝い品の販売をやめた。テレビも派手なCMを中止した。こうして「記帳」と「自粛」は、この年の流行り言葉となったのである。

では、なぜこのような「記帳・自粛」現象が日本全体を覆ったのであろうか。一つには日本人の中にある伝統的な天皇崇拝感情の強さ、集団的心性などがある。フランスの新聞『ル・モンド』はこれを「埋もれていた過去が立ち現れた」と表現した。

これに対して、渡辺治は自粛現象を「企業社会プラス自民党」支配の強さから解明した(『戦後政治史の中の天皇制』)。渡辺は、「自粛」がまずデパート、銀行、スーパーマーケット、さらには企業CMから始まったことに注目する。デパートでは、「宮内庁御用達」の三越・高島屋という老舗《しにせ》がさまざまなイベント、さらにはクリスマス・ツリーなどの販売を「自粛」した。これにならって、他のデパートも軒並み、「自粛」に加わっていった。「あそこもやるから、うちもやる」という、いわゆる「横並び」現象が浮上したのである。これは一種の企業間競争であり、天皇崇拝によるものではなかったと言うのである。また中島三千男はマスコミや大企業・自治体の対応を詳細に分析して、この現象は「上からつくられた」新しい現象の一環として捉えた。確かに「よそからの目を気にした自粛」や「右翼」の攻撃を配慮した行事の取り止めがあったことは事実である。だが、他方で、自粛現象がこれだけ大規模に生じた理由としては、背景に一九七〇年代後半から八〇年代にかけて急増した都民まつり・区民まつりなど自治体の祭りや大企業のイベントやショーなどがあったことに注目しなければならないというのである(『天皇の代替りと国民』)。

要するに、両者ともに天皇崇拝という情緒的・神秘的な要因から解くのではなく、現代日本の政治・社会の構造と関連づけて、「記帳・自粛」現象を解明したところに、新しさがあったと言えよう。

また当時、テレビはどこのチャンネルでも「激動の昭和」などの番組を連日のように流したから、見飽きた人々はビデオ・ショップに駆け込み、漫画・映画やビデオ・ゲームを借り出した。「ビデオ・ショップに異変」などの記事が新聞や週刊誌に掲載されたのを記憶している人もいるだろう。若い世代が上京した機会を利用して、皇居に立ち寄り、記念に写真をとり記帳したという例もあった。場所によっては、他人に頼まれて一人で何人分もの署名をしたところがあったという。六〇〇万という数はこのようにして水増しされたものだったのである。

他方で、六〇歳以上の世代は、「苦楽共通世代」で、昭和天皇の一生と自己の人生とを重ねあわせて、静かに天皇の病状回復を願った。これも事実である。

だが、全体としてみれば、「自粛現象」とは、単に戦前的な「埋もれていた過去が立ち現われた」などというものでなく、松下圭一の「大衆天皇制論」(『中央公論』一九五九年四月号)のいう大衆社会の成立に対応した現象であったと見たほうがいい。

昭和から平成へ

一九八九年一月七日午前六時三三分、昭和天皇が死去した。享年八七歳であった。閣議は、新元号を「平成」と決定した。平成とは、『史記』『書経』が出典で(「内平外成」、「地平天成」)、首相談話によると、「平成」は「国の内外にも天地にも平和が達成される」ことを祈願したものである。

「昭和」も同じで、『書経』の「尭典」のなかの「百姓昭明、万邦協和」からとった。ひとことで言えば、君臣一致して世界平和に邁進《まいしん》する、という理想を唱ったものだったのである。アメリカの雑誌『コンテンポラリー・レビュー』は、「昭和」を「輝ける平和」(Radiant Peace)と翻訳した。だが、「戦前昭和」は、平和な時代どころか、相次ぐ戦争に明け暮れた。

昭和が終わった直後の読売新聞社やＮＨＫの世論調査によると、「昭和」で思い浮かぶ言葉の上位は、一位「戦争」……二六・〇％、二位「平和・自由」……一一・四％、三位「高度成長・発展」……一〇・七％である。また「戦前社会の印象」は、多い順番からあげると、「戦争の悲惨さ」(四三・一％)、「軍国主義のおそろしさ」(三七・八％)、「近所づきあいのあたたかさ」(三四・六％)、「飢えや貧困のみじめさ」(二六・六％)「天皇のために命をすてることのむなしさ」(二一・六％)である。

これに対し、「戦後社会の印象」は、「家庭電気製品がそろい、便利な生活ができるようになった」(八〇・〇％)、「レジャーや旅行が手軽に楽しめるようになった」(五七・九％)、「地価が高騰し、国民の生活を圧迫した」(五一・〇％)、「公害や自然破壊が広がり、生活環境が悪くなった」

（五〇・五％）の順であった（『昭和二万日の全記録』19）。要するに、戦前は「戦争、貧困、天皇、近所づきあい」がキーワードであり、戦後は「平和、成長、便利な生活、環境破壊」がキーワードである。いわば、ここには平均的な「昭和時代」観が示されていると言えよう。

昭和という時代

では、昭和という時代はどんな時代だったのだろうか。本書は「戦後史」を対象とする書物なので、戦前昭和は扱わないが、昭和とは何であったかを簡単に述べておきたい。

世論調査にも表れていたように、戦前と戦後の印象は対照的であり、歴史学的にみても、戦前・戦後は構造も違えば、国際環境もまったく異なる。そもそもこの時代を昭和という一つの元号で括ること自体、無理がある。元号使用の不便、不適切さは昭和時代を扱うときに、とくにするどく表れる。それゆえに私は本書では、西暦を一貫して使用してきた。

しかし、「昭和」は明治時代の四五年、大正時代の一五年を合計したほどの長期にわたっており、歴史的な大変化・大変革を経験したという点でも他に例をみない。昭和初頭の大恐慌、満州事変、日中戦争、太平洋戦争、原爆投下そして敗戦。つづく連合国軍による占領の数年間に、我々は旧体制が音をたてて瓦解していく姿を目の当たりにした。約七年間の占領が終わって、日本は国際社会に復帰し、一九六〇年代にはパクス－アメリカーナの枠組のもとで驚異的な高度経済成長を遂げた。しかし、七〇年代の二度の石油危機に遭遇して、「成長神話」は崩壊し、七〇年代以降、日本は明治維新、戦後改革につぐ第三の変動期に入った。日本に即して見れば、以上のようにまとめることができるが、あまりに一国史的である。では、視野をもう少し世界に広げたとき、どう見えるであろうか。

一九世紀システムの終焉

私は、昭和初頭という時代は、『大転換』の著者カール・ポラニーのいう一九世紀システムの終わりに際会していたと考える。一九世紀システムとは、①国際金本位制、②バランス・オブ・パワー、③自己調整的市場経済、④自由主義国家、以上四つの組み合わせを指す。一九三〇年代は、金本位の祖国イギリスの金本位離脱をもって、①国際金本位制が崩壊し、ドイツ・ナチズムの台頭、再軍備によって、②のバランス・オブ・パワーが崩れ、そして④自由主義国家体制が後退した。さらに世界恐慌の猛威の中で、③市場経済の機能が麻痺した。この市場機能の麻痺が何と言っても、一番大きい。第二次世界大戦は、この一九世紀システムの終焉と重なって、勃発したのである。

私の判断では、一九世紀は産業革命の時代(拡大・浸透の過程)であり、世紀末には一九世紀末大不況を経験し、その中から帝国主義の時代が始まった。二〇世紀を超えてもこの構造は基本的に変らず、第一次世界大戦（帝国主義間戦争）まで維持された。第一次大戦を境にパクス－ブリタニカ（大英帝国による平和）は壊れはじめ、ポンド体制も弱体化した。中心はイギリスからアメリカへ移りつつあったが、まだ移行期であって、世界には楕円の中心のように英米という二つの中心があった。そのような状態の中で、世界は大恐慌に投げ込まれたのである。

The Great Depressionと大文字で書けば、ふつう一九三〇年代世界大恐慌を指すが、世界各国は協力して、大恐慌を押さえ込むことはできなかった。一九三三年六月、ロンドンに六四か国の代表が参加して行われた世界経済会議は、第二次大戦前最後の世界経済会議であったが、失敗した。

大英帝国イギリスは、恐慌克服のリーダーシップをとる実力はすでになく、イギリスから覇権を奪いつつあったアメリカにもその意思はなかった。当時、世界は一種のインターレグナム（帝王死去・廃位による空位時代）に遭遇しており、有効な国際協調システムを作ることもできなかった。これがまた大恐慌を長引かせる要因となったのである（キンドルバーガー『大不況下の世界』）。

各国は経済ブロックをつくって対立し、経済ブロックの対立は、やがて軍事ブロック間の対立に発展し、ついには第二次世界大戦の要因の一つになっていったのである。その意味では、大恐慌から第二次大戦終結までの一五年間は、一九世紀システムの崩壊から二〇世紀システムへの壮大な過渡期に位置していたといえよう。言い換えれば、大恐慌を境に、二〇世紀システムへの移行は始まったが、米ソ冷戦を機軸とする二〇世紀システムへ実質的に移行するのは第二次大戦後であったと見ることができよう。

二〇世紀システムへの移行

第二次世界大戦後、国際連合、IMF、ガット、世界銀行が創出された。またアジア、アフリカ地域で旧植民地が独立したことによって、世界は戦後体制に移行した。冷戦の起源をいつとみるか、多くの議論があるが、米国の日本への原爆投下は、戦争終結後の東アジアにおけるソ連の影響力の排除、アメリカ主導の対日占領を視野におさめていた(油井大三郎『日米 戦争観の相剋――摩擦の深層心理』)。その意味で冷戦は、すでに第二次大戦末期に始まっていたとも言える。一九四七年の欧州経済復興計画《マーシャル・プラン》と四九年中国革命、五〇年朝鮮戦争の勃発により冷戦は世界的な規模で本格化した。以上の経緯をもって世界は二〇世紀システムへの移行を完了したのである。

昭和時代とは、こうした文脈で位置づけたほうが元号で区切るよりも、はるかにわかりやすく、視野もひろがる。そして一九八九~九一年のベルリンの壁の崩壊、東欧社会主義の瓦解、ソ連邦解体をもって冷戦体制は終わった。したがって昭和天皇の死は、結果として、冷戦の終わりと重なっていたのである。当時、チャーチル、ルーズベルト、蔣介石、ムッソリーニ、ヒトラー亡きあと、昭和天皇の死をもって第二次世界大戦の指導者はすべていなくなったと言われたように、確かに一九八九〜九一年の「激動の二年」は、一つの時代の終わりを象徴していた。「激動の二年」を戦後六〇年の歴史において最大の画期とみる研究者は少なくないが、私も同じ意見である。

ちなみに、イギリスの歴史家エリック・ホブズボームは、二〇世紀を第一次世界大戦の勃発からソ連邦崩壊の一九九一年までとし、「短い二〇世紀」と特徴づけている(『二〇世紀の歴史』上下巻、河合秀和訳)。ここでの叙述との違いは、移行の画期を第一次世界大戦に置くか、大恐慌に置くかにある。私見では、ヨーロッパにとって第一次世界大戦は決定的な転機であったが(シュペングラー『西洋の没落』)、アメリカ、日本にとっては大恐慌の影響のほうが大きかった。

一九七九年は大恐慌勃発から五〇周年にあたっており、当時、『ニューヨーク・タイムズ』は、大恐慌は現代アメリカの原型(大きな政府)をつくった画期であり、J・F・ケネディ、リンドン・ジョンソンの「偉大な社会」計画まで、続いたと述べていた。それゆえに現在たたかわれている大統領選挙で(民主党はジミー・カーター候補)、レーガン候補が「小さな政府」論を唱えているのは、大恐慌以来のアメリカ現代史を塗り替える意味をもっていると言うのであった。事実、レーガンが地すべり的な大差で圧勝したあと、アメリカの新聞は「ニューディール時代に幕」と報じた。

日本においても、第一次大戦よりも大恐慌(昭和恐慌)の影響のほうが大きかった。したがって、私のいう二〇世紀とは、一九三〇年代から九〇年前後にいたる約六〇年間を指すことになる。終期については、ホブズボームと同じく、ソ連崩壊をもって二〇世紀は終わったと見る。その意味で、「長い一九世紀」(一七八一〜一九一四年)に対して、「短い二〇世紀」という、ホブズボームの把握は、ヨーロッパ中心史観ではあるが、まことに興味深い。

第四章　「戦後」の終焉（一九九〇〜二〇〇〇年）

1　湾岸戦争の衝撃――「国際貢献」への呪縛

湾岸危機

一九九〇年八月二日、とつじょイラク軍がクウェートに侵攻、全土を制圧した(図37)。イラク側の言い分によると、クウェートはOPECの協定を破って原油の増産をおこない価格を急落させて、イラクに重大な損害を与えたというのである。

国連安保理はただちに緊急理事会を開き、イラク軍の即時無条件全面撤退を要求するイラク非難決議を採択した。湾岸危機は冷戦後に世界が直面した初めての危機であった。翌三日、米ソ両国は共同声明を発表し、各国に対イラク制裁への同調を呼びかけた。

四日、ブッシュ(シニア)米大統領は海部《かいふ》俊樹首相に電話をし、イラク制裁への同調を求めた。翌五日、日本政府はイラク、クウェートからの石油の輸入禁止やイラクへの経済協力の凍結など四項目の制裁措置を決めた。

七日、ブッシュ大統領はサウジアラビアへの派兵を決定、派兵目的は「サウジ防衛」にあると説明した。翌八日、イラク軍はサウジアラビア国境に迫り、クウェート併合を宣言した。これに対し、国連安保理が無効を決議、またアメリカはイラクに対する海上封鎖を決定、英国、オーストラリアも参加を決めるなど、湾岸情勢は一触即発の緊張状態となった。

一一月二九日、米国の強硬姿勢を反映させる形で、安保理はイラクが翌九一年一月一五日までにクウェートから撤退しない場合、武力行使をおこなうとの決議を採択した。国連が軍事措置を容認したのは、一九五〇年の朝鮮戦争のさいに安保理が武力行使を容認する「勧告」を行なって以来、二度目のことであった(『朝日年鑑』一九九一年版)。

図 37　湾岸戦争　火炎を吹き上げて燃え続けるクウェートの油田(1991. 6)

日本政府の対応

湾岸危機の勃発は、こうした国際情勢の中で、日本がどのような国際貢献をなしうるかを問う、戦後最大の試金石となった。日本は憲法九条の制約によって、自衛隊の海外派遣を行なうことはできない。これは歴代内閣がとってきた方針でもあった。政府部内には、小沢一郎自民党幹事長のように「現行法制下でも自衛隊を中東地域に派遣することは可能」という意見もあったが、海部首相は中東支援策では自衛隊派遣を見送る方針を固めた。代わって、①食糧・水・医薬品などの輸送協力、②医療団の派遣などを行なったが、現地の要請と日本側の予想とが合わず、多くの問題が噴出した。

結局、日本は多国籍軍への資金協力を行なうことにした。第一弾は一〇億ドルの拠出、第二弾としてエジプト、ヨルダン、トルコなど周辺諸国に二〇億ドル、さらに多国籍軍にも新たに一〇億ドルの追加支援をすることを決めた(九〇年中、四〇億ドル)。

計算の根拠は、米特使のブレイディ財務長官と橋本龍太郎蔵相との会談のさいに出されたという。「ある経済学者は、石油価格が一バレル当り一〇ドル上昇すれば、日本は一九〇億ドルの損失を被る、と試算している。サダム・フセインの抑止に失敗すれば、もはやどんな数字も問題にならないくらいのダメージを受けることになる。多国籍軍での米軍の経費を積算すると月に二〇―三〇億ドルかかる。この際、日本は多国籍軍へ一〇億ドル、紛争周辺国支援のために二〇億ドルを追加支出してほしい」というのであった(国正武重『湾岸戦争という転回点』)。

湾岸戦争勃発

撤退期限の一九九一年一月一五日を過ぎても、イラクはクウェートから撤退しなかった。全世界は撤退猶予の二四時間を固唾をのんでみまもった。一七日未明(現地時間)、ついにアメリカ軍を中心とする多国籍軍がイラク、クウェート爆撃を開始した。米空軍は、①クウェートにあるイラク軍の指揮通信システムを破壊し、②ミサイル施設をたたき、③鉄道・道路などの補給線を遮断し、④イラク南部の地上軍を攻撃した(「砂漠の嵐」作戦)。

湾岸戦争の特徴は、テレビがリアルタイムで戦闘状況を全世界にむけて発信したことにある。米政府・軍も空軍力の威力を意識的にテレビを通じて全世界に流した。ピンポイント爆撃、迎撃ミサイル・パトリオット、巡航ミサイル・トマホークなどハイテク兵器のすさまじさを知らせる映像が茶の間に飛びこんできた。イラク軍が攻撃した石油パイプラインから流出した原油で油まみれになった海鵜《うみう》を見て、家の娘(中学生)は「サダム・フセインはゆるせない」と言って、涙を流した。しかし後日、それは米軍の情報操作であることがわかった。

二月二四日、多国籍軍地上部隊が、イラク、クウェート侵攻(地上戦)に突入した。二月二七日、多国籍軍はクウェート全土を制圧、ブッシュ大統領は「勝利宣言」を発表した。しかし、これが本当の勝利なら、のちのイラク戦争は起こらなかったはずである(後述)。

一三〇億ドル援助

湾岸戦争勃発一週間後の一月二四日、海部内閣は、湾岸支援策として九〇億ドル(九〇年の四〇億ドルを合わせると一三〇億ドル)の追加支出を決めた。

橋本蔵相はG7に参加するためニューヨークに飛んだが、ブレイディ財務長官との二国間会談のほうを重視し、「九〇億ドル」追加支援の筋書きを決めてきた。一三〇億ドル(一兆三〇〇〇億円)といえば、日本国民一人当たり約一万円の負担となる巨額だが、橋本蔵相は「自分の手柄」にしたかったようだ。積算の根拠はもちろん曖昧であるが、「将来の袋だたきへの懸念」もあって、呑んできたというのである(前掲『湾岸戦争という転回点』)。

だが、これだけ巨額の資金を出しておきながら、ブッシュ大統領もクウェート国王も日本への謝辞はひとことも述べなかった。後日、民放テレビのアナウンサーがサンフランシスコ市に取材に行き、通行人に「湾岸戦争で日本が一三〇億ドルの資金を出したことを知っていますか」と質問したところ、知っている人は誰もいなかった。むしろ日本は「金だけはだすが、血を流さない」という非難が米国その他から返ってきたのである。このことが日本人に与えた影響は大きかった。しかも、国際貢献をめぐる海部内閣のもたつきぶりに、焦燥感をつのらせる人々は少なくなかった。それは「湾岸戦争後遺症」とでも呼ぶべき衝撃を残した。後述のように、有事法制、憲法改正問題の急浮上は、このときに始まったのである。

一九九〇年一〇月一六日、海部内閣は、国連平和協力法案を第一一九臨時国会に提出した。同法案の最大の焦点は、自衛隊員の海外派遣を認めるかどうか、その場合の自衛隊員の身分は何か、携行できる武器は何かなどであった。

野党の社会党・共産党は、「憲法違反」だと攻めたてた。歴代内閣は自衛隊の海外派兵は憲法九条で禁じられているとしてきたのに、政府見解を変えたのかどうかと迫ったのである。これに対して海部首相は、国連平和協力隊は国連の決議を受けて行なわれる平和維持活動の一環であり、武力行使も行なわず、いわゆる「派兵」に当らず、政府見解も変えていないと応じた。

さらに予算委員会等に論戦の場がうつると、自衛隊員の身分を「併任」とするか「休職・出向」とするか、小火器の携行の是非、指揮命令権を防衛庁長官に残すか否かなど多岐にわたった。この頃の新聞を読むと、首相・外相はじめ政府答弁は二転三転して、かなり混乱していた様子がわかる。詳しくは述べないが、結局、一一月一八日、自民党および政府は国会通過を無理と判断し、廃案となった。

保守派の論客の中から、「一国平和主義批判」という形で、憲法を改定し、集団的自衛権の行使を容認すべきだという声高な議論が強まった。この「一国平和主義批判」による国際貢献論こそ九〇年代改憲論の特徴だが(和田進『戦後日本の平和意識』)、他方には、もっと冷静な主張もあった。

例えば、緒方貞子(元国連公使・上智大教授、のち国連難民高等弁務官)は、協力隊はあくまでも戦闘を目的としない平和維持活動(PKO)に専念すべきであると主張し、外国にも国連と協議し、「戦わないための訓練」をしている国々があることを紹介している(『朝日新聞』一九九〇年一〇月一七日)。世論調査をみても、自衛隊の海外派遣に反対する意見は賛成よりも多く、「非軍事面で貢献」が六七%で圧倒的に多かった(内閣総理大臣官房広報室『世論調査年鑑——全国世論調査の現況』一九九一年版)。

PKO協力法の成立

こうして廃案となった国連平和協力法案は、九二年六月、宮沢喜一内閣のときにPKO協力法として成立した。今回は公明、民社党の修正案——国連平和維持軍への参加は凍結する——を受け入れて、ようやく成立したものであった。このとき社共両党など野党は三日にわたる徹夜国会、牛歩戦術で徹底抗戦し、一本の決議案に一三時間以上も費やすという「新記録」をだしたが、牛歩戦術がどれほど有効な戦術であるか、疑問は残った。

同法成立後の七月中旬に朝日新聞は、全国世論調査をおこなった。それによると、PKO協力法の成立を「よかった」「よくなかった」がともに三六%で、評価は真二つに割れた。しかし、自衛隊の派遣については、「憲法上問題あり」が五八%あり、複雑な国民意識を浮き彫りにした(『朝日新聞』一九九一年七月一六日)。

当時の首相宮沢喜一は、最近、ＰＫＯ協力法についてこう述べている。

「そのとき日本の憲法を初めて外国が知るわけですが、それにしてもなにもできないのか、できることはこういうことであるということを示さないと、なぜできないのかということがかえって理解されないのではないか、という気持ちがありました」(『宮沢喜一回顧録』)。

だが、世界が憲法九条の存在をこのとき初めて知ったというのなら、そのときこそチャンスであった。日本国民はかつての侵略戦争の反省から、半世紀以上にわたって「戦争放棄」を定めた平和憲法を維持してきたこと、またこの平和主義の立場こそが二一世紀を先取りした人類の生きる道であることを、なぜ世界に強くアピールしなかったのであろうか。イラク戦争で死亡したイラクの民間人は約二万五〇〇〇人、米兵約一七〇〇人である(二〇〇五年六月現在)。イラク戦争は、果たしてこれだけ多くの犠牲者をだしてまで戦う必要があったのだろうか。最近ではイラク国内でもアメリカ国内でも、イラク戦争は「必要のなかった戦争」という声が強くなりつつある。しかし、世界といえば米国しか念頭にない自民党は、結局、米軍支援の道を選択した。

ＰＫＯ協力法成立をまってカンボジアに初めて自衛隊が派遣され、以後、人道支援などを名目にモザンビーク(九三年五月)、ザイール(九四年九月)、インド洋(二〇〇一年九月)、海上自衛隊

図38 『ニューズ・ウィーク』1990年10月15日号表紙

のイージス艦派遣(二〇〇二年一二月、対米支援では初)、二〇〇三年のイラク戦争へと海外派兵が続いた。まさしくPKO協力法は「蟻の一穴《いっけつ》」(堅固な堤防も蟻のあけた小さな穴から崩れ、洪水に至る)だったのである。

2 バブル経済の崩壊

株価・地価の暴落

一九九〇年一〇月一日、日経平均株価は二万円台を割り込んだ。史上最高の株価を記録した一九八九年一二月二九日の日経平均三万八九一五円からくらべれば、実に四九%の下落である。『ニューズ・ウィーク』誌(一九九〇年一〇月一五日号)は、この株価暴落を「ザ・トウキョウ・クラッシュ」と呼び、日本経済に赤信号がついたと報じた(図38)。株価のバブルは、ここにおいて決定的にはじけたのである。

その後、株価は二万五〇〇〇円前後を推移したが、一九九二年八月一〇日、日経平均株価は六年五か月ぶりに、危険ラインといわれた一万五〇〇〇円の大台を割り込んだ。図39に見るとおり、ピーク時の三万八九一五円からくらべれば、じつに二万五〇〇〇円近い暴落(六二・三%の下落率)である。この間、株価下落の後始末として、一連の金融不祥事が明るみに出るが、これについては後述する。

翌九一年、株価の下落から約一年遅れて地価の暴落が始まった。一九八五年から始まった土地ブームは、「右肩上がり」で上昇しており、株価暴落に続いて地価の暴落がくると予想したものはほとんどいなかった。経済企画庁の計算によると、一九八九年末で日本の不動産市場価格は二〇〇〇兆円にまで上昇しており、一九九〇年初めには、東京都の土地を売れば、見積り額五〇〇兆円のアメリカ全土を購入できると言われたものである(クリストファー・ウッド/植山周一郎訳『バブル・エコノミー』)。

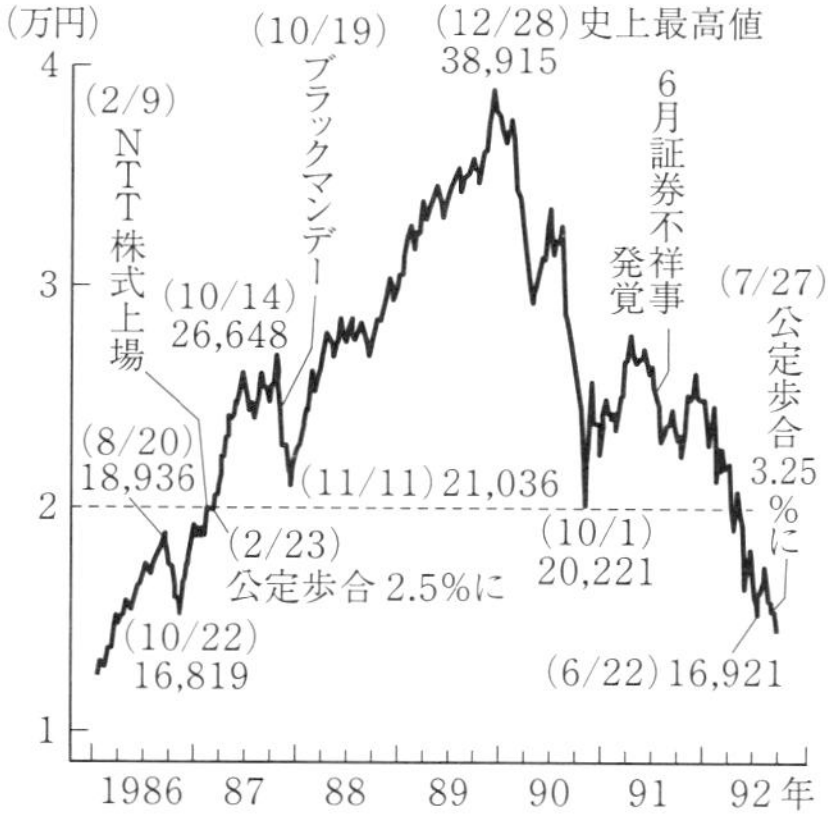

図 39 東京証券取引所第一部平均株価の推移(『朝日新聞』1992 年 8 月 10 日夕刊より作成)

東京都内の4LDK程度のマンションが一億円以上もし、「オクション」という言葉さえ生まれた。この土地神話が数年であっ

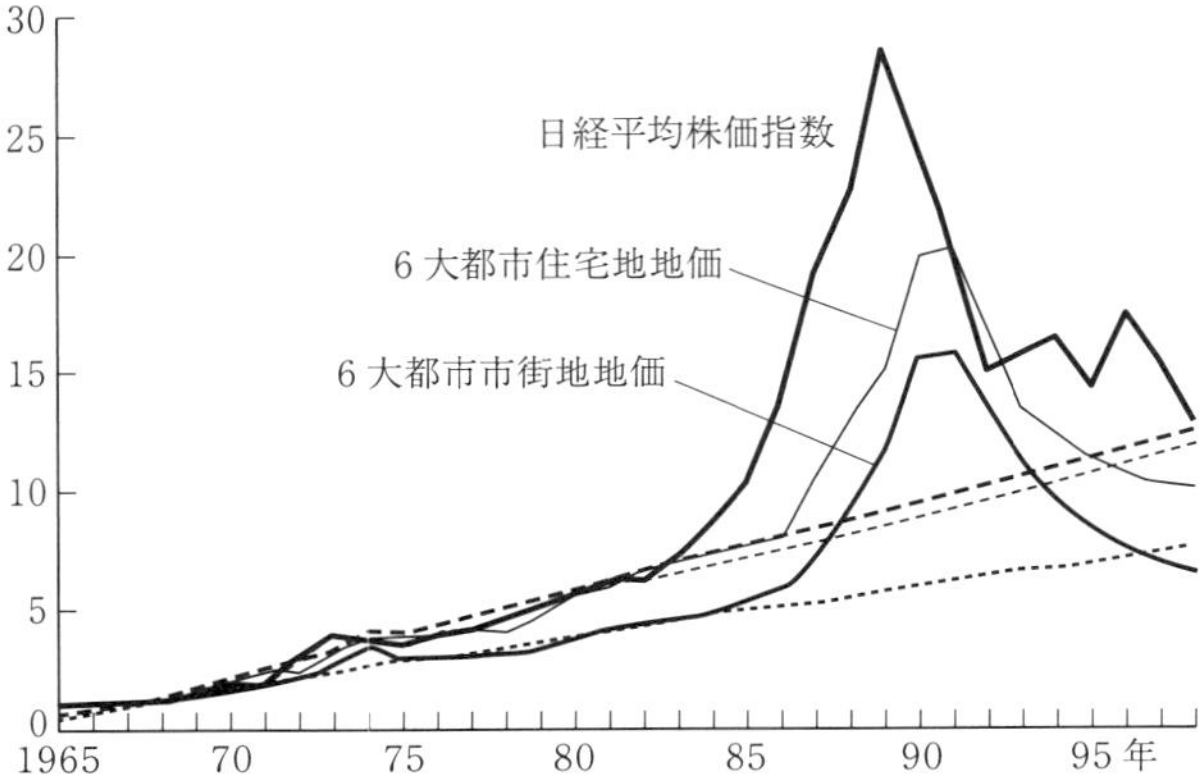

図 40　資産価格の動向　1965 年を 1 とした指数．同種の点線は，それぞれの指数につき，1965〜84 年の傾向線を示す（三井不動産『不動産関連統計集』第 21 集より作成）

という間に崩れ去ったのである。地価下落は、商業地・住宅地あるいは六大都市・地方都市などの違いによって異なるが、九一年に始まった地価下落は二〇〇一年までのほぼ一〇年間下がり続けたのである（図40）。以上の資産（株式・土地）価格の下落は、土地を抵当に資金を貸し付けていた多くの金融機関に壊滅的な打撃となった。

金融引締め政策

いったいなぜこのような急激なバブル崩壊が生じたのであろうか。理由は、三つある。第一は日銀の金融引締め政策であり、第二は政府の地価抑制政策であり、第三は企業や個人の経済的・心理的な萎縮である。

第一の日銀の金融引締めは一九八九年五

月から始まった。「永久低金利の神話」といわれた、「史上最低」の公定歩合二・五%は、以後、五回にわたって六%にまで引上げられた(九〇年八月)。数十万円程度の個人預金では一%の利子率上昇はさほど響かないかもしれないが、巨額の単位で貸借している企業やノンバンクにとっては、わずかの金利上昇でも、莫大な金利負担になる。

一例をあげると、のちに日本長期信用銀行破綻(一九九八年)の原因の一つとなったイ・アイ・イ(代表・高橋治則)の長銀からの借入総額は七〇〇〇億円前後に達しており、もし金利が一%上がれば、金利負担は毎年七〇億円増加することになる。しかも、イ・アイ・イは長銀の最大貸出先一〇社に入っており、一九九〇年の貸付額は三〇〇〇億円以上と推定されていた。長銀もイ・アイ・イも一蓮托生の構造がバブル期につくられていたのである。

これはほんの一例にすぎず、日本全体でみれば、銀行の貸付額は一九八〇年代のバブルの間に倍増し、新たに二六〇兆円が貸し付けられていた。しかも、この二六〇兆円の大部分は不動産会社か不動産投資に関係ある個人か法人に貸し出されていたのである。実際、一九九〇年代初頭の銀行の融資の二五%、金額で一一六兆円が不動産業・建設業に対するものであり、そのほか間接的な融資を含めれば全貸付額の五五%が土地に関わりがあると見られていた(ジリアン・テット/武井楊一訳『セイビング・ザ・サン』)。

この金利負担増と地価下落が加わったとき、日本経済は強烈なダブルパンチを受けたにひとしい。

地価抑制策

先に述べたように土地ブームが始まったのは一九八五年ころであるが、政府が地価上昇の抑制に乗りだすのは、一九八七年ころからである。これには四通りあって、(1)直接的な土地取引規制(地価の監視制度―国土庁)、(2)金融面からの措置(貸出規制―大蔵省)、(3)土地税制―大蔵省、(4)土地利用規制―建設省であった。前掲『現代日本経済――バブルとポスト・バブルの軌跡』(田中隆之)によれば、(1)は土地の不当取引を監視する制度で、一九八六年に東京都がまず都心五区から開始し、八七年に都区部と都下一三市に広げ、その区域内での土地売買を届出制とした。私自身、一九八九年春に自宅の買い替えをしており、売主の建築業者から「最近、届出制になったので、商売がしづらくなった」と聞いたことがある。このあと、国土法改正(八七年六月)で、土地取引監視区域の制度が国のレベルで強化された。

(2)は、一九九〇年三月に大蔵省が導入した融資規制である。これは①不動産業向け融資の伸びは、融資総額の伸び以下に抑える、②不動産・建設・ノンバンクの三業種に対する融資の報告義務を課すというものであった。この規制によって、不動産業に対する新規融資は確かに減った。バブル期には、銀行は支店長の貸出枠をふやして融資に狂奔したと書いたが、今度は国が貸付額の総量そのものを規制したのである。九二年初めに、この規制は撤廃されたものの、銀行や不動産業に対する打撃は大きかった。

(3)には、①土地保有課税、②土地譲渡益課税、③土地取得税の三つがあって、①は地価上昇をねらった土地投機を抑えるためのものである。これは主として大規模な土地所有にのみ課税されるもので(「土地ころがし」の阻止)、所有者の居住用敷地や賃貸住宅の敷地は非課税であった。

このほか農地の課税強化があった。簡単に言うと、農地に対する固定資産税は、宅地の七〇分の一という安さだったので、近郊農家でも農地を宅地に転売することはせず、農地として保有する家が多かった。私の住む三多摩地方では、団地のまわりに農地が点在しており、宅地不足なのにどうしてこんなに農地(たいした作物は作ってない)が残っているのだろうと不思議に思ったものだが、これも農家の税金対策だったのである。

そのころ私は『国立《くにたち》市史』の仕事で、十数軒の農家から話を聞いたことがあるが、何人かはこう言っていた。「農業をやめて土地を売ろうとしても土地譲渡益税が高くてたまらない。また息子に相続するにしても相続税が高すぎる。むしろ相続人が二〇年間農業を継続すれば免税となる納税猶予制度があるので、息子は何とか農業を継いでいる。農地がなかなか宅地にならないのは、そのためだ」。

図 41　実質 GDP の成長率（内閣府「国民経済計算」より）

資産デフレへ突入

さて以上の金融引き締めと地価上昇の抑制策は、「バブル潰し」にどのような効果、影響があっただろうか。

まず株価・地価の暴落により、大企業の財テクや土地投機が沈静化した。第二に銀行の不動産三業種（建設・不動産・金融＝ノンバンク）への貸付が激減した。それどころかバブル期に貸し付けた資金の回収ができず、不良債権が激増した。貸付先が破綻すれば元本すら回収できなくなるので「追い貸し」をしても焼け石に水、こうして不良債権はみるみるうちに累積していった。第三に設備投資が減少し、個人消費が落ち込んだ。設備投資は成長のエンジンであり、個人消費はGDPの六割近くを占める。この二つが低下したことによって、日本経済は九二年春から不況状態に入った。しかし、一九九〇年代は「失われた一〇年」といわれるが、この一〇年間、GD

Pは下がりっぱなしだったわけではない。むしろ九三年に底をついたGDP成長率は九四～九六年には上昇傾向にあったのである。しかし、九七年以降になると、日本経済は完全なデフレ不況に突入した(図41)。いったいこの「失われた一〇年」とは、どう理解すべきなのであろうか。

表1　先進各国の実質GDP

（単位：%）

	安定成長期 前半 73～79	安定成長期 後半 79～85	バブル 85～90	ポスト・バブル 90～2000年
日本	3.5	3.3	4.6	1.4
アメリカ	2.5	2.3	3.1	3.4
ドイツ	2.4	1.1	3.4	1.9
フランス	2.8	1.5	3.1	1.8
イギリス	1.5	1.4	3.3	2.2
OECD計	2.7	2.3	2.9	2.7

暦年データ．実質GDPは年平均変化率．(OECD, *Economic Outlook*(各年版)より作成)

政策ミス

表1に見るように、一九九〇～二〇〇〇年の先進各国の経済動向を見ると、アメリカを始め欧州諸国は二～三%の成長(OECD平均二・七%)を遂げているのに、ひとり日本だけが一・四%の低成長、一九九八、九九年はマイナス成長であって、一九九〇年代は戦後最悪の不況状態が一〇年も続いたのである。一体なぜ日本だけが、異常な不況に苦しまなければならなかったのであろうか。

その最大の原因は金融危機、とりわけ不良債権処理に失敗したためである。とくに一九九五年の住専七社の不良債権処理と九七年橋本内閣の事実上の「九兆円増税」、この二つがデフレ不況を長引かせた。以下、順に見ていこう。

第一の分岐点――住専処理

一九九三年五月、三重野康・日銀総裁以下、理事・局長らは機密扱いの資料「現下の金融システム問題への対応について」を見て愕然とした。現在の日本の銀行が抱える不良債権の推計総額は五〇兆円に達するというのである。五〇兆円といえばGNPの一〇・七%に匹敵する巨額である。さらに同資料は、債務超過にある信用金庫は二一、信用組合で六一、つまり八〇を超える金融機関が事実上破綻に瀕していることを明らかにしていた。これにどう対処するか、同資料には「銀行への公的資金の注入」「破綻銀行の受け皿金融機関の設立」など、のちに実際に採用される対策の原型が記入されていたという。しかし、この恐るべき事実は外部には公表されず、極秘扱いとなった(『検証バブル　犯意なき過ち』)。

今回、私はこの項を書くにあたって、バブル崩壊以後の日本経済がなぜこれほどまでに「長く広く深い不況」に陥ってしまったのか、という問題意識で資料や文献を読んでみたが、①情報開示がおくれ、対策が後手々々にまわったこと、②行政当局、政治家、銀行経営者などトップの責任の押し付け合い、無責任構造が予想以上に深いことがわかった。その象徴的事件が住専の負債処理問題である。

住専とは、一九七〇年代にいくつかの銀行が共同出資して設立したノンバンクで、もともとは住宅ローンを扱う会社だった。ところが、優良企業の銀行離れが進むにつれて、母体の都銀などが住宅ローンに力を入れ始めたため、金融面で劣勢にたった住専は不動産向け融資に走った。八〇年度末に住専の個人住宅ローンは資産の九六%を占めていたのに、九〇年度末には二一%にまで落ちていた。こうした中で一連の金融不安が発生したのである。

一九九五年七月コスモ信用組合、八月には兵庫銀行や木津信用組合が相次いで破綻した。当時、テレビは、預金者が預金の解約や預金引出しを求めて、不良信組の店頭に殺到する姿を映していたが、これは金融不安の前奏曲にすぎなかった。

同年春、大蔵省銀行局は住専七社の不良債権総額が六兆四一〇〇億円に達していたことを公表した。大蔵省銀行局は三年前の九二年春には住専の累積負債が巨額に上ることを把握していたという。だが「土地神話」がまだ残っており、地価が上昇すれば負債額も減るし、情報を開示すれば信用不安が増すということで、秘密にされていたのである。

九月には大和銀行ニューヨーク支店の行員が一一年間にわたって一一〇〇億円の巨額損失(簿外米国債投資で失敗)を隠し続けていたことが発覚した。大和銀行は米国から全面撤退を命令され、日本の金融システムに対する不信感が世界中に一気に広がった。住専問題が表面化したのは、こうした状況の中であった。

無責任の構造

大蔵省銀行局がまとめた処理案は、住専の損失のうち、母体行(三和、さくら、第一勧銀、富士銀行など)が三兆五〇〇〇億円の全額を放棄し、非母体行として融資した一般行が一兆七〇〇〇億円、農林系金融機関が一兆二〇〇〇億円負担するというものであった。ところが農林系は「母体行が責任をとれ」といって、取り合わなかった。当時、住専七社のうち六社の社長は大蔵省OBだった(表2参照)。また自民党農林族は票田の農林系金融機関の負担を軽減しようと画策していた。農林系金融機関も票田を背景に族議員に圧力をかけ、負担軽減を強く要求した。こうして農林系と母体行の対立、農水省と大蔵省の対立、農林族と大蔵系議員との対立などが入り乱れ、結局、「農林系の負担は五〇〇〇億円強が限度」ということになり、大蔵原案の一兆二〇〇〇億円には七〇〇〇億円近く足りないことになった。

九五年一二月、村山内閣(武村正義蔵相)は六八五〇億円の財政資金投入を含む住専処理法案を国会に提出するが、その数字は以上のような経緯で決まったのである。

住専国会

第一三二通常国会は、一月一七日に起きた阪神・淡路大震災(図42)をめぐる集中審議、経営

表2　住宅金融専門会社7社の概要

	設立(年/月)	母体行	初代社長	農林系金融機関からの借入額(借入比率)
日本住宅金融	1971/6	三和，さくら，東洋信託，大和，三井信託，横浜，あさひ，千葉，北海道拓殖	庭山慶一郎(大蔵省)	億円 8923 (38.0%)
住宅ローンサービス	1971/9	第一勧銀，富士，旧三菱，あさひ，住友，さくら，東海	堀　正典(第一勧銀)	8616 (51.0)
住総	1971/10	信託銀行7行	佐々木庸一(大蔵省)	7772 (38.5)
総合住金	1972/7	第二地方銀行協会加盟72行	中嶋晴雄(大蔵省)	6833 (49.9)
第一住宅金融	1975/12	長銀，野村証券	崎谷武男(大蔵省)	8070 (44.5)
地銀生保住宅ローン	1975/6	地銀64行，生保25社	有吉　正(大蔵省)	4604 (37.8)
日本ハウジングローン	1976/5	興銀，日債銀，大和証券，日興証券，山一証券	大月　高(大蔵省)	9932 (39.4)

大蔵省・農林水産省資料から作成．借入額と借入比率は1995年3月末時点．

破綻した東京協和・安全両信組問題、地下鉄サリン事件、戦後五〇年決議などが目白押しの重要国会であった。他のテーマについてはのちに述べるとして、住専処理問題で最大の焦点となったのは、公的資金を投入するか否かであった。審議は翌九六年に持ち越され、小沢一郎率いる新進党は六八五〇億円を盛り込んだ九六年度予算案を阻止するため座り込みを始め、審議は数日ストップした。結局、政府案は六月の参院本会議で成立するが、ここでも住専処理は

図 42　阪神・淡路大震災　18 本の巨大な橋脚が根元から崩れ，635 メートルにわたって横倒しになった阪神高速道路神戸線（1995. 1，神戸市東灘区）

政治の権力闘争に利用されたのである（第一三六通常国会）。以後、不良債権の処理への公的資金の投入はタブーとなった。

当時、国会でもメディアでも論じられたことであるが、米国は一九八〇年代に経営破綻した貯蓄金融機関（S&L）の処理に、GNPの一%強の財政資金九〇〇億ドルを投入し、かつ経営者の責任追及を厳しくおこなって（逮捕・投獄）、一気に解決した経験がある。日本でも、一九二七（昭和二）年の金融恐慌のときに高橋是清蔵相は、日銀の非常貸出や台湾銀行救済に二億円の公的資金を入れて、四十数日間で金融恐慌を沈静化した経験がある。しかし、この経験は生かされなかった。まさしく"Too little, too late"（小さすぎて、遅すぎる）で、住専処理問題は、次の金融危機を食い止めることはできなかったのである。ちなみに、二〇〇一年の調査によれば、名目GDPに対する不良債権の割合は、アメリカの三・九%に対し、日本は一一・九%と三倍に近い巨額に膨らんでいった。丸山真男のいう「無責任の体系」はバブル崩壊の処理のときにも立ち現われたのであった。私が住専処理問題を第一の分岐点と呼ぶのは、そのためである。

証券スキャンダル

一九九七年は戦後金融・証券史の中でも最悪の年であった。まず三月、最大手の野村証券が顧客の総会屋・親族企業に利益供与をしていたことを認め、酒巻英雄社長の辞任、逮捕にまで発展した。五月には総会屋グループに第一勧業銀行が多額の融資を続けていたことが判明し、同行の会長、頭取らが引責辞任した。七月、山一証券が同じく総会屋に違法な利益供与を行なっていた容疑で家宅捜索を受け、会長・社長らが退任、のち逮捕された。九月、大和証券・日興証券が同じ総会屋に違法な利益供与をしていたことが判明した。要するに、四大証券すべてが総会屋と癒着していたという前代未聞の事件が発生したのである。

この証券スキャンダルには前史があった。一九九一年のいわゆる「証券・金融不祥事」である。八七年のブラックマンデーで株式や証券が急落し、大口の機関投資家が多額の損失をだした。これに対し、野村・大和・日興・山一の四大証券が、日立製作所、松下電器産業、トヨタ自動車など大企業をはじめ延べ二二八法人、三個人に対し、計一二八三億円余の損失補塡《ほてん》を行なっていたことが明るみにでたのである。これは日経のスクープであった(『日本経済新聞』一九九一年七月二九日)。以後、各紙はこのニュースを大々的に報じ、個人投資家の怒りは頂点に達した。ふだんは個人投資家に自己責任を説いていた証券会社が、裏では大口投資家の損失を補塡するという「背信」行為(八九年一二月の「損失補てん禁止」の大蔵省通達違反)を行なっていたのだから無理はない。野村証券・田淵義久社長、日興証券・岩崎琢弥社長らが辞任に追い込まれた。ついで野村証券・田淵節也会長が経団連副会長を解任され、同社会長も辞任した。ただし、信じられないことだが、両田淵は、九五年六月の株主総会で取締役に復帰した。詳しくは、奥村宏『証券スキャンダル』にゆずるが、法人資本主義の日本では、大企業は株式を相互に持ち合っており、株主総会を自社に都合のいいように取り仕切ることができる。取締役・監査役の選任に当たっても、社長は自分に都合のいい提案を行なうことができるし、もし反対者がいれば、総会屋に利益供与などして、発言を封じることができるのである。

さて、ここで一九九七年に話を戻したい。証券スキャンダルに続いて、今度は「銀行不倒神話」を吹き飛ばす金融危機がきた。一一月三日の三洋証券の破綻と同一七日の北海道拓殖銀行の破綻(都市銀行では初)であった。ちょうどその晩、私は国際学会で中国・香港に出張中であり、ある信託銀行香港支店に勤める教え子と夕食を共にしたが、「先生が日本に帰る一週間後には、山一証券破綻の新聞記事が出ると思いますよ」と言った。私はまさかと思ってあまり気にもしていなかったが、東京に戻った一一月二四日の新聞に「山一證券、自主廃業決定」の大きな記事が載っていたので、びっくりしたことがある。銀行・証券業関係者には、一週間以上前から「山一破産」の情報が流れていたのであろう。

第二の分岐点

一九九六年一月、阪神・淡路大震災への対応のまずさや住専問題などで責任をとって辞任した村山内閣に代わって橋本内閣が成立した。橋本内閣は、九七年度から消費税を三%から五%に引上げると同時に(五兆円)、特別減税の打ち切り(二兆円)、医療費の自己負担増(二兆円)を行なった。いわば「九兆円増税」を行なったにひとしい。さらに同年一一月、橋本内閣は、財政構造改革案を打ち出した。これは二〇〇三年度までに①国と地方の財政赤字を対GDP比で三%以下にする、②赤字国債の発行をゼロにするという財政健全化目標を掲げたものであった。

確かに、九七年末の日本の国債残高は約二五四兆円で、GDP比で九〇%を超え、経済先進国(英、米、独、仏は六〇%前後)の中でも最悪であった。国民一人あたりに直すと二〇二万円の借金を抱えていた勘定になる(二〇〇三年度予算案の国債依存度は四四・六%で、イタリアよりも悪化し、戦後最悪となった。国民一人当たり六〇六万円の借金になる)。財政当局が財政再建に本気で取り組もうとした気持ちはわかるが、いかにも拙速でタイミングが悪かった。九七年夏以降、タイ・バーツの暴落を始めアジア通貨危機が起こり、国内では金融危機が表面化し、最悪の経済環境にあった。しかし、九七年一一月、財政構造改革法は成立した。結果は何度も触れたように、景気はいっきに悪化した。

当時、経済学者や民間エコノミストも「九兆円増税」が景気の足を引っ張ると批判していたが、大蔵省はその代わりに特別減税(所得税など二兆円減税)を行なったと主張して、実施に踏み切った。しかし、これは政策ミスであった。のち二〇〇一年の自民党総裁選挙に立候補した橋本龍太郎は、このときの政策を誤りであったと認めて、次のように述べた。

「振り返ると私が内閣総理大臣の職にありましたとき、財政の健全化を急ぐあまりに、財政再建のタイミングを早まったことが原因となって経済低迷をもたらしたことは、心からお詫びをいたします」(『朝日新聞』二〇〇一年四月一四日)。

橋本元首相は「九兆円国民負担増」については触れていないが、消費税五%導入が個人消費を冷やし、翌年のマイナス成長の原因となったことは疑いない。私が、「九兆円増税」と財政構造改革法を第二の分岐点と呼ぶのはそのためであり、長期不況の原因は、明らかに政策ミスというほかないのである。

ゴーン・ショック

一九九八〜九九年は、連続マイナス成長を記録し、戦後最悪の経済状態となった。バブル崩壊の影響を受けたのは、建設・不動産・金融の三業種だけではない。日本の代表的有力産業といわれた自動車・鉄鋼業も惨憺たる営業不振に陥った。トヨタ自動車に次いで第二位の地位にあった日産自動車は、九八年度末でおよそ二兆一〇〇〇億円の負債を抱えていた。九九年の日産の生産台数は九一年と比べて六〇万台の減少であった。六〇万台というのは、ボルボやメルセデスの販売台数より多い。起死回生の手を打たなければ、日産の再生は不可能であった。

九九年、日産はフランスの自動車会社ルノーと提携し、ルノーのカルロス・ゴーンを副社長に迎え、経営の建て直しに乗りだした。『カルロス・ゴーン経営を語る』は、フランスの通信社AFPの東京支局長だったフィリップ・リエスが、ゴーンにインタビューし、その原稿にゴーンが手を入れて成った共著であるが、ゴーンの再生計画《リバイバル・プラン》を読むといかにすさまじい「荒療治」であったかがわかる。要するに、従来の日本的経営慣行を根底から問い直したのである。

リバイバル・プランの骨子は、①三年間で二〇%の購買コストを削減する、②鉄鋼会社、部品会社などのサプライヤーの数を半減する、③不振工場の閉鎖、④人員整理などである。従業員や関連会社に激震が走った。

アライアンス（企業統合・提携）

加藤幹雄（一九三八年生れ、住友金属工業元副社長）の話を聞いた。「ゴーンの提案は自動車用鋼板のおもな買い付け先を二社にしぼることだった。新日鐵のシェアを三〇％から六〇％にし、川崎製鉄のシェアを二三％から三〇％に引き上げて、価格協力を求めた。日産に数量を減らされたＮＫＫ（旧日本鋼管）や住金は他の自動車メーカーに販売先を求めてパイの取り合いとなり、連鎖的に激しい価格競争が起きた。三年間で購入価格を二〇％下げるというゴーンの提案は、一年間で達成されたのだ」。その結果、鉄鋼市況全般を大幅に引き下げることになったのである。すでに苦境にあった鉄鋼業の経営はさらに悪化した。

結局、最後の決め手は、アライアンス（企業統合・提携）だったようである。二〇〇一年四月、ＮＫＫと川崎製鉄が経営統合し、世界第二位のＪＦＥが誕生した（図43『日本経済新聞』二〇〇一年四月一四日。実際のスタートは、二〇〇三年三月）。新日鐵、住金、神戸製鋼は、株式の持ち合いを含むゆるやかな提携を進め、日本の高炉メーカーは二つのグループに再編成された。「ゴーンは、いわば鉄鋼業再編の助産婦だった」。こうして二〇〇二年から二〇〇三年にかけて、鋼材価格の下落に歯止めがかかったという。

私が、「外国人経営者だからできたので、日本人社長ではダメだったろう。ゴーンは「第二のマッカーサー」みたいなものだ」と言うと、加藤は「そうだ」と答えた。ゴーン・ショックと言うように、やはり外圧を利用しながら、危機を乗り切ったのである。ちなみに、ゴーン（五二歳）は、二〇〇五年四月末、本家・ルノーの社長に就任した。マッカーサー（七二歳）は「老兵は死なず、ただ消えゆくのみ」と演説したが、フランス各紙は、「ルノー、ゴーン時代へ」（『フィガロ』）、「凱旋将軍」（『リベラシオン』）と伝えた（『朝日新聞』二〇〇五年四月三〇日）。

NKK・川鉄 経営統合

新日鉄抜き世界2位 粗鋼生産

来秋に持ち株会社

鉄鋼大手のNKKと川崎製鉄は十三日、経営統合で基本合意したと発表した。二〇〇二年十月に共同持ち株会社を設立、二〇〇三年四月をめどに鉄鋼事業などを統合する。統合会社の二〇〇〇年粗鋼生産量（連結ベース）は三千三百万トンと新日本製鉄の二千九百万トンを上回り国内最大、世界二位となる。新日鉄と韓国・浦項総合製鉄の包括提携など世界規模で進む再編のなかで、NKKと川鉄は経営統合で生き残りをめざす。（持ち株会社は3面「きょうのことば」参照）＝関連記事3、11面に

合理化効果500億円

高炉の経営統合は一九七〇年の八幡製鉄と富士製鉄（現新日鉄）の合併以来、三十二年ぶり。鋼材の大口需要家である自動車業界などで大規模な再編が進み、調達先の集約が進んでいることに対応。統合により営業や開発を効率化しコスト削減を進め、国際競争力を高めるのがねらいだ。

統合は二段階で行う。まず二〇〇二年十月に株式移転によって共同持ち株会社を設立、NKKと川鉄はその傘下に入る。二〇〇三年四月をめどに鉄鋼やエンジニアリングなど全事業統合して、持ち株会社の下に置く。日立造船と二〇〇二年十月をめどに事業統合するNKKの造船部門は共同持ち株会社がエンジニアリング事業会社が管轄する。

NKKの下垣内洋一、川鉄の江本寛治の両社長を共同委員長とする統合推進委員会を四月中に設置、持ち株会社の株の割当比率や社名、人事などを詰める。割当比率は外部機関の評価を踏まえて決める。

経営統合によって、間接部門の合理化を進めるほか、研究開発や設備投資の効率化などを進め、両社合わせて五百億円の統合効果を見込む。NKKは福山製鉄所（広島県福山市）と京浜製鉄所（川崎市）、川鉄は水島製鉄所（岡山県倉敷市）と千葉製鉄所（千葉市）を持つが、「四製鉄所体制は変えないことで、既に合意している」（下垣内NKK社長）としている。

両社は昨年四月、近接する製鉄所の間で、物流や設備補修、購買の三分野のコスト削減で提携した。その後、研究設備の相互利用や建材の販売協力などで提携範囲を拡大するなかで、「（内外で攻勢を強める）新日鉄に対抗する勢力が必要」（江本川鉄社長）と判断し統合を決めた。

鉄鋼業界は新日鉄を筆頭にNKK、川鉄、住友金属工業、神戸製鋼所の五社体制が長く続いてきた。しかし昨年八月に浦項総合製鉄 年一月には仏ユジノールとも提携した。今秋をめどに仏ユジノールと欧州の二社が合併するなど、再編・統合が一気に進んでいる。

世界の鉄鋼メーカーの粗鋼生産（万トン）

・ニューコ（ユジノール＋アルベッド＋アセラリア、2001年統合併）	4,600
NKK＋川崎製鉄	3,357
①新日本製鉄	2,907
②浦項総合製鉄（韓）	2,848
③アルベッド（ルクセンブルク）	2,410
④LNM（英）	2,244
⑤ユジノール（仏）	2,100
⑥NKK	2,056
⑦コーラス（英）	1,998
⑧ティッセン・クルップ（独）	1,800
⑨上海宝山鋼鉄（中）	1,772
⑩リーバ（伊）	1,557
⑪川崎製鉄	1,301
⑫住友金属工業	1,165

（注）英専門誌メタル・ブレティン調査などから作成。生産量は昨年実績、連結ベース、NKKは米ナショナル・スチールの557万トンを含む

会見で握手する下垣内NKK社長㊧と江本・川崎製鉄社長（13日午後）

NKK　一九一二年日本鋼管として創立、八八年にNKKに呼称を統一した。国内のほか、米インディアナ州に子会社のナショナル・スチールを持つ。二〇〇一年三月期の連結業績は売上高一兆七千七百億円、経常利益四百億円、最終利益九百八十億円を見込む。単独の従業員は二〇〇一年三月末時点で約一万七百人。資本金は約二千三百二十億円。

川崎製鉄　一九〇六年に川崎造船所（現川崎重工業）が製鉄設備を持つ運河分工場を設立。一九五〇年に同分工場などが分離・独立して誕生した。二〇〇一年三月期の連結業績は、売上高一兆二千七百億円、経常利益は四百六十億円、最終損失は百九十億円を見込む。単独の従業員は二〇〇一年三月末時点で九千七百四十人。資本金は約二千三百九十億円。

図 43　経営統合により世界二位の JFE が誕生した（『日本経済新聞』2001. 4. 14）

二〇〇四年頃から、中国への鉄鋼輸出が激増し、鉄鋼業界は久々の好景気を享受している。しかし、中国の鉄鋼生産は、二〇〇三年が二・二億トン、二〇〇四年が二・七億トン、二〇〇五年は三億トンを突破すると見られる。その結果、鉄鋼の主要原料である鉄鉱石や石炭の価格が暴騰しており、二〇〇五年だけでも日本全体で一兆円のコストアップになるだろうという。二一世紀は資源戦争、環境破壊の深刻化が、人類を

脅かしていくに違いない。

3　農業・農村の崩壊

食糧自給率の低下

日本農業は、いま戦後最大の危機にある。各国の食糧自給率(カロリーベース、二〇〇一年)を見ると、アメリカが一二二%、フランスが一二一%、ドイツが九九%で自国内でほぼ食糧確保ができるのに対し、イタリア六九%、イギリスは六一%である。これに対し、一九六〇年に七九%あった日本の食糧自給率は四〇%まで落ちた。ローマ帝国は食糧自給率四〇%を切ったころ、崩壊の過程に入ったといわれるが、その水準になったのだ。

農林水産省が二〇〇三年に行なった意識調査の結果、国民の九割以上が食糧供給に不安を抱いていることがわかった。しかも、米国でのBSE(牛海綿状脳症)の発生や鳥インフルエンザの拡大により、牛肉や鶏肉の輸入停止、あるいは農薬汚染による中国野菜の輸入ストップなど、食糧の安定供給と安全の確保が重要な課題になっている(『日本国勢図会』第62版、二〇〇四年)。

いったい高度成長以後の日本農業はどのような変貌をとげているのであろうか。一九七〇～二〇〇〇年を対象にして、その実態を見ておきたい。

農業の地位低下

まず日本経済全体に占める農業の地位が劇的に低下した。総世帯中の農家戸数は一九六〇年に二九%であったが、八五年には一一・五%まで落ち、九九年には六・九%と、一〇%を切った。GDPに占める農業生産の割合は六〇年の九・〇%から、八五年には二・三%、九九年には実に一・一%まで低下した。

一九六一年、池田内閣時代に制定された農業基本法は、「農業版憲法」ともいわれ、四〇年近くにわたって日本農業の帰趨をきめた。その基本理念は、農業生産の選択的拡大(米作プラス、畜産・果樹栽培)を進めながら経営規模の拡大=自立農家の育成をはかることにあった。他方で、農村から大量の労働力を引き出し、高度成長を遂げつつある電機・自動車産業など製造業へ若年労働力を供給することにあった。一九五〇年代以降の都市への人口流出は「地すべり的」(並木正吉『農村は変わる』)と言われたほどの勢いで進み、一九六五年には第二次産業の就業者は第一次産業のそれを追い越した。農家子弟の新規卒業者(中学・高校)のうち、農業を継いだものは五五年の二六万三〇〇〇人から六四年には四分の一の六万八〇〇〇人まで激減している。代わって六〇歳以上の高齢者が農業経営の主な担い手になったのである(図44)。

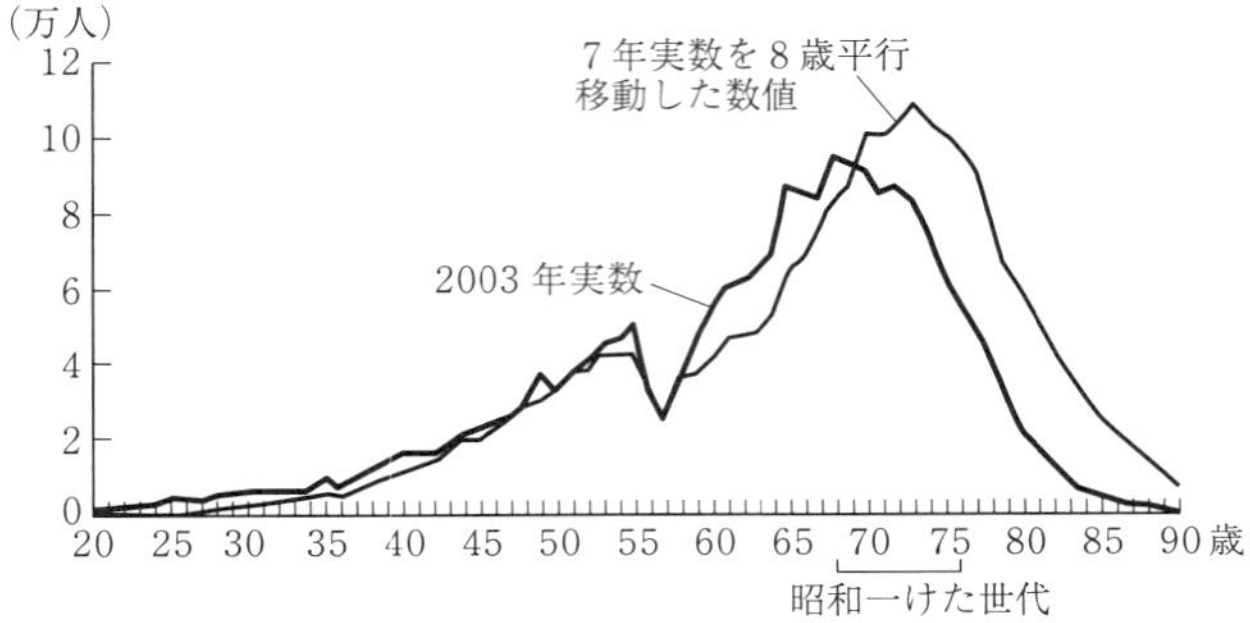

図44 1歳刻みにみた基幹的農業従事者数(2003年) 農林水産省「農林業センサス」,「農業構造動態調査」(組替集計)より作成.

新農業基本法

「農業の憲法」といわれた農基法のもとで、日本農業はどのような帰結を迎えたであろうか。表3に見るとおり、経営規模拡大はあまり進まず、農業だけで生計を立てていける専業農家は三四・三%から一六・一%に激減、代わって第二種兼業農家(農業より非農業=兼業からの所得が多い)が三二・一%からじつに六五・一%にまで激増している。一九七〇年代半ばに山形県庄内地方に調査に行ったとき、三〇歳台の青年が「我々は、いのちを賭けて農業をやっているのだが、政策はくるくる変わる猫の目農政で、農政はNO政だ」と批判していた。政治的には専業農家の中に革新派がいて、兼業農家はむしろ保守的だという興味ある話も聞いた。とはいえ、「畜産三倍、果樹二倍」をキャッチフレーズにした、選択的拡大は米麦に偏重した農業からの転換に道を開いた点で、大きな役割を果たした。

「貧農」は消えた

さらに日本経済全体の高度成長に引っ張られて、農家所得が増加したことは事実である。ただしその所得増加は農業所得より農外所得のほうが四倍ほど多い（表3参照）。私の調査経験でも、このことは確認できる。一九七〇年代に、新潟県白根市に行き、ある農家を訪ねたところ、居間には大型のテレビが置いてあって、リモートコントロールでテレビを点けたり消したりしていた。その頃、私の家には小型テレビしかなく、リモコンもなかった。庭を見ると、自家用車が二台、オートバイが一台駐

表3　農業基本法以後35年の変化

年度（または暦年）	1960	1995
農業総生産（兆円）	1.5	6.8
国内総生産（GDP）比（%）	9.0	1.4
耕地面積（万 ha）	607	504
1戸当たり平均（ha）	1.0	1.5
農家戸数（万戸）	606	344
専業農家の比率（%）	34.3	16.1
第一種兼業農家の比率（%）	33.6	18.8
第二種兼業農家の比率（%）	32.1	65.1
農業就業人口（万人）	1,196	328
総就業人口比（%）	26.8	5.1
新規学卒農業従事者数（千人）	—	20.8
うち新規学卒就農者数（千人）	79.1	1.8
65歳以上人口の比率（%）	12.3	39.6
農家総所得（千円）	449	8,917
うち農業所得（千円）	225	1,442
うち農外所得（千円）	184	5,453
農産物輸入額（億ドル）	9	393
供給熱量自給率（%）	79	42
農林水産関係予算（億円）	1,319	35,000
国家予算一般歳出比（%）	10.5	8.1

『農業年鑑』1998年版より

車してあった。「都会の家庭よりも豊かですね」と私が言うと、「最近の農家は二つ以上の職業をもっているんです」と言う。その家は、六〇歳に近い父親は農業に従事し、母親は近くの国道で「にぎり弁当」を売り、息子はタクシーの運転手、時折、近くの亀田製菓で働くのだと言っていた。つまり、この農家は三つ以上の収入源があって、確かに都会のサラリーマン家庭より収入は多かったようである。農民は貧しいものという先入観が打ち砕かれた。

暉峻衆三『日本の農業150年』は、この兼業農家について、優れた分析をしている。「雇われ兼業」の三形態論である。すなわち、「雇われ兼業」には、①恒常的職員勤務(役場や農協などの職員。サラリーマン)、②恒常的賃労働勤務(工場などの賃労働者。ブルーカラー)、③出稼ぎ・日雇い・臨時雇い(不安定就業ブルーカラー層)の三つがあるという。そしてだいじなことは、経営規模の拡大による農工間の所得均衡の実現を目指した基本法農政の失敗を論じる一方で、暉峻は七〇年代以降、①②の一人当たり農家所得が勤労者世帯一人当たりの所得と均衡、ないし追い越した事実を確認して、戦前以来の農村に特有の「貧農は消えた」と述べている。

グローバリゼーションと農業

しかし、経済の国際化が進むにつれ、日本農業も国際競争の波にさらされ始めた。一九九三年、ガットで米の自由化、関税引き下げ要求を迫られ、日本政府はついに米市場の部分開放を決めた。ついで九五年一月、ガットは世界貿易機関(WTO)に置き換えられた。また米の初めての部分輸入が開始され、半世紀続いた食糧管理法が幕を閉じ、新食糧法がスタートした。日本の主要食糧で、最後まで残っていた米もついに自由化されたという意味で、一九九五年は、農政史上、記憶にのこる年であった。日本農業にもグローバリゼーションの波がひたひたと押し寄せてきたのである。

こうした中で、農業基本法に代わって、九九年に「食糧・農業・農村基本法」(新農基法)が制定された。両法の違いは何か。『日本農業年鑑』(二〇〇〇年)によると、旧農基法が農業生産性の向上、所得の農工間格差の是正など、いわば「農業者のための基本法」であったのに対し、新基本法は「目は農業者の生活にではなく〝国民生活〟に、そして農業にではなく、〝国民経済〟に向けられている」(東京農工大学・梶井功執筆)。言い換えれば、旧農業基本法には消費者に関する条項は全くなかったが、新農基法では消費者重視の立場が鮮明にされ、国民のための食糧の供給と安全をいかに確保するかに重点が移っているのである。こうして農業者自体も激しい市場競争にさらされ、消費者に気に入られる穀物、果樹、野菜を供給しなければ、市場から敗退する以外になくなった。いわゆる新古典派経済学でいう市場原理主義が農業をも巻き込んだのである。

市場原理と農業

しかし、市場原理とは、別名「弱肉強食」の論理が貫く世界であって、はたして農業のような公共性の高い産業を突き放して、市場原理だけにゆだねていいのかという疑問を、私はもっている。

脇にそれるが、二〇〇五年四月二五日、一〇七人の犠牲者をだしたJR西日本福知山線の大事故も、その最大の原因は民営化に伴う厳しい競争にあった。私鉄を追い抜くために、スピードで競争し、人件費を節約するために、何年も運転手を補充せず、ベテラン運転手の配置も十分でなかった。少しでも運転時間が遅れれば、いじめや処罰が待っている。昔なら労働組合がチェック機能を果たしたのだろうが、いまや弱体化してしまって上司の言いなりだという。チェック・アンド・バランスの内的仕組みを失った組織が、いかに脆く、危険かを、今度の鉄道事故は露呈したのである。

農業は個人経営が基本であるから、鉄道会社と比較するわけにいかないが——もっとも新基本法第二十二条は、家族経営と並んで農業経営の法人化を推進すると述べている——、かりに穀物その他を輸入にだけ依存すれば、「ローマ帝国の轍」を踏むことになろう。

前掲『日本農業年鑑』(二〇〇〇年)は、一九九六(平成八)年度の穀物自給率は二九%という恐ろしい数値を上げており、二一世紀は世界的な食糧の逼迫は必至であると、予想している。かりに輸入が長期にゼロになった場合でも、戦前水準の一人一日当たり二〇三〇キロカロリーで我慢すれば、何とか乗り切れるというが、そんな事態に国民が耐えられるかは、疑問である。金の力で買いまくる世界最大の農産物輸入国日本を覆う「飽食」が、実は「砂上の楼閣」(京都大学教授・野田公夫)にすぎないことを知る日がこないという保障はない。

それにしても、六〇〇万ヘクタールあった農地のうち、農地改革で解放した面積は一九四万ヘクタールであるが、一九六〇〜二〇〇三年までに減反・耕作放棄などで減少した耕地は実に一三三万五〇〇〇ヘクタールに上る(暉峻『日本の農業150年』)。これほどに日本農業は衰微・解体しているのだ。

一九九三年頃、米の自由化反対意見の中に、水資源が枯渇し(田んぼは湛水機能をもっている)、環境破壊の原因となるという主張があったが、稲作農業は自然保護の面からも、食糧確保の面からも、国や自治体の保護が欠かせないのである。

古老の思い出

以上のように、戦後六〇年、日本農業は数世紀分の変化に匹敵する変化を経験してきた。この大変化を農民はどんな目で見てきたのであろうか。二〇〇四年七月と翌五年三月に、山深い福島県会津地方の奥只見に調査に行く機会があった。そのときに聞いた二人の古老の話を紹介して、この項を閉じたい。

高度成長で農村は大きく変貌したが、いま振り返って、どんな感想をもつかと聞くと、横山哲夫(一九二五年生れ、八〇歳)は、こう言った。「我々百姓は、中世から何百年にもわたって鋤、鍬、鎌で農業をやってきた。それが、耕耘機やコンバインが入り、すっかり変わってしまった。昔は米俵を肩に担ぎ上げて大八車に積み上げたものだが、いまは軽トラックで運ぶから、力持ちの百姓がいなくなった」、「それに若い娘は農家なのにスーパーで野菜を買っている」。

同じ質問を目黒俊衛(一九一六年生れ、八九歳)にぶつけてみると、九〇年の人生を振り返りながら、こう答えた。第一に貨幣価値の変化に驚いている。昔(戦前)、祝儀は五〇銭だったが、今は一万円だ。第二に過疎化が進み、七〜八人の家族がなくなって、今はばあさん一人の家もある、第三に赤ん坊の泣き声がしなくなった。若い夫婦は東京へ出ていくので、六〇歳以上のばあさんばかり。子どもを生めるはずがない。第四に世の中に美味いものがなくなった。いまは何でも食べられるから、有難みがない。そのほか「自動車が増えたのにたまげる、それから女にとって簡易水道ができたのが大きい、それまでは川からの引き水や井戸水を使っていたが、屋内で洗濯したり、料理用の水を自由に使えるようになった。女の自立にとって、水は一番大切なものだ」。長い人生経験を積んだ人の、味わいのある言葉だと思った。

4　新国家主義の台頭——「戦争」「歴史」「教科書」

戦後五〇年決議

一九九五年六月九日、衆議院で「戦後五〇年決議」が採択された。重要箇所のみを引用すると、先の「戦争等による犠牲者に追悼の誠を捧げる。また、世界の近代史上における数々の植民地支配や侵略的行為に思いをいたし、我が国が過去に行ったこうした行為や他国民とくにアジアの諸国民に与えた苦痛を認識し、深い反省の念を表明する」。ちょっと読んだだけでは、すぐ頭に入ってこない、あいまいな文章である。

当時の内閣は村山連立(社会党)政権で、自民党は与党に属していたが、自民党内には、「大東亜戦争肯定論」の立場にたつ「民族派」と敗戦で日本は生まれ変わったとする「戦後改革派《ニュー・ライト》」との対立があって意見がなかなかまとまらなかった。他方、野党の新進党(九四年一二月結党、党首海部俊樹、幹事長小沢一郎)は、侵略行為や植民地支配という言葉を認めず、「おわび」も削除せよと強硬に主張した。与党の社会党や野党の共産党は、侵略戦争、植民地支配は歴史の事実であって、そのキーワードを盛り込まない決議は意味がないと主張した。両党の違いは、共産党が謝罪と補償を強く主張し、社会党は明言を避けた点にあった。

以上のような立場の違いを反映して決議文はなかなかまとまらず、結局、与党の自民党が政府案に譲歩・妥協して、侵略を侵略行為にかえ、またその「主体」を意識的にあいまいにした。つまり、世界史上、侵略や植民地支配を行なったのは日本だけでなく、帝国主義国はどこも行なっているという主張のもとに、「世界の近代史上における数々の植民地支配や侵略的行為に思いをいたし」などという主体抜きの不明瞭な文章になったのである。修正案を入れられなかった新進党と決議に反対の自民党一部議員は欠席した。こうして戦後五〇年決議は、「骨抜き決議」「玉虫色決議」に終わったのである。

なぜこのように「侵略問題」はこじれたのであろうか。二年前の一九九三年八月、細川護熙《もりひろ》首相は記者会見で、「あの戦争は侵略戦争で、間違った戦争と認識している」と述べた。これに対し、日本遺族会と自民党右派議員はただちに反論し、細川発言は「東京裁判史観に毒された自虐的発言」であると抗議し、のちに細川首相は「侵略的行為」と表現をかえた。

要するに、国会では、二年前と同じ議論が繰り返されたわけであり、「戦後五〇年決議」は戦後日本人の戦争観・歴史認識をあぶりだす機会となったのである。詳しくは、吉田裕『日本人の戦争観』や油井大三郎『日米 戦争観の相剋』などが優れた考察を行なっているので参照していただきたい。

世界の視線

以上の国会決議に対し、アジア諸国の反応は、きびしかった。韓国・金泳三政権内には、難産だった「植民地支配」「侵略」の言葉が入ったことで、ひとまずほっとする空気が見られたが、テレビ・新聞は「謝罪」「不戦」の表現が削除されたことを非難した。中国は「心のない謝罪はいらない」として、ある政府高官は「日本にとって、有利で、大きなチャンスなのに、どうして積極的でないのか」と不満を述べた。シンガポールの新聞・テレビは「最後の謝罪の機会を逸した」と報じた(『朝日新聞』一九九五年六月七日夕刊)。

他方、欧米では、米『ニューヨーク・タイムズ』が「日本が過去にアジアで破滅的な侵略を果たしたことを認めなければ、将来のアジアで建設的な役割を果たすことはできない」と論評し、英紙『タイムズ』は「日本は侵略の事実直視を依然拒否している」と非難した(同紙、六月九日参照)。

一九八九年、私は英国オックスフォード大学日本研究所に滞在中であったが、九月一日(ナチスのポーランド侵攻)は第二次世界大戦勃発五〇周年に当たっていたため、BBC放送は連日、特集番組を放映していた。ナチスの戦争犯罪と同時に、日本軍が中国で行なった戦争犯罪の数々をビデオで流し、タイとビルマをつなぐ泰緬鉄道の建設で、インドネシアの労務者とともにイギリス兵捕虜が酷使されている映像が写された。満足な食糧も与えられず骨と皮になったイギリス兵捕虜の姿(浮き出たあばら骨)がクローズ・アップされたときには、日本の戦争犯罪に対するイギリス人の、ふだんは表面にでない「反日」感情が予想以上に強いことを知った。

村山富市首相談話

その意味で、一九九五年八月一五日の村山首相談話は、せめてものすくいであった。日本は「遠くない過去の一時期、国策を誤り、戦争への道を歩んで国民を存立の危機に陥れ、植民地支配と侵略によって、多くの国々、とりわけアジアの諸国の人々に対して多大の損害と苦痛を与えた」として、「改めて痛切な反省の意と心からのおわびの気持ちを表明する」と述べたのである。村山首相は、どの内閣が「国策を誤った」のかという記者の質問については回答を避けたが、この首相談話は、以後、政権担当者に踏襲されていった。すなわち、九八年一〇月の韓国・金大中大統領の訪日の際に、小渕恵三首相は「わが国が過去の一時期、韓国国民に対し植民地支配により多大の損害と苦痛を与えたという歴史的事実を謙虚に受けとめ、これに対し、痛切な反省と心からのお詫び」を述べたのである。ついで一か月半後の一一月二五日、中国・江沢民主席訪日の際には、共同宣言で小渕首相は、ほぼ同様の表現を踏襲しつつ、「侵略」という語を外交文書に初めて盛り込んだ。

しかし、ここまでくるには日中双方の対立があって、すんなりと決まったわけではない。日本側はあくまで首相による口頭の「お詫び」表明に固執したが、中国側は文書に明記することを主張して、発表は深夜にまでずれこみ、両首脳による署名も見送るという異例の経過をたどったのである。

共同宣言発表後の記者会見で、江沢民主席は、「日本政府が歴史に対して明確な態度を取ることが周辺国の信頼を得るためにも有意義だ」。しかし、日本の閣僚や有力政治家が歴史を無視したような発言をすることはゆるされないと、強く批判した(『朝日年鑑』一九九九年版)。

歴史認識問題は、日韓、日中間に突き刺さったトゲであって、これを抜き去らない限り、日本はアジアから真に信頼されることはない。

歴史認識と政治認識

ここで少し歴史認識とは何かについて簡単に触れておきたい。これは数十年前から私が言い続けてきたテーゼであるが、「政治意識の基礎には歴史意識がある」ということである。歴史意識とは自己認識であり、われわれは〞どこから来て、今どこにいて、これからどこへ向かうか〞を知ろうとする意識である。歴史認識において、過去は単なる過去ではなく、現在に突き刺さった過去として認識され、それは否応なしに現在を規定する政治・経済・外交・文化などと密接に関係せざるをえない。日本に即して言えば、古代以来、政治的権力者は自己の統治の正統性を「人民」に浸透させるために、歴史を利用してきた。『古事記』『日本書紀』から始まって、「神道は祭天の古俗」の久米邦武弾圧事件、南北朝正閏論争、津田左右吉の言論弾圧事件、そして家永教科書に対する検定強化は、いずれも「人民」の歴史意識をかえ、政治意識をかえて、支配者に都合のいい政治イデオロギーの再編をはかったものである。教科書問題といえば、歴史教科書がたえず焦点となってきたのは、そのためである。

のみならず、近代日本は戦争や植民地支配と不可分の関係をもって展開してきた。それゆえに「戦争と植民地支配」の被害者となったアジア諸国(とくに中国・朝鮮)が、歴史認識問題を自己の生存に関わる中心問題として固執するのは、当然なのである。このことを理解しない「歴史家」は、国際的に孤立するだけである。

新国家主義の登場

一九九六年、藤岡信勝を代表者とする「自由主義史観研究会」が発足し、九七年一二月、「新しい歴史教科書をつくる会」(代表・西尾幹二)がスタートした。かれらは現行の歴史教科書を自虐史観とし、「自分の国に誇りを持てる歴史教育」を主張して、中学校の歴史教科書と公民の教科書の作成をおこなうと宣言した。

これに対し、私は「「日本回帰」四度目の波」(『毎日新聞』一九九七年二月四日夕刊)という小文を書いたことがある。そこで私は大要つぎのように述べた。

明治以来の日本近代史にはインターナショナリズム(開化主義)とナショナリズム(国粋主義)の相克があって、それはほぼ三〇年の周期《サイクル》をもって繰り返されてきた。一九九〇年代のネオ・ナショナリズムの台頭も六〇年代ナショナリズム(林房雄の「大東亜戦争肯定論」)の再現であって、そんなに長く続くものではない、と。しかし、六〇年代と九〇年代との違いは、林房雄の言説が論壇現象に止まっていたのに対し、今回は教育の現場に影響をおよぼし始めたことにある。その理由は三つある。①冷戦の終焉によって、社会主義とマルクス主義イデオロギーの影響が決定的に低下したこと。②今の学生は生まれながらに豊かな生活に慣れており、日本はいい国だと思っている。中学・高校の教師にも世代交代が起こった。いわば教師と生徒の同質化がすすみ、戦争を経験していない戦後生まれに「戦争責任」はあるのか、という感情が共有され始めたこと。③バブル経済崩壊後、先行き不透明な閉塞感があって、何か元気のでる話を求めていること、以上である。「癒し」という言葉が流行ったのも、九〇年代後半である。

批判の三形態

こうしたことを考えると、最近の歴史教育の見直し要求は根が深く、黙っていても自然と消えていくものではない。やはり国家主義的歴史観への批判は、必要だ。しかし、批判と言っても、批判には三つのタイプがある。①イデオロギー批判、②内在的批判、③体系的批判であり、①は、「帝国主義イデオロギー」だとか、「小《プチ》ブル急進主義」だとかいうレッテル張りである。「自虐史観」「反日史観」というどぎつい表現も①のレッテル張りに属し、時として有効な批判の仕方であるが、一番レベルの低い批判である。

②は、相手の論理に内在する事実の間違いや論理の矛盾を指摘して、相手の主張を突き崩す批判の方法である。学界などでも、この内在的批判がいちばん多く見られる。③は体系には体系を対置して、相手の体系を圧倒する方法であって、これが批判の最高形態である。したがって、「自由主義史観」グループや「つくる会」の人々は他者批判ばかりを繰り返すのではなく、「自分の体系」、つまり自らの教科書をつくって従来の教科書を圧倒してほしい。これが私の言いたかったことである。

もちろん、当時の私には彼らが教科書を書いたとしても、ドイツ歴史家論争でいうナチス美化の「歴史修正主義」の日本版が姿を現すであろうという予感があった。しかし、他方で皮肉ではなく、かれらの「腕前を見たい」という気持ちがあったことも事実である。

その結果、どんな教科書が出来上がったか、ここで一々繰り返すまでもないであろう。永原慶二『歴史教科書をどうつくるか』、俵義文『徹底検証　あぶない教科書』、入江曜子『教科書が危ない――『心のノート』と公民・歴史』、王智新・趙軍・朱建栄編著『「つくる会」の歴史教科書を斬る——在日中国人学者の視点から』などを参照していただきたい。

また「つくる会」の別の側面を知るうえで、村井淳志『歴史認識と授業改革』、小熊英二・上野陽子『〈癒し〉のナショナリズム』などが参考になる。

結局、二〇〇一年夏、「つくる会」の中学校歴史教科書(扶桑社発行)は、国内外からの批判や反対運動があって、採択率〇・〇四%で惨敗した。

自虐と自己批判の違い

私は「つくる会」教科書の最大の弱点は、あまりに自己中心的で国際性がないことにあると考えている。朝鮮植民地支配を美化し、「大東亜戦争」は侵略戦争ではなく、自衛・解放の側面もあったとか、国際的にはほとんど通用しない叙述を重ねている。

また「自分の国に誇りを持てる歴史教育」という主張についても、「足を踏んだものには踏まれた者の気持ちはわからない」の言葉どおり、あまりに独善的である。自国の歴史や伝統に誇りをもつこと自体に、私は反対しない。しかし、亀井勝一郎が「昭和史」論争のときに述べたように、歴史や古典を読んだ結果、愛国心や誇りをもつのは自然だとしても、最初から誇りをもつことを、教育の目的とするのは邪道である(『現代史の課題』)。それに自虐と自己批判は違うことに注意しなければならない。

政治学者で思想史家の藤田省三は、日本人に欠けているのは自己批判能力だと述べた(『全体主義の時代経験』)。「人間は放って置くと、してはならないこともする」。だから倫理的ブレーキとしての反省能力、自己批判能力が必要なのだ、と。私も、この藤田の言葉が念頭にあって、一九九七年の講演で、次のように述べた。

「その国の文化的成熟度は、その国民にどれだけ自己批判能力が備わっているか否かにあると考える。「自虐」と自己批判とは違う。自己批判は自己満足の反対で、自己の非を率直に認めることによって、自己変革をとげていく高度に知的で心理的な作業なのである。戦後の日本人は、この作業を行うことによって平和憲法を守り発展させて、高度経済成長を達成した。これは世界に誇ってもよい国民的な事業であった」(前掲『現代史を学ぶ』所収)。

同様のことは加藤周一が、最近の「自国への誇りとは何か」で、明瞭に語っている。

「ほんとうの意味での鋭い歴史意識、誇りにすべき歴史意識というのは、自己批判以外にありません。自己批判が冷静で、客観的で、勇気に満ちているということは、その個人、その社会の精神的、知的能力の高さの証拠です。それ以外にないといっていいほどの証拠です。だから自己批判の力こそが、誇りの根拠なのです」(小森陽一・坂本義和・安丸良夫編『歴史教科書 何が問題か』)。

「つくる会」の人々に決定的に欠けているのは、この自己批判能力であり、かりにその能力があっても、そのことの大切さに気づいていないから、他社の教科書に「自虐」「暗黒」「反日」などのレッテルを張って、自己の弱さを隠しているのである。「失敗は成功のもと」という諺があるとおり、失敗それ自体が恥なのではない。むしろ恥ずべきことは、過去の失敗に学ぼうとしないばかりか、過去を改ざんし、日本人の歴史意識を歪めようとすることである。

最近、ソウル大学日本研究所の初代所長に就任した金容徳教授は、「歴史の不幸を克服することはできても、歴史自体をぬぐい去ることはできない」と述べたが(『朝日新聞』二〇〇五年三月四日)、同感である。

戦争観も時代とともに動き、変化していく。とくに「戦後への決別」「戦後の風化」が目立ってきた一九七〇年代中頃から、戦争観の変容が始まり、一九八〇年代には戦争観がいくつかに分岐していった(前掲、油井大三郎『日米 戦争観の相剋』、吉田裕『日本人の戦争観』参照)。

四つの戦争観

私は、それを次の四つに整理できるのではないかと考える。
①中国に対しては侵略戦争
②東南アジア諸国に対しては、謝罪
③英米仏蘭に対しては、帝国主義間戦争で、日本だけが悪いのではない

④一九四五年八月のソ連軍の満州侵攻は、日ソ中立条約違反の侵略

こう見ると、①の中国に対する戦争が侵略戦争であったことを否定するものは、いまや少数派になったといえよう。例えば、タカ派で知られる石原慎太郎は、国会で次のように発言している。九三年の細川首相発言──「あの戦争は侵略戦争であった」──を追及して、あの戦争とはいつの「どの戦争とどの戦争を指して侵略的な戦争だというのか」と糾したあと、次のように続けた。太平洋戦争には「非常に複合的な性格」があるとして、中国・朝鮮・東南アジアの人々には「大きな迷惑」をかけたことは否定できないが、アメリカ、イギリス、フランス、オランダなどの国々は「日本と同じ植民地主義(帝国主義)」であって、これらの国々に謝罪する必要はまったくないと言う。また、翌九四年一〇月、当時通産大臣であった橋本龍太郎は「中国に対しては侵略行為」、「朝鮮半島に対して植民地支配」があったことは認めるが、米英蘭に対する戦争を「侵略戦争と言い得たかどうかとなれば、私には疑問はのこります」と国会で答弁している(『朝日新聞』一九九四年一〇月二五日)。

中曾根康弘元首相も同様で、「中国に対する軍事行動というのはいわゆる侵略であったと考えざるを得ないが、日米戦争というのは普通の戦争と見ていい」と述べている(『天地有情』)。さらに後藤田正晴・元副総理も記者の質問に答えて、「満州事変以来の、太平洋戦争に至る一連の経過をみた時に、侵略戦争でなかったという認識は、通りませんよ」と述べ、元東大総長

で自民党参議院議員だった林健太郎も、「満州事変以降の日本の軍事行動を日本の自衛戦争とし、大東亜戦争はアジア解放の戦いという議論は、歴史の事実に反する」として「侵略は歴史的事実」であると述べた(『朝日新聞』一九九四年五月二五日)。

司馬遼太郎の太平洋戦争観

次に司馬遼太郎の太平洋戦争の記述を見てみよう。まず国民的な文学作品といわれる『坂の上の雲』は、日露戦争を自衛戦争、国民戦争として描いたが、太平洋戦争に対する司馬の批判は予想外にきびしいものであった。

「「大東亜共栄圏」などとは、むろん美名です。自国を亡ぼす可能性の高い賭けを、アジア諸国のために行うという――つまり身を殺して仁をなすような――酔狂な国家思想は、日本をふくめて過去においてどの国ももったことがありません」「南方進出作戦――大東亜戦争の作戦構想――の真の目的は、戦争継続のために不可欠な石油を得るためでした。蘭領インドネシアのボルネオやスマトラなどの油田をおさえることにありました」「あの戦争は、多くの他民族に禍害を与えました。領地をとるつもりはなかったとはいえ、……侵略戦争でした」。米英と対決して、植民地を解放するというなら、「まず朝鮮・台湾を解放していなければならないのです」(『この国のかたち』四)。

これが司馬遼太郎の「大東亜戦争」批判のポイントである。

ソ連は侵攻者

最近の教科書は、ソ連の扱い方が大きく変わってきた。一九四五年八月九日、ソ連軍がとつじょ満州に侵攻して、多くの満州移民が「死の逃避行」を余儀なくされ、約五八万人の日本軍兵士がソ連に抑留されたことは、よく知られている。わずか一か月未満の戦争(ソ連の満州侵攻から九月二日の日本の無条件降伏調印まで)であるが、あまりに犠牲者が多く、日本人の「戦争の記憶」から、消えることのない戦争である。

私の教科書執筆経験によると、これまで高校教科書では、ソ連が「日ソ中立条約を破って」と記述する例は少なかったが、一九九〇年代に入ると、「ソ連は日ソ中立条約を破って、満州に侵入した」と書く教科書がでてきたのである。その変化のきっかけは、やはり九一年のソ連崩壊、旧ソ連文書の公開などがあって、〝社会主義＝平和勢力〟の神話《タブー》が打ち壊されたからであろう。とはいえ、この問題は両刃であり、慎重な検討を要するので、簡単に研究史の現状をみておきたい。

徐焰《シュイエン》『一九四五年 満州進軍』は、ソ連赤軍の満州侵入をめぐるスターリン、蔣介石、毛沢東の関係を新資料を用いて分析した作品であるが、「日ソ中立条約」については、ソ連も日本も守る意思がなかったこと、また「満州」はそもそも中国の領土であって、蔣介石も毛沢東も、ソ連の対日参戦が第二次世界大戦の終結を早めたとして、スターリンに「感謝」したことを明らかにしている。ちなみに、今年(二〇〇五年)五月の対独戦勝六〇周年でモスクワを訪れた中国・胡錦濤主席は「日本軍国主義に対する中国人民の勝利は、ソ連赤軍の支援のおかげで達成された」と述べ、大戦末期のソ連軍の対日参戦を高く評価した(『毎日新聞』二〇〇五年五月九日夕刊)。

しかし、徐焰は、他方で「日ソ中立条約」はソ連により破棄されたこと、日本軍捕虜のシベリア抑留は、ポツダム宣言第九項の「日本国軍隊ハ完全ニ武装解除セラレタル後各自ノ家庭ニ復帰シ平和的且生産的ノ生活ヲ営ムノ機会ヲ得シメラルベシ」に反する行為であったと批判している。また罪のない満州移民が「死の逃避行」の犠牲者となったことは、人道主義的見地からいっても、許されることではない(その責任の一端は、一般民間人を捨てて、真っ先に逃げた関東軍にあった)。

以上のように、ソ連対日参戦は単純な評価を許さないが、ソ連が「ヤルタ密約」に基づき、条約違反の満州への軍事的侵攻をはかった事実を否定することはできない。こうして、現在の戦争観は、ソ連の対日参戦をふくめ四つに分岐し、これが最近の最大公約数的な第二次大戦観になっているというのが私の判断である。

四つの戦争観の関連

しかも、以上四つの戦争はバラバラに並列しているのではなく、相互に関連していた。それを要約的に述べると、①中国への侵略戦争が四〇年夏から泥沼状態に入ると、日本政府は日中戦争を解決する方途を見失い、国際情勢の変化に頼る以外になくなった(藤原彰『日中全面戦争』)。②日独伊三国同盟と、いわゆる南進政策(北部・南部仏印進駐)は「バスに乗り遅れるな」の他力依存を示す、③これが対日石油輸出の全面禁止などの経済制裁(ABCD包囲ラインなど)をまねき、一九四一年一二月の対米戦争(真珠湾攻撃)に繋がっていったのである。

④一方、ソ連は日本敗戦が視野に入ってきた四五年二月、ヤルタ会談に参加、ルーズベルト米大統領はソ連首相スターリンから、「ドイツ降伏後、二、三か月後に対日参戦を行なう」との約束を取りつけた。そのときルーズベルトは、ソ連に千島列島・樺太などを「引き渡す」と言った。他国の領土を断りもなしに与えるというのだから、その大国意識に驚くが、スターリンも、日露戦争で失った南樺太を奪取するのは「日本への報復」だったと、のちに述べている。こうしてドイツ降伏(四五年五月八日)のちょうど三か月後の八月八日に、ソ連はヤルタ協定に基づき対日参戦を宣言、九日未明に満州侵攻に踏み切ったのである。

松岡洋右外相が四一年四月に締結した日ソ中立条約はまだ有効であったから、明らかな条約違反で、日本(「満州」)への侵略であった。従来の教科書は、四五年四月にソ連は期間不延長を通告していたから、全くの条約違反とは言えないと、ソ連擁護をにおわせる記述を行なってきたが、一九九〇年代から、はっきりとソ連侵攻と書く歴史家が増えてきたのである。

以上のように四つの戦争は、相互に繋がった一連の戦争と見るべきで、単なる並列ではなかった。要するに、アメリカは百パーセント正しく、日本は百パーセント悪いといった、単純な二項対立の戦争観が大きく変容してきたことは、明らかである。

著者の戦争観

これに対し、私は、「他民族を侵略する国家は自国民を解放することはできない」(エンゲルス)の言葉どおり、「十五年戦争」は、外への侵略と内に対する抑圧が一体化した侵略戦争であったと考える。「十五年戦争」は外に対する侵略であるにとどまらず、自国民を塗炭の苦しみに追いやった。藤原彰の遺著『餓死《うえじに》した英霊たち』は、日中戦争・太平洋戦争における日本軍戦死者の約六割が戦闘死ではなく飢え死にであったという衝撃的な事実を明らかにした。同書は侵略戦争の真実を描いた作品として長く研究史にのこると思う。また『歴史評論』六六一号(二〇〇五・五)の特集「戦争認識と「21世紀歴史学」」(荒井信一・岡部牧夫らが執筆)は、タイムリーないい企画であった。

ちなみに、こうした戦争観の変容は、侵略と解放の両義性を論じた、三輪公忠『日本・一九四五年の視点』、信夫清三郎『「太平洋戦争」と「もう一つの太平洋戦争」』や後藤乾一『近代日本と東南アジア』などの著作を生みだした。これらは第一章で紹介した久野収の、あの戦争はファシズム陣営対民主主義陣営の戦争という、古典的な戦争観に修正を迫るものであり、歴史家の間で、さまざまな議論をよんでいる。

5　地下鉄サリン事件

オウム真理教

一九九五年三月二〇日午前八時すぎ、東京都千代田区の地下鉄霞ヶ関駅を通る日比谷線、千代田線、丸ノ内線の電車内で異常な臭気が発生し、通勤客など一一人が死亡、負傷者約五五〇〇人をだす未曾有の無差別テロ事件が起こった(図45)。

警視庁は一万一〇〇〇人を動員して徹底調査にあたり、猛毒サリンが車内にまかれたことを突き止め、三月二二日、山梨県上九一色《かみくいしき》村など二五か所を一斉捜索して、サリンを製造する際の劇物アセトニトリルの入った容器を押収した。施設の所有者はオウム真理教であり、上九一色村には「出家」した信徒約一〇〇〇人が「監禁」されていることが判明した。信徒の中には憔悴しきって担架で運びだされる者もいた。

オウム真理教とは、麻原彰晃(本名・松本智津夫、当時四〇歳)を代表とする新興宗教団体であり、最初は信徒十数人の無名の団体であったが、約一〇年間で一万人の大集団に膨れ上がった。

図 45　地下鉄サリン事件　レスキュー隊員らに救出された被害者(1995. 3. 20, 東京・霞ヶ関駅)

一九八四年、「オウム神仙会」としてスタート、八七年にオウム真理教団と名称を変更し、八九年に東京都から宗教法人として認可された(九五年取消し)。オウム真理教の収入は年間一〇億円以上に上るという(九四年末現在)。いわばバブル経済の膨張とともにオウム真理教は膨れ上がったのである。のちに判明するサリン製造施設、上九一色村の第七サティアンほかの「化学工場」をみても、莫大な資金がなければ到底できないものであった。バブルがこのように犯罪史上稀有の「殺人宗教集団」を生みだしていたことを思うと、その根の深さを感じないわけにはいかない。

麻原代表逮捕

地下鉄サリン事件から、約二か月後の五月一六日、警視庁は約一〇〇〇人の捜査員、機動隊員で上九一色村と都内の関連施設を捜索し、「第二上九・第六サティアン」の天井裏に隠れていた麻原彰晃を逮捕した。逮捕されたとき、麻原は小水を漏らしたという記事を読んで、私には小心な彼の実像が浮かんだ。

いったい麻原彰晃とは、どんな人物で、どんな教義を抱いていたのであろうか、またなぜ凶悪犯罪に走ったのであろうか。これについては各紙誌や多くのルポルタージュや研究書がでている。私の目に触れたものだけでも、江川紹子『「オウム真理教」裁判傍聴記』、瀬口晴義『検証・オウム真理教事件』、島薗進『現代宗教の可能性——オウム真理教と暴力』、ロバート・リフトン／渡辺学訳『終末と救済の幻想』などがある。以下、右の書物のほかに『朝日年鑑』(一九九六年版)などを参考に叙述をすすめたい。

オウム真理教とは

麻原彰晃が修行の生活に入ったのは、二三歳(一九七八年)のときであり、彼は貧困、視覚障害、受験の失敗等、不安定な生活の連続のなかで、苦悩の生活を送っていた。最初は鍼灸師《しんきゅうし》として普通の生活をしていたが、八四年頃から、東京・渋谷のマンションの一室に小さなヨガ道場を開いた。そして八五年、弟子の女性が、麻原は空中浮揚ができる超能力者だとして雑誌などに売り込み、それが評判を呼び、信徒数がじょじょに増えていった。

一九八六年、麻原はインド各地を訪れ、またチベット密教を学んで、次第に自己の信仰の世界をつくっていった。イギリスの宗教学者イアン・リーダーによると、オウム真理教の教義の核心は、現世拒否と「千年王国主義」(millennialism)にあるという。この世は罪悪にまみれており、人生は苦しみに満ちている。この苦悩多き現世から逃れて、瞑想や身体的な修行を通じてこそ「千年王国」に到達できる。

こうして麻原は、この堕落した現世を超えた理想の世界へと到達することができると主張するようになった。八〇年代半ばまでのオウム真理教は、世間にもあまり知られず、新興宗教団体の一つと見られていたにすぎない。しかしながら、八〇年代末からハルマゲドン(世界最終戦争)により、この世界は滅びる運命にあるという終末論的予言をした。八九年になると、ハルマゲドンは回避できないが、オウムの修行者、成就者、解脱者が頑張れば、ハルマゲドンで死ぬ人々を世界の人口の四分の一に食い止めることができる、などと言いだした。こうした終末論は、『ノストラダムスの予言』がベストセラーになる終末論ブームの中で、若い世代を惹きつけたようである。

宗教と暴力

一九九〇年二月、オウム真理教は衆院選挙で二五名の信徒を候補者に立て、麻原彰晃のマスクを被り、白装束姿で宣伝に努めたが、全員落選した。このときの惨敗が社会に対する憎悪をかき立てたという。

以後、オウム真理教は武装化へと歩みだすのである。いったいなぜ、オウムは暴力へと走ったのか。宗教史家・島薗進東大教授は「オウム真理教の信仰世界のなかに暴力を生む志向や行動のパターンが宿っていた」という。詳しくは島薗の前掲書にゆずるが、それを解く鍵は「ヴァジラヤーナの教え」にあるという。ヴァジラヤーナ(金剛乗)は、最終解脱《げだつ》という最高目標を達成するための最高の教えであって、その境地に達するためには弟子をポア(魂を救済するために命を奪うこと)してもよい。ポアは弟子を向上・救済する手段であって、暴力は弟子を救うことになる。悪いカルマ(業)を持った人間(信徒に限らない)も、ポアして救済することがゆるされるというのだ。要するに、オウム真理教にとって不利益になるものは「消してもよい」と言うのである。

一九九〇年前後から、オウム真理教に特有の、いわば「麻原用語」とも言うべき奇妙な言葉が新聞・雑誌に出るようになった。グル(尊師)、ポア(殺人)、カルマ(業)、マインドコントロール、ヘッドギア(麻原の脳波のパターンを電気刺激で信徒に写す)などである。オウム真理教に多額の「お布施」を取られたり、「出家」して帰ってこない子弟の親と教団との軋轢・対立が目立ってきた。

坂本弁護士一家殺害事件

一九八九年一一月三日、横浜市に住む坂本堤弁護士(当時三三歳)と妻都子《さとこ》さん(同二九歳)、長男龍彦ちゃん(同一歳)が突然姿を消し、行方不明になった。現場に教団のプルシャ(バッジ)が落ちていたことから、オウム真理教団関係者による拉致事件ではないかと言われていたが、捜査は難航した。九五年九月、地下鉄サリン事件容疑者として逮捕された幹部らの供述により、新潟・富山・長野の三県の山中や雑木林で遺体が見つかった。三人の家族を引き離し、別々に遺棄するという残忍さに人々は息をのんだ。遺体発見は事件発生から六年の歳月が過ぎていた。

この事件はオウム犯罪の原点ともいうべき事件である。原点とは、回帰不能点(point of no return)、つまり同教団はもう後戻りできない一線を越えたという意味である。実行犯幹部らの供述によると、彼らは麻原の指示で、坂本宅に忍び込み、坂本弁護士一家三人の首を締めたり、塩化カリウムを注射するなどして殺害におよんだという。

幹部と信徒の告白

最後に、私の印象に残った言葉を二つ紹介しておきたい。

一つは、地下鉄サリン事件実行犯の林郁夫が、東京地裁で述べた証言の一部である。

「麻原は小心者です。どうしたらいいか分からず、オロオロと隠れている。そういう情けない人間なんだと、その時初めて麻原の人格を疑いました」、また麻原は、「現世は三悪趣に満ちているというが、果たしてそうだろうか。阪神大震災に多くの人がボランティアに行ったことを知って、私はショックでした」(前掲、『「オウム真理教」裁判傍聴記』)。

もう一つは、オウム教団を脱会した、元女性信徒(二九歳)の言葉である。

「私たちは自分には自信が持てないから、人のためにいいことをしなくては存在していけないと思い込んでいた。でも、「これが完全なるいいことだ」と自分では判断ができず、そう断言してくれる絶対他者が必要だった。それが尊師だったんです。私たちが「尊師」を必要としていたから、松本智津夫が「尊師」になれた。その意味では、オウムが生まれたのは必然だった。そして日本の社会には「私たち」の予備軍が数多く潜んでいるのも間違いない。この社会が潜在的に病んでいる限り、新しいオウムが出てくる可能性は十分あると思うんです」(前掲『検証・オウム真理教事件』)。

終章　新しい戦争の中で——「戦後」とは何だったのか

1　九・一一同時多発テロとアフガン戦争

二つのエピソード

二〇〇〇年一一月七日、米大統領選で共和党のブッシュ大統領(ジュニア)がフロリダ接戦の末、ようやく民主党ゴア候補を破って当選した。当時、ハーバード大学に滞在中の元毎日新聞記者・鈴木健二(成蹊大学教授)が研究会で、地元新聞『ボストン・グローブ』(二〇〇〇年一二月三〇日付)に掲載された漫画(図46参照)を配って、まるで戦争好きのブッシュ政権を見通した感じの漫画だと言った。父親のブッシュが戦争ゲームにうち興じていて、後ろで子供のブッシュが大声をだして泣いている漫画である。吹き出しには、母親が「パパ、早くして、こんどは子供の番よ、代わってあげて」と呼びかけている。この予測は、今にして思えば的確であった。

もう一つ、二〇〇〇年四月一一日、『日本の奇跡　通産省』の著者として知られるチャルマーズ・ジョンソンが、出版されたばかりの"Blowback"という自著についての講演を行なった。「ブローバック」とは、CIA用語で、強烈な一撃が戻ってくる、報復という意味である。要するに、全世界にアメリカが軍事的・経済的・政治的な過剰介入《オーバー・コミットメント》している状況を説明しつつ、いずれ米国の被害者による強烈な仕返しが来るかもしれないと言うのであった。その講演を聴いた、知り合いのハーバード大学教授が、帰りがけに"He is crazy"(彼はおかしいんじゃないか)と言っていたが、それから一年半も経たないうちに、九・一一同時多発テロが起こったのである。

図 46　戦争ゲームに興じる父と泣く子(的場昭弘編『〈帝国〉を考える』双風舎)

同書は、アメリカで発売後ただちに『アメリカ帝国への報復』(鈴木主税訳)として邦訳刊行されたが、九・一一の同時テロを「予言」した書として話題になった。

アフガン戦争

九・一一同時多発テロに直面して、アメリカは通信傍受などの情報機関の報告などをもとに、イスラム原理主義指導者のオサマ・ビンラディン率いるテロ組織アル・カイーダの犯行と断定した。一七日、ブッシュ大統領はビンラディンを匿っているとされる、タリバーンの最高指導者ムハンマド・オマル師に対して、すべてのアル・カイーダ指導者のアメリカへの引渡しを要求したが、タリバーンは拒否した。

一〇月七日(米東部時間)、米英両国は巡航ミサイル・トマホーク、B2ステルス爆撃機、B52重爆撃機などで、アフガニスタン空爆を開始した。他方、アメリカは特殊部隊やCIA工作員をアフガンに潜入させ、反タリバーン勢力の「北部同盟」に対して武器供与や資金援助などで支援、一一月一三日には「北部同盟」が首都カブールを制圧した。旧式武器しかもたないタリバーン、アル・カイーダは一か月ほどしかもたず、タリバーン政権は崩壊した。

二一世紀型の戦争

米国は標的を正確に破壊する精密誘導弾を多用、タリバーンの軍事施設やアル・カイーダの軍事訓練キャンプをほぼ完全に破壊した。アフガン上空を飛行した無人偵察機はリアルタイムの映像をフロリダ州にある米中央軍司令部に送り、司令本部が空爆を指示するなど、米軍は情報技術(IT)を駆使した「二一世紀型戦争」を展開したのである(『読売年鑑』二〇〇二年版)。この二一世紀型の兵器は、すでに述べたように、湾岸戦争から始まっていた。湾岸戦争を境にアメリカは、「軍事と経済の結合」(あるいは軍事・金融・情報の三位一体)に基礎をおく帝国アメリカとして浮上したのである。

チャルマーズ・ジョンソンは、米国のアフガニスタン攻撃の隠された理由は、石油と天然ガスの二重パイプラインの確保であったと述べている。要するに、タリバーン政権はアメリカが援助するパイプラインの開発をかたくなにこばんだこと、これが九・一一以降の「テロとの戦い」のひそかな原因となったと言うのである(ジョンソン『アメリカ帝国の悲劇』)。軍事と経済の結合、つまり「石油のための戦争」は、のちに見るイラク戦争でも貫かれた。

他方、アフガン戦争で、民衆はまたもや犠牲となった。パキスタン・アフガニスタンで一七年間医療活動を続けてきた医師・中村哲は、短絡的な「アフガン空爆＝タリバーン殲滅《せんめつ》」の軍事政策が多数のアフガン民衆を死傷、飢餓・難民に追いやっていることを、怒りを込めて告発している(『空爆と「復興」　アフガン最前線報告』)。

ネオコン

二〇〇二年一月二九日の一般教書演説で、ブッシュ大統領は北朝鮮、イラン、イラクを「悪の枢軸」と名指しで非難した。この演説のスピーチライター(当時)のフラムによると、就任早々の大統領の重点政策に北朝鮮は含まれていなかった。なぜ北朝鮮が加えられたか経緯は明確でないが、ブッシュ政権に影響力をもつネオコンが、イランやイエメンにミサイルを輸出している北朝鮮を毛嫌いしているためであるという。またイランとイラクだけでは、キリスト教社会対イスラム教社会の「文明の衝突」の構図が際立つことをブッシュ政権が懸念したからでもあった(毎日新聞取材班『民主帝国 アメリカの実像に迫る』)。

ネオコンとは、新保守主義《ネオ・コンサーバティズム》あるいは軍事保守派を指し、ブッシュ(シニア)政権時代の国防長官で現副大統領のチェイニーや第一期ブッシュ(ジュニア)政権の国防長官ラムズフェルド、大統領補佐官ライス(現国務長官)らを指す。

ネオコンは、米国の強大な軍事力を背景に、ブッシュ政権の外交政策を冷戦時代の核抑止政策から先制攻撃論にシフトさせた。アメリカの気に食わない国家や政権は国連を無視してでも、軍事力を用いて転覆させるというのである。この「先制攻撃論」あるいは「単独行動主義」は、冷戦時代とは異なる二一世紀型の米国の軍事・外交政策と言ってよい。

2 イラク戦争

単独行動主義

二〇〇三年三月二〇日未明(イラク時間)、米英など多国籍軍はトマホーク巡航ミサイルと地中深くまで破壊できる特殊貫通爆弾バンカーバスターを駆使して、イラク南部を集中攻撃、イラク戦争が始まった。開戦の理由は、イラクが大量破壊兵器を保有しているということであった。国連はイラクに調査団を派遣し、生物・化学兵器など査察に当たったが、その存在を確認できず、安保理では武力行使容認をめぐって、対立が深まった。フランス、ロシア、ドイツ、中国は大量破壊兵器の存在が確認できないのを理由に武力行使に反対したが、ブッシュ大統領は英国、スペインなどを引き入れ、安保理の決議なしで攻撃に踏み切った。強大な軍事力を背景にした、アメリカの単独行動主義である。

米軍は湾岸戦争のときに比べて格段にハイテク化した精密誘導弾などで集中的な空爆をくわえ、イラクの軍事施設を確実に破壊、制空権を確保した。湾岸戦争ではトマホーク巡航ミサイルは二八八発、精密誘導爆弾は六〇〇〇発であったが、イラク戦争では前者が七五〇発以上、後者は二万三〇〇〇発以上で、殺傷力の高いクラスター爆弾や劣化ウラン弾も使用した(共同通信『世界年鑑』二〇〇三年版)。戦争の仕方が明らかに変わったのである。

「大義なき戦争」

開戦からわずか三週間で、米軍は首都バグダッドを制圧した。フセイン政権は崩壊し、一二月にはフセイン大統領をティクリート近郊で拘束した。しかし、大量破壊兵器は発見されず、イラク戦争そのものの大義が疑われ始めた。

二〇〇三年五月一日、ブッシュ大統領は「大規模戦闘終結」を宣言して、米英など連合軍によるイラク占領が始まった。しかし、武装勢力による爆弾テロ、自爆テロはやまず、八月にはバグダッドの国連事務所が爆弾テロを受け、デメロ代表ら二四人が死亡した。これに対し、米軍は報復爆撃を行なったが、武装勢力による爆弾テロとあいまって、犠牲者は罪のない多数の女性・子ども、老人たちに及んだ。こうしてイラク戦争は、ほんとうに必要な戦争であったのかという疑問が世界中に広がったのである。

二〇〇四年六月二八日、暫定占領当局(CPA)のブレマー代表は、爆弾テロを恐れ、とつじょ当初の予定を繰り上げて、逃げるようにしてイラクを去った。アメリカのイラク占領統治の失態を全世界にしめす象徴的な事件であった。

拘束された元大統領フセインは、裁判準備の尋問で、九〇年のクウェート侵攻や八八年の毒ガスによるクルド人大量虐殺など七件の容疑を告げられると、「これは茶番劇だ。ブッシュこそ犯罪者だ」と叫んだという(二〇〇四年七月二日)。今年(二〇〇五年)中に開催予定のフセイン裁判がどのような経過をたどるか、世界は注視している。また四月二八日にようやくイラク移行政府が発足した。次は、憲法を制定し、正式政府を樹立できるか否かにかかっている。

昨年八月、ある雑誌の編集者から「米国による占領を経験した日本人の立場から、イラク占領の状況をどう見るか」と問われて、私は暫定政府移行後のイラクの将来は、「治安」「憲法」「経済」の三つの帰趨如何によって決まると書いた(『力の意志』二〇〇四年九月号)。イラクはいまマッカーサーのいう占領の三段階のうち、「政治的段階」のピークに差しかかっているのである(第一章二三頁参照)。

3 「戦争のできる国家」へ

日本政府の対応――テロ特措法

九・一一同時多発テロ事件、アフガン戦争、イラク戦争が日本に与えた衝撃は大きかった。小泉内閣は湾岸戦争の経験を踏まえて、「目に見える貢献策」の検討を急ピッチで進めた。九月二四日、首相は訪米してブッシュ大統領と会談、「テロを根絶、破壊するため」、両国が連携し、①テロ組織の資金源を断ち切ることに全力を挙げる、②米軍への後方支援策を可能にする新法を作って対処するなどを約束した。

二〇〇一年一〇月二九日、テロ対策特別措置法(テロ特措法)が国会で可決・成立した。同法は、自衛隊が米軍などへの後方支援を実施できるようにする、新法であった。しかし「後方」とは何か、軍事用語では「正面」に対する言葉で、「後方支援」とは、食糧の補給、負傷兵の治療など戦闘部隊への幅広い支援活動を指す。つまり、戦闘地域内での支援活動もありうるのだ。しかし、これまで内閣法制局は、他国の武力活動と一体化した自衛隊の行為は憲法違反という解釈を示してきたから、どの範囲まで支援できるかが争点となった。結局、政府は「周辺事態法」(一九九九年)という法律をつくって、切り抜けようとした。しかも、「周辺」とは地理的概念ではなく、有事が生じればそこが周辺というのである。「周辺事態」が「武力攻撃事態」に含まれるのかどうかもあいまいで、まさしく官僚的作文の見本を示すような法律であった。

有事法制

次いでイラク戦争開始後の二〇〇三年六月、有事法制関連三法が成立した。有事法制の最大の特徴は、民間企業と地方自治体を戦争協力の体制に含めたことである。すなわち周辺事態法では、民間企業と地方自治体が米軍の軍事行動への協力に「ノー」が言える余地があったが、有事法制の下では道路・空港・港湾や電気、ガス、医療、通信など米軍への後方支援として施設の提供や協力を強制されることになったのである。

一例として、これまで自衛隊の戦車が、信号機を無視して走行すれば道路交通法違反に問われるが、有事法制によれば、赤信号を無視して突き進んでもいいことになる。また武力攻撃事態になれば、病院は米兵・自衛官の死傷者の受け入れを優先させ、医師、看護婦、薬剤師は動員されることになる。まさに戦争目的のために人的・物的資源の動員を認めた、国家総動員法(日中全面戦争開始翌年の一九三八年四月公布)の「再現」とも言える内容をもっているのである。

いったい、いまなぜこのような法律が作られたのであろうか。九・一一以後の「テロ退治」

を名目として、米軍が軍事行動しやすい環境づくりを目指すとともに、日本自体を「戦争のできる国」にしていくためである。

アーミテージ米国務副長官は、イラク戦争開始前に、「ショウ・ザ・フラッグ」(旗幟を鮮明にせよ)、「ブーツ・オン・ザ・グラウンド」(地上戦への支援、つまりイラクへの自衛隊派兵)を求め、さらに憲法九条は日米両国の安全保障にとって邪魔だ、と言った。米国に従順な小泉首相は、フランス、ドイツ、ロシア、中国がイラク戦争に反対している中で、日本をアメリカの同盟国として「高く売る」ためにも、同盟強化の路線を走った。「ショウ・ザ・フラッグ」という言葉は、ベトナム戦争最中の一九六五年、ジョンソン大統領から佐藤首相に直接伝えられたが、佐藤内閣は、自衛隊を海外に派遣することはしなかった(マイケル・シャラー『日米関係とは何だったのか』)。しかし、小泉内閣は、戦闘地域に自衛隊を派兵した初の内閣となった(図47)。小泉内閣がいかに対米追従を深めているかがわかる。あと残っているのは、

図47 自衛隊イラク派遣 壮行式に臨んだ派遣される陸上自衛隊の隊員たち(2004. 7. 31, 岩手県滝沢村)

憲法改正しかない、そこまで日本は来ているのである。

4　小泉内閣は何をしてきたか

二〇〇五年四月で小泉内閣は就任以来、丸四年を終え、五年目に入った。来年九月までの自民党総裁としての任期を全うすると、戦後の歴代政権では中曾根康弘政権を抜き、佐藤栄作、吉田茂政権に次ぐ三番目の長期政権になる。各メディアはさまざまな特集を組んだが、奥歯に物がはさまったような言説が多く、物足りなかった。いったい小泉政治は何をしてきたのであろうか。

パフォーマンス政治

政権発足当初は、「自民党をぶっ壊してでも、日本を変える」と言い、国民に期待感を抱かせた。組閣に当っても、派閥人事を排し、女性閣僚五人を入れたり、民間人を登用し、新鮮な政治を感じさせた。就任二週間後には、早くもハンセン病国家賠償請求訴訟で、国は控訴を断念、原告側勝訴が確定した。小泉首相が、原告側代表団とがっちり握手をするシーンをテレビで見たときには、「政治とはここまでできるものなのか」という政治の可能性を感じた。もちろん原告勝訴の背後には、原告たちの人間の尊厳をかけたたたたかいと、それを粘り強くささえた弁護士たちの献身的な努力があったことを忘れてはならない。

ついで二〇〇二年九月一七日には、電撃的な北朝鮮訪問を行ない、金正日総書記と会談した。金総書記は拉致問題に国家としての関与を認め、謝罪した。「日朝平壌宣言」に署名して、国交正常化交渉「再開」の道筋をつけたかに思えた。ここまでは、私も小泉政治にかすかな期待を寄せていた。しかし、あとがいけない。

拉致問題は行き詰まり、日朝国交正常化交渉は暗礁にのりあげた。看板の構造改革も停滞し、「米百俵」「抵抗勢力」などのキャッチ・フレーズを頻発し、毎日、テレビにでて記者インタビューに応じるなどの、パフォーマンス政治が目立ってきた。結局、この四年間で、日本を変えるどころか、むしろ悪くなったのではないかという印象が強いのである。

期待が消えた

第一は、アメリカの言いなりになる政治、つまり対米従属をいっそう深めた。第二は、規制緩和など市場原理主義をはびこらせ、経済格差を増大させ、「勝ち組、負け組」などという風潮を強めた。第三に、靖国参拝などでアジア諸国との友好関係を戦後最悪の状態にしてしまった。以下、簡単に説明をくわえていきたい。

第一の対米従属の深化については、アフガン戦争、イラク戦争を境とするテロ特措法、有事法制関連三法の成立などに見られるように「ブッシュ・フォン」政治が強まった。また軍事以外の分野でも対米従属がいかにふかまっているかは、関岡英之『拒否できない日本』にくわしい。読者は、建築基準から会計制度、司法制度にいたるまで、アメリカに都合よく作り変えられている事実を知って驚かれるであろう。

第二の構造改革は、「構造改革なくして景気回復なし」と大見得を切った割には、成果は上がっていない。そもそも構造改革とは何かについての論理的な説明や検証可能な説明がなく、スローガンとして一人歩きしてしまった感が強い。だから景気回復があったとしても、構造改革によるものなのか、「循環による景気回復」なのかを検証することはできず、国民は構造改革に信頼をおくことはできないでいる。国債の新規発行も毎年三〇兆円以下に抑えると公約したものの、この四年間の国債の累積発行額は歴代内閣でトップである(「失速小泉改革」下、『朝日新聞』二〇〇五年四月二三日)。

市場原理とは非情な弱肉強食の論理が貫徹する世界で、野放しにすれば、途方もない格差を生みだす。あとでフリーターの増大を例に、くわしく述べるが、中高年齢者のみならず、若者たちの将来への希望を奪った責任は重い。

靖国参拝問題

第三のアジアとの友好関係の悪化については、中国の側にも問題(共産党一党独裁と市場原理主義＝「資本主義」との矛盾、官僚の汚職、「反日」教育、暴力デモなど)があることは私も承知しているが、小泉首相がなぜこれほどまでに靖国参拝にこだわるのか、理解に苦しむ。小泉首相は歴史と哲学に弱いのが最大の弱点であるとかねがね思ってきたが、今回の歴史認識問題で、その弱点がもろに出たというのが私の実感である(山中恒『すっきりわかる「靖国神社」問題』)。

よく知られるように、日本はサンフランシスコ講和条約第一一条で、東京裁判の判決を受け入れた。東条英機以下A級戦犯を祀る靖国神社に、一国の最高責任者が参拝すれば、中国・韓国など日本の侵略と植民地支配の犠牲となったアジア諸国が怒るのは当然という想像力がなぜ働かないのか、その無神経さは驚きでさえある。先の大戦で国のために殉じた戦没者を慰霊したいという気持ちは、私にもよくわかる。だが、以上のような歴史上、国際法上の問題があるのだから、国民の誰もが参拝できる、靖国以外の公的な墓地(たとえば千鳥ヶ淵に沖縄の「平和の礎《いしじ》」のような無宗教の国立追悼施設)を作って、そこに参拝するという方法もあるのだ。事実、小泉首相は二〇〇一年、金大中大統領との会談で「靖国神社に代わる追悼施設の検討」を約束したはずだ(『朝日新聞』二〇〇五年五月二五日、二七日夕刊)。わざわざ相手の神経を逆なでするような行為はただちに止めるべきである。

フリーターの実態

この項の最後に、フリーターの問題に触れておきたい。二〇〇五年四月初旬、NHKテレビは、フリーターをテーマに長時間番組を放映した。フリーターとは、フリーとアルバイターをつなぎ合わせた和製英語で、調べてみると『現代用語の基礎知識』に載ったのは一九九三年版から、『広辞苑』は第四版からである。

このNHK特集を見た、ある主婦が番組にファックスを送って、次のような感想を述べた。「日本は豊かな国だと思っていたのに、こんなにフリーターが多く、格差がますます開いているのを知って、ショックを受けました」。じつは私もその番組を見て、ショックを受けた一人である。

内閣府の『国民生活白書』(二〇〇三年版)によると、フリーターの数は二〇〇一年で四一七万人に達し、団塊世代のサラリーマン約五〇〇万人に匹敵するグループを形成しつつあるという。フリーターは一度なると長期化し、なかなか脱け出せないようだ。事実、先の番組でも、九〇年代前半は、二〇歳台前半が多かったのに、最近は二五歳以上、三〇~三四歳のフリーターの数が上昇傾向にあることを明らかにした。一〇年間もフリーター生活を送っている人も番組にでて、何十回、就職試験を受けても落とされて、「貴重な時間を浪費した」と深刻な話をしていた。いまや若者の五人に一人がフリーターとも言われ、社会全体に無視できない影響を及ぼしつつある。

UFJ総合研究所の「フリーター人口の長期予測とその経済的影響の試算」という調査レポートは次のような実態を明らかにしている。以下、そのポイントだけを紹介したい。

まず内閣府によるフリーターの定義は、一五〜三四歳の年齢層のうち(学生と主婦は除く)、パート、アルバイト(契約社員など正社員ではない層を含む)および働く意志のある無職の人々を指す。これには正社員への就職を希望する失業者も、フリーター予備軍に含まれる。

さてフリーターの実態を見ていくと、平均年収は正社員が三八七万円に対し、フリーターが一〇六万円、生涯賃金は正社員二億一五〇〇万円に対し、フリーターは五二〇〇万円で四倍近い格差がある。

この格差がGDPに及ぼす影響、つまり

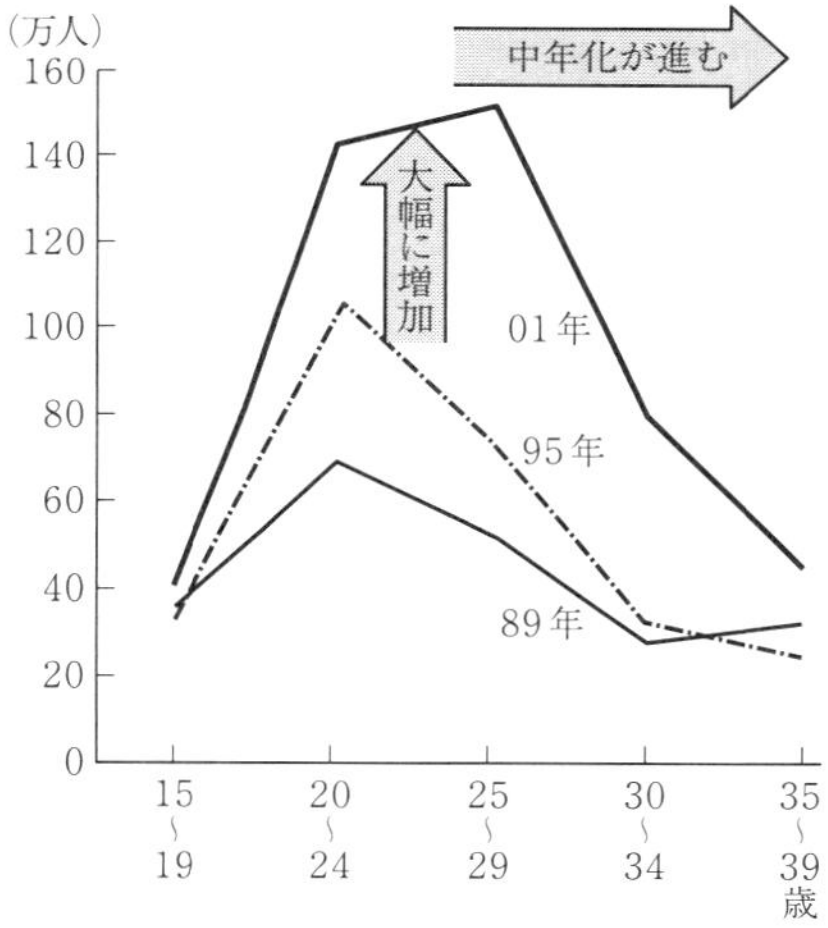

図48　年齢別のフリーター数(内閣府調べ)

経済的損失であるが、税収が一・二兆円の減少、消費額が八・八兆円の減少、貯蓄が三・五兆円の減少である。国民年金未納率も三六％に達した（二〇〇三年）。またGDPに直接影響を及ぼす消費は、「フリーターが正社員として働けるなら可能であった消費を諦めることにより、名目GDPが一・七ポイント下押しされている」という。しかも、フリーター人口は二〇一〇年まで増加しつづけて、四七六万人のピークを迎えるというのだ。

若者の未来が奪われた

若者が自分の将来に希望をもてないことは悲しいことである。各種の世論調査を見ても、「世の中がだんだん悪い方向にむかっている」と思う人の数は増大傾向にある。また博報堂生活研究所の「生活意識・実態に関する調査」（二〇〇三年）によれば、「あなたは世の中のことで夢や希望」について、「多い」、「やや多い」が八・八％、「多いとも少ないともいえない」が三八・七％、「少ない」が五二・六％で、「夢や希望」をもてない人が過半数を超えている（内閣府大臣官房政府広報室編『全国世論調査の現況』所収）。転期は一九九〇年代半ばで、この頃から中流社会の崩壊が始まった。

山田昌弘は、「日本社会は、将来に希望をもてる人と将来に絶望している人に分裂していくプロセスに入った」として、これを「希望格差社会」と名づけた（『希望格差社会』）。サブタイトルに「「負け組」の絶望感が日本を引き裂く」とあるように、日本社会はいま戦後初めて「リスク化」と「二極化」にさらされ、ズタズタに引き裂かれているのである。小泉構造改革は、優勝劣敗の競争原理を持ち込み、リスクの個人化(自己責任の強調)をいっそう強めた。郵政民営化よりも、若者に夢と希望を与え、高齢者が安心して老後を過ごせる、「二一世紀ニューディール」を作ることのほうが、はるかに緊急で重要だと、私は考える。

5　憲法改正問題

憲法調査会最終報告書

二〇〇五年四月、衆参両院の憲法調査会が五年の論議を終えて、最終報告書をまとめた。三〇年前だったら考えられないような議論が行なわれていたことがわかる。四月三〇日の『朝日新聞』憲法論議「五年の歩み　上・中・下」を資料に、私の感想をいくつか述べておきたい。

①最大の焦点である憲法九条については、第一項の戦争放棄をそのまま残し、集団的自衛権を認めるべきだという意見と、その行使に限度を設けるべきだという意見に分かれたようだが、それにしても両者は九条第二項の「改正」を必要とする点では同じである。しかし、九条第一項だけなら不戦条約と同じで、戦前の日本も不戦条約を締結した。ところが満州事変以後の侵

略戦争は、不戦条約のもとで遂行されたのである。第二項と組み合わさってはじめて、戦後日本の独自性がでてくる。第一項と第二項はワンセットという、憲法学者樋口陽一の見解は、わかりやすく筋が通っているし、これが憲法学界の通説であろう(『朝日新聞』二〇〇五年五月三日)。

②政教分離を定めた第二十条に「社会的儀礼や習俗的・文化的行事の範囲であれば」国や国の機関の宗教的活動は許されるなどの意見がだされた。いうまでもなく、首相の靖国参拝を憲法で認めようというのである。しかし、これまで首相の靖国参拝は合憲か違憲かについて、最高裁はまだ判断していない。地裁・高裁レベルでは「違憲の疑いが強い」「違憲」という判断が何度もでているので、全くの逆行でしかない(高橋哲哉『靖国問題』参照)。

③保守的な改憲派は「個人の尊厳と両性の本質的平等」を定めた第二十四条があるから、家庭崩壊やモラルの低下をもたらしたと言っているが、それは憲法二十四条から来ているのではなく、社会の現実から来ているとみるべきで、憲法に責任を押しつけるのは筋違いである。

私は二〇年以上前に、ボストンでアメリカの女性たちがEqual Right Movement、つまり「男女平等」のプラカードを掲げて憲法条項修正要求のデモをしている姿を見たが、そのとき初めて日本のほうが(憲法上は)進んでいるのだと思った。この条項はアメリカ人女性ベアテ・シロタ・ゴードンが書いた条項で、確かに「外来」かも知れないが、ベアテは加藤シヅエや市川房枝など婦人解放運動の先駆者から色々意見も聞いているので、単なる「外国製」ではない

(『一九四五年のクリスマス――日本国憲法に「男女平等」を書いた女性の自伝』)。また高野岩三郎、鈴木安蔵ら憲法研究会の憲法草案要綱には「男女ハ公的並ビニ私的ニ完全ニ平等ノ権利ヲ享有ス」や「国民ハ健康ニシテ文化的水準ノ生活ヲ営ム権利ヲ有ス」など現行憲法の第二十四条、第二十五条の規定を先取りする条項が入っていた(鈴木安蔵『憲法制定前後』)。この憲法研究会草案が、のちGHQ憲法草案作成の参考にされたことは、よく知られているところである。

日本国憲法というとすぐ、外から「与えられた憲法」という決り文句が返ってくるが、もう少し日本人の主体的努力があったことを見なければならない。「いいものはいい」のであって、そうでなかったら、五八年間も一字一句も変えずに、日本国民が憲法を維持してきたことが理解できないのである。

また二十四条があることによって、戦後、女性の社会的進出が憲法上保障された。現在、企業などで女性差別はいぜん残っているが、二十四条を取り除けば、差別はもっとひどくなるであろう。

④第一条の象徴天皇制の規定について、天皇を元首と明記するかどうか、積極派と慎重派の間で対立があったようだが、明記派の見解は、天皇を元首と規定した明治憲法第四条への逆戻りで、私は反対である。

ただこの問題について、私には次のような経験があることを記しておきたい。一九九三年ころ、ゼミナールの学生に「日本の元首は誰か」と聞いたところ、内閣総理大臣と答えた学生と天皇と答えた学生はほぼ半々であった。そのとき、たまたま研究室にあった『知恵蔵』(朝日新聞社)の付録『知恵庫』の世界一七〇か国データブック「ザ・ワールド」(一九九一年別冊)を見ると、なんと学界でも「総理大臣」説と「天皇」説の両説があり、「政体」についても、立憲君主制説と共和制説があると書いてあるではないか。これでは学生の回答が二つに割れたのは無理もない(もっとも、最近、勤務先のゼミ生に同じ質問をしたら、一〇人中ほぼ全員が総理大臣(小泉首相)と答えた)。

さらに浜林正夫ほか編『世界の君主制』によると、世界に君主国は二〇か国存在し、世界人口六〇億のうち、君主国に住む人口は八％で、日本は最大の君主国(一億二〇〇〇万人)と位置づけられているのである。主権在民の日本が君主国であるというのであるから、象徴天皇制とはまことに曖昧な制度だと言うしかない。

また外国から来た大使・公使は、その信任状を皇居におもむいて、天皇に差し出すのが普通である。では、日本から全権や大使・公使を派遣する場合はどうか。そこで認証の形式を見ると、日本国天皇と内閣総理大臣の名前が記されており、どこからどこまでが天皇の言葉で、その先は総理大臣のものという判別が全くつかない文書形式になっている。しかも年月日の後には、「御名御璽《ぎょめいぎょじ》」とあるから(図49『法律時報』臨時増刊号、一九六一年一〇月号参照)、外国から見

日本国天皇裕仁
〇〇国大統領〇〇閣下
閣下
日本国政府は、日本国と〇〇国との間に存在する友好親睦関係を維持増進せんことを期し、〇〇を日本国の特命全権大使に任命し、貴大統領の下に駐劄せしむ。
茲に、日本国憲法の規定に従い、本書を以て之を認証す。
〇〇は、人格高潔、職務に忠実にして才幹あり、能く其の大任を全うして閣下の信倚に背くことなかるべし。同人が日本国の名において閣下に以聞する所あるにおいては、全幅の憑信を賜わらんことを望む。
此の機会に、閣下の慶福と貴国の隆盛とを祈る。
昭和　年　月　日
御名御璽
内閣総理大臣　氏　名　官印
外務大臣　氏　名　官印

図 49　「全権」の認証状

れば、日本の元首はとうぜん天皇だと受けとるであろう。

余談だが、昭和天皇が亡くなったとき、KBSテレビのアナウンサーから質問を受けた韓国人の女性は「天皇は元首なのだから、過去の戦争に責任があり、謝罪してほしかった」と述べていた。もし、天皇＝元首規定を採用すれば、再び昭和天皇の戦争責任論がアジア諸国で燃え上がるであろう。

「女帝」については、国民の八割が賛成しており、憲法調査会も女帝容認が多数派を占めた。私自身も一〇年以上前から、皇室典範を改正して、女帝を認め、かつ天皇の退位規定を盛り込むべきだと主張してきた（前掲『戦後史と象徴天皇』）。

当時、歴史家の間では、私のような見解は天皇制の合理化、延命につながる議論として評判が悪かったが、いまなお私の立場は変わらない。むしろ、日本共産党が、二〇〇三年六月、天皇制廃止の要求を削除し、象徴天皇制の存廃は国民の総意によって歴史の中で解決するという柔軟路線に転じたのを知って、驚いたくらいである。

いずれにせよ、天皇を元首とすれば陸海空の自衛隊三軍の閲兵式を天皇が行なうことが予想される。その映像が全世界に流れたとき、天皇明仁・皇后美智子が作りあげてきた初代象徴天皇制の実績は台無しになるであろう。なお、奥平康弘は最近作『「萬世一系」の研究』で、女帝および天皇退位の可能性について本質的な分析を加えている。

⑤以上のほか、そもそも憲法を、国民が公権力による権力の濫用を阻止する「歯止め」として捉えるか、国家と国民の関係を協働の関係と捉えて、第九十九条の憲法尊重擁護義務(現行は、天皇や大臣、国会議員、裁判官など公務員に課される)については、国民に対しても課されるべきかという議論がでている。これに対して、私はやはり憲法は権力を縛る規定であって、憲法は国民の国家への命令であると考える。自由や人権を侵されるのは、基本的に公権力によってであって、国民によるものではない。憲法尊重義務を負う国会議員がそれを放棄(改悪)して、国民には尊重せよと説教するのは主客転倒である。

国力とは何か

ここで先に留保した国力とは何かについて私見を述べたい。憲法問題というと、すぐ何条を改正するとか改正しないとかの議論にいきがちであるが、その前に「そもそも二一世紀の日本をどうするのか」「どこへ向っていこうとするのか」という基本的な立場《スタンス》を考えなければならない。いま求められているのは、二一世紀へのビジョンであり、国民的な目標なのである。その場合、国力とは何かをもっと深く考える必要がある。

では国力とは何か。一例をあげると、円を買うというのは、経済力だけではなく日本の国力を買うということなのである。つまり、国力とは、経済力、軍事力、外交力、文化力、これに技術力と情報力を加えたほうがいいと思うが、総合力としての国力という問題を真剣に考えるべきである。

このうち、いわゆる「国際貢献」論は、軍事力だけを重視するが、全くおかしいと思う。私は軍事力で日本は世界ナンバーワンになれないし、なる必要もないと考える。経済・技術・情報・文化力で、日本が世界に貢献できる道は多くある。日本の科学技術の水準は世界的であるし、学問・文化の面でも、ノーベル賞を受賞した立派な科学者(あるいはそれに準ずる業績を上げている科学者)は日本に何人もいる。映画・音楽(ピアノ、バイオリンなど)で世界的な賞を受賞した人も少なくない。最近、あるアメリカ人から「日本のポケモンやアニメーションは世界でも人気で、数兆円の市場をもっている、すごい」と言われた。国際貢献というと、すぐ軍事力しか思い浮かばない想像力の貧困を私は悲しむ。

日本は戦後六〇年間、戦争で一人の人間も殺さなかった。このことは世界に誇っていいことだ。先人たちが守ってきたものを引き継ぎ、発展させることは後継世代の責務であるし、次の世代にバトンタッチしていかねばならない。

いま改憲派は、憲法改正を総選挙の争点とすることを恐れて、天皇＝元首案を引っ込めたり、集団的自衛権も解釈改憲で、事実上、行使してきたのだから表に出さないほうがいいなどと言いだした。しかし、改憲の本音は変わらず、環境権・プライバシーの権利、知る権利などを隠れ蓑にして、憲法「改正」の道を突き進もうとしている。なし崩し改憲の道、これが最も警戒しなければならないことである。

6　戦後とは何だったのか

四つの岐路

戦後六〇年の歴史を総括して、本書のまとめとしたい。この間における、日本現代史の変化は、おそらく前近代史の数世紀分の変化に匹敵する「激動の時代」であった。しかし、そこにはいくつかの岐路があって、その岐路ごとに人間のドラマが繰り広げられた。その岐路を整理すると、次のようになる。

第一の、そして最大の岐路は、一九五〇年代前半の講和論争、サンフランシスコ講和条約、日米安保条約の締結であった。これによって、現在に続く日本国憲法体制と日米安保体制の相克・矛盾の歴史が始まった。安保体制は、外から憲法体制を侵し、空洞化していく外圧として働き続け、現在でも日本の政治、経済、軍事・外交の基本路線を揺るがし続けている。

これに対し、国内では戦争直後に特有の革命的・革新的気運が漲っており、左右対決の「政治の一〇年」(Political decade) が続いた。

GHQによる「上からの革命」は、戦前日本の国家体制・政治・経済・社会・教育・衛生など全分野にわたる、壮大な日本改造計画であった。この「上からの革命」は、本国で果たせなかった「ニューディールの夢」を、日本で実現しようとしたGHQ内リベラル派の意気込みもあって、日本の左翼やリベラル派が想像した以上にラディカルであった。

しかも、そのほとんどは実現した。日本社会党や日本共産党は、いわばお株を奪われたにひとしい。いったいなぜ、戦後日本に保守政権が長期にわたって続いたのか、あるいは逆に革新派は弱いのかという、おなじみの疑問がだされるが、答えは二つあって、一つは「上からの革命」が革新政党の「革命」を代行していたことに注意しなければならない。共産党がアメリカ占領軍を「解放軍」と規定したことがあるが、戦前天皇制下の抑圧政治と対比すれば、そう呼んでもおかしくない政治情況が敗戦直後には確かにあったのである。それがブーメランのように、戦後革新に突き刺さった。

二つ目は、同じ敗戦国ドイツ、イタリアと違って、日本には反戦のレジスタンス運動がほとんどなかった(正確にいえば、あったのだが抑圧されていたのである)。戦後民主主義がいわば「負け取った民主主義」としてスタートしたところに、戦後革新の弱さがあった。と同時に、第一章で述べたように、海上自衛隊が戦前海軍の伝統を引き継ぎ、かつ米海軍との密接な連携のもとで誕生したように、戦前と戦後は切れているわけでなく、しっかりと繋がっていた。私がわざわざ「貫戦史」という方法を持ちだしたのは、たんなる「連続か断絶か」の二者択一ではなく、その両面を国際的要因をふくめて把握したかったためである。この時期を本書では「戦後」の成立と表現した(なお、本書と視角、時期区分などを異にするが、大門正克・安田常雄・天野正子編『戦後経験を生きる』を参照)。

一九六〇年体制

第二の岐路は、高度経済成長とベトナム戦争の時代である。高度成長が本格的に展開したのは、一九六〇年代のことであって、この時代に戦後日本の基本的枠組みが定着した。私が従来の「一九五五年体制」論をとらず、あえて「一九六〇年体制」という言葉を選んだのは、この時代にこそ外交、政治、経済、思想、文化の面で、五〇年代とは違う事態の出現を確認したからである。とくに重要なのは、貿易と資本の自由化、ＩＭＦ、ガット、ＯＥＣＤなどへの加盟である。これによって日本ははじめて「開放経済体制」の中に投げ込まれた。

一九五六年の経済白書は「もはや戦後ではない」という有名な言葉をつくったが、それは、よく誤解されるように、〝戦後は終わった〟という意味では決してない。むしろドッジ・ライン、朝鮮特需など敗戦直後の「外生的」要因に依存した成長はもはや限界にきており、今後の成長は、技術革新・近代化などにささえられて、初めて可能になることを強調したのである。伊藤正直は、白書には「せっぱつまった気持ち」が込められていたと書いているが（『高度成長から「経済大国」へ』）、私もそう思う。しかも、「設備近代化」は開放体制の中で行なうしかなかった。ときの首相池田勇人は、日本経済を寒風に晒して鍛える、つまり貿易・資本の自由化を通じて、国際競争力を高めるしか、日本の生きる道はないと喝破したが、その後の重厚長大の重化学工業化が可能になったのは、世界銀行からの借款やアメリカなど先進国からの技術導入によるのであって、戦時体制＝「一九四〇年体制」の遺産が高度成長期を可能にしたというのは、官僚制と金融システムの「連続性」の面においては正しくとも、あくまで限定的なものであった。その意味で、私の立場は、「一九四〇年体制」論とは、かなり違う。

しかも、ここで強調したいのは、「歴史的勃興期」である。本書では高度成長を可能にした経済的要因を、①技術革新、②間接金融、高い貯蓄率、③労働力、④対米輸出の四つの要因から解いてみたが、それだけではなんとも釈然としなかった。そこで私は「歴史的勃興期」という、経済学者には評判のよくない言葉をあえて持ちだして、説明することにした。要するに、「世界の奇跡」といわれた日本の高度成長は経済学だけでは解けないというのが、本書での私の問題提起である。この「歴史的勃興期」は一九六〇年代の日本にとどまらず、七〇年代の韓国(漢江の奇跡)、九〇年代の中国(改革開放後の急成長)にも当てはまるものなのである。そして次に、「歴史的勃興期」を迎えるのは、インドなのかもしれない。

オイルショック

第三の岐路はオイルショックであり、政治・外交的には沖縄返還、ニクソン・ドクトリン、日中国交回復、第一回主要先進国首脳会議(サミット)への参加である。戦後とは序章でも述べたように「戦前」の反対概念であるが、その重要な柱として「貧困からの脱出」があった。この課題を達成した指標《メルクマール》が第一回サミットへの日本の初参加であった。つまり、それは「金持ちクラブ」への仲間入りを意味しており、「戦後の終わり」をも意味していたのである。

ちなみに、この頃から日本の社会科学(思想・文化も)は大きく変貌し始めた。すなわち、それまでの日本の社会科学は、「日本は貧しい国」という認識をベースに構築されていた。しかし、一九七五年前後から、「日本は豊かな国」を前提にして語られるようになった。例えば、経済学・経済史の分野では、日本資本主義の構造的脆弱性は、構造的強靱性という言葉に代わった。戦後三〇年以上にわたって日本の社会科学をリードしてきた「講座派マルクス主義のパラダイム」が衰退に向かうのは、この頃からである。

戦後生れが総人口の半分以上を占めるのは一九七六年であり、エズラ・ヴォーゲルの『ジャパン・アズ・ナンバーワン』がベストセラーとなったのは、第二次石油危機のあった一九七九年である。労働組合運動は低迷し、一九六〇年代あれほど活発だった学生運動（ベトナム反戦運動、大学闘争など）は沈滞し、青年や学生の保守化が急速に進んだ。本書では、この時代を「戦後のゆらぎ」と表現した。

冷戦崩壊

第四期。一九八九年一一月、ベルリンの壁が崩壊し、九一年一二月にはソ連最高会議が、ソ連邦消滅を宣言した。世界的に見ても、国内的に見ても、この「激動の二年」が戦後史の最大の転機であった。つまり「二〇世紀システムの終焉」である。

本書では、「昭和という時代」を世界史の中に位置づけるために、「一九世紀システム」から

「二〇世紀システム」への移行期として捉えたが、八九年一月の昭和天皇の死は、たまたま冷戦崩壊と重なったとはいうものの、やはり一つの時代の終わりを象徴していた。「昭和天皇在位六〇周年」のときには、英国の絶頂期「ヴィクトリア時代」(一八三七〜一九〇一年)になぞらえる議論があったが、「昭和元禄」という言葉が流行語になったように、戦後日本の「絶頂期」は高度成長期から一九八九年までのほぼ三〇年間であった。戦後の繁栄は、米ソ冷戦を抜きにしては、あり得なかった。確かに、日本は冷戦の最大の受益者だったのである。

一例として、ここで興味ある数字を上げておきたい。「産業の米」といわれる日本鉄鋼業は、一九七〇―八〇年代にアメリカを追い越し、一九八〇年には最大生産量一億一〇〇〇万トンを達成し、ソ連に次ぐ第二位の「鉄鋼王国」となった。この頃は米ソ冷戦の時代であり、ソ連は毎年戦車一〇〇〇万台を製造していた。戦車一台つくるのに必要な鉄鋼量は約三〇トンである。そのほか大砲・銃器、レール、橋梁などの鉄鋼需要を含めれば、約五〇〇〇万トンを必要とする。これが冷戦崩壊で一挙になくなったのである。以後、日本の鉄鋼生産は、一五年以上にわたって一億トン前後で推移した(二〇〇四年以降、中国需要の増大で、日本鉄鋼業は一五年ぶりの活況を呈している)。

このような動向は、ひとり鉄鋼業だけの問題ではない。自民党一党支配の終わり＝五五年体制の終焉が、ポスト冷戦の一九九三年であったことは、単なる偶然ではなかった。自民党単独政権が三八年もの長きにわたって続いた理由は、冷戦を抜きにして考えることはできない。

冷戦とは何であったのか、さまざまな議論が続けられているが(ジョン・L・ギャデス『ロング・ピース』、松岡完・広瀬佳一・竹中佳彦編著『冷戦史――その起源・展開・終焉と日本』など)、本書を執筆してみて、あらためて冷戦の本格的研究が必要であることを実感した。要するに、冷戦崩壊をもって、「戦後」は終わったのであり、以後、二一世紀システムの時代へと移行したのである。二一世紀システムとは、本文中で述べたように、冷戦崩壊による米国一極化、単独行動主義、軍事技術・兵器のハイテク化、戦争形態の変化などを指す。またイラク戦争開戦前に世界各地で一六〇〇万人以上といわれる市民が反戦デモを繰り広げたように、インターネットで結びついた世界市民が、二一世紀国際社会の行方を決める重要な対抗力となった。この「もの言う世界市民」の存在は、ますます威力を発揮していくに違いない。政治学者・加藤哲郎は、これを「ネチズン」(ネット市民)という言葉で表現している。

二一世紀システムへの移行

一九九一年の湾岸戦争から九・一一同時多発テロは、まさしく連続面と飛躍・断絶面の二側面をもっている。九・一一同時多発テロは、確かに世界政治に最大級の衝撃を与えた。しかし、冷静に考えると、世界史の「地殻変動」は、九・一一テロによってではなく、冷戦体制の崩壊から始まったのである。

アラン・ジョクス『〈帝国〉と〈共和国〉』が述べているように、湾岸戦争後の十数年間を一まとめにして考察したほうが、現在の世界および日本の位置を的確に認識できそうである。

同書は、〈帝国〉アメリカの出現を、アメリカの戦略思想とグローバリズム的軍事装置の展開とを軸に追った作品である。ややフランス〈共和国〉中心史観が鼻につくが、〈帝国〉アメリカは、①グローバリズム戦略をクリントン政権下で着手し、ブッシュ政権下で本格化させた。しかも②クリントン政権下では専ら経済面での攻勢として表れていたが、ブッシュ政権下では、軍事および海外派兵という新たな攻勢の形態をとるようになった。③〈帝国〉アメリカは、決して世界全体を支配できず、むしろ混沌《カオス》を生みだし、それに寄生する〈帝国〉にすぎないことを大胆に描いている。ちょうどネグリとハートがマルチチュードという言葉を使って、〈帝国〉に反撃する世界民衆の存在を予言したように(『帝国』)、著者のジョクスはイギリス、フランスそしてアメリカ合衆国にその精神を宿すに至った共和国(民主主義)の歴史的伝統がグローバルな〈帝国〉に対する力を発揮するだろうというのである。〈帝国〉アメリカは、決して磐石不動のハイパーパワーではないのである。

「終わった戦後」と「終わらない戦後」の二重構造

本書のタイトルは、『戦後史』である。いまさら「戦後史」はないだろうという反論がありそうである。しかし、序章で述べたように、日本の「戦後」は、まだ終わってないのである。繰り返すが、確かに「戦後」は沖縄返還、日中国交回復、オイルショック、第一回サミットへの日本の初参加をもって、一九七五年前後に終わったようにみえる。

図 50　沖縄国際大学に墜落した米軍ヘリコプターのプロペラがつけた傷跡が生々しく残っている(2005.3.10 著者撮影)

しかし、一九九〇年代初めに、中国の元慰安婦が証言中に絶句し、失神して担架で運びだされるシーンをテレビで見たとき、私は終わったと思っていた「戦後」がじつは、まだ終わっていないのだということに気づいた。それ以来、私は「終わった戦後」と「終わらない戦後」の二重構造が、現代日本を規定していると書くようになる。その考えは今でも全く変わらず、むしろ最近ではその認識をいっそう強めつつある。イラク戦争、沖縄での米軍ヘリコプターの墜落事件(図50)、さらには今年(二〇〇五年)四月の靖国参拝問題や歴史教科書に対する韓国・中国からの激しい批判の噴出をみて、日本の「戦後」は、まだまだ終わっていないことを実感する。では、戦後が終わるとは、どういう事態を指すのであろうか。対米、対アジア、そして外交・国内問題という三つのレベルで考えてみる必要がありそうである。

戦後の終わりとは

①朝鮮戦争の研究で名高い、ブルース・カミングス(シカゴ大学)は、国際政治に占める日本の対米従属的な位置が変わらない限り、日本の戦後は終わらないと、書いた(アンドルー・ゴードン編『歴史としての戦後日本』)。沖縄から軍事基地がなくならない限り、沖縄そして日本の戦後は終わらないと私はおもう。日米関係は、きわめて重要な同盟関係である。しかし、本書で見てきたように、日本はいつも、アメリカの言いなりになる外交しか展開できなかった。基地問題でも、日米地位協定をもっと自主的な内容にかえて、自立性を高めるべきだ。現在は、「日米安保」の枠を逸脱して、日本は米国の世界戦略に完全に包含されている。このまま放置すれば、「ブローバック」ではないが、九・一一事件のような予想外の事態が、今後日本にも起こらないという保障はない。

将来的には安保を廃棄し、日米友好平和条約を結ぶという有力な選択肢はありうる。かつて無教会主義基督《キリスト》教徒の矢内原忠雄(元東大総長)は次のように述べた。現実によって現実を批判することはできない。理想によってこそ現実は批判できるのだ。

②アジアに対しては、過去の清算が終わるまで「戦後」は終わらない。金銭的な賠償だけを指しているのではない。過去の過ちは克服することはできても、消すことはできないのである。本書で、戦争の記憶を重視したのは、そのためである。

一九五〇年代には、ナチスの遺産(ホロコーストなど)を清算するには一〇〇年はかかると予想する人もいた。しかし、ドイツの指導者は、誠心誠意、ナチスの戦争犯罪をわび、金銭的な補償もしてきた。だから、フランスとの和解も成立し、ヨーロッパ諸国の信頼も得て、ドイツはEU共同体の中核に座ることができたのである。

図51　戦争放棄　1947年「日本国憲法」の発布にあたり，全国の中学生に向けて文部省が編纂刊行した『あたらしい憲法のはなし』という「子供のための憲法読本」中の「戦争放棄」の挿図.

『ニューズ・ウィーク』副編集長は、最近、次のように述べた。「だが、日本は、なにかというと九五年の村山富市首相談話を持ち出す。あたかも、それですべてを言い尽くしたかのように」(ジェーム

図 52　イラク戦争反対の横断幕を掲げてデモをする人たち(2003. 12. 13，東京・銀座周辺)

ズ・ワグナー、『ニューズ・ウィーク』日本語版、二〇〇五年四月二〇日号)。

二〇〇五年四月の日中首脳会談でも、小泉首相は、村山談話を持ちだした。しかし、他方で靖国参拝を強行し、今後も続けるというのだから、中国の指導者や国民が信用するわけがない。村山談話は、国際政治を乗り切る方便として、使われているにすぎないのである。心ない保守政治家の「妄言」もあとを絶たない。こういう状態が続く限り、アジアに対して、「戦後」は終わらないのである。

③外交・憲法問題については、次のことを指摘できる。日本の国連安全保障理事会常任理事国入りは、確かに一つの「戦後」の終わりを示すことになるだろう。アジアその他に多くの反対国があるので、予断はゆるさないが、かりに実現すれば、マスコミは「これで戦後は終わった(旧敵国条項の撤廃)」と宣伝するに違いない。しかし、それを口実に、国連軍への参加、集団的自衛権の行使は、いまや日本の国際的公約になったとして、

憲法九条「改正」の突破口とすれば、将来に大きな禍根を残すことになろう。

私は、いま日本には「戦後」の終わらせ方について、対抗的な二つの道があると考える。ひとことで言えば、「戦争への道」か、「平和への道」かという、対立・選択である。この問題に最終決着をつけるのが、憲法改正問題である。この問題で過ちをおかせば、この先、五〇～一〇〇年の日本の未来を拘束することになろう。戦後六〇年にして、いまわれわれは戦後最大の岐路に立っている。

二〇〇五年五月三日の憲法記念日に「憲法改悪に反対する」市民団体が『朝日新聞』『毎日新聞』に意見広告をだし、六つの短歌を載せた。その中から印象に残ったものを三つ掲げておく。

九条は水漬《みづ》き草むす兵が礎《いしずえ》　　尾崎篤子（神奈川県）

生き残りし古老の言葉淡々と「やるもんじゃねえ、戦争は二度と」　　吉川邦良（東京都）

武器棄ててペン持て鍬持てギターもて憲法九条誇りをもちて　　鈴木　広（山形県）

以上をもって、本書の結びとしたい。

あとがき

『戦後史』というタイトルの本は、これまでに一冊しかない。「私の戦後史」「戦後史の空間」「戦後史ノート」などの題名の本は、八〇冊近く刊行されているが、単刀直入に短く「戦後史」と銘打った著作は、正村公宏著『戦後史』上下(筑摩書房、一九八五年)しかないのである。この本は広く読まれたが、上下巻、一〇〇〇頁の大作で、しかも中曾根内閣で終わっているから、今ではややふるい。岩波新書の編集者平田賢一氏から『戦後史』の執筆依頼を受けたとき、正直言ってとまどった。わずか二二四頁(平均)程度の枚数で、しかも「戦後六〇年」を対象に通史を描くなどということは、無謀に思えたからである。しかし、二〇〇五年は戦後六〇周年の節目にあたるため、ぜひ実現したいという。テーマがテーマなので、ふつうより厚くなってもいいと言われて、構想がほぼかたまった。

昨年(二〇〇四年)一一月から執筆を開始したが、書き始めてみると意外と楽しく、順調に書き進めることができた。序文で述べたように、本書のキーワードは、「貫戦史《トランスウオー・ヒストリー》と一九六〇年体制」であり、戦争の記憶、戦後の記憶(占領期、高度成長期、オイルショック、バブル期などの記憶・証言）が叙述の基礎になっている。つまり、本書では文書資料、先行研究および著者の生活体験をベースに叙述し、だいじな箇所で「聞き書き」を挿入するという重層的な叙述の方法をこころがけた。

また年齢的にいって、私は戦後史執筆にとって有利な立場にあった。敗戦の年、私は一〇歳（小学校四年生）であるから、当時のことは鮮明に記憶しており、それ以後の歴史についても、あるときは国の外から、日本の政治・経済・外交の動きを観察する機会にめぐまれた。こうして自分の体験を、歴史叙述に盛り込むという叙述の方法が決まったのである。

この手法は『日本歴史』全三二巻の一冊として刊行された、『労働者と農民』（小学館、一九七八年）執筆の際にも採用したもので、私には馴染みの方法であったが、今回は無名の人々からの聞き書き以外に、企業経営者や高名なアメリカ人学者もでてくる。戦後史という大きなテーマがこの方法を必要としたのである。

さて叙述に当たって、私は煩を厭わず、①参考文献を多数引用した。それは知識をひけらかすということではない。むしろ私の意図は、読者が、私の立論の根拠や真偽を調べたり、さらには主題をもっと深めたいと思ったときに、その手がかりを提供しておきたかったからである。また②引用文献は、ほとんどが一九八〇年代以降の最近作に集中している。それは現在の研究水準を本書に反映させたいという、私の思いもあった。この四分の一世紀における占領・戦後史研究は、長足の進歩を遂げているが、なにぶん専門書が多いため、一般読者に知られているとは、言いがたい。かなり全般的に目をくばったつもりだが、引用できたのは、その一部に限られた。スペースの関係で、優れた研究書を引用できなかったことを、この場を借りておわびする。

次の課題としては、アヘン戦争からアジア太平洋戦争までを、貫戦史の方法で描きたいと考えている。貫戦史はむしろ、この時代にこそ適用しなければならない方法である。「貫戦史から見た近代史」、これを今後の宿題にしたいとおもう。

本書が出来上がるまでには、じつに多くの人びとのお世話になった。貴重な時間を割いて、私のインタビューに応じてくださった方々、とくに加藤幹雄、西井正臣、平尾光司の諸氏には、それぞれ鉄鋼業(ゴーン・ショック)、石油危機、金融革命について貴重な話を聞くことができた。また暉峻衆三氏には、「農業・農村の崩壊」(第四章)の項目について、正確さを期すために原稿を読んでいただき、適切なアドバイスを受けた。記して厚くお礼申し上げる。また半澤健市氏(『増補版 年表昭和史』の共著者)は、私の原稿すべてに目を通し、じつに貴重なコメントを寄せてくださった。半澤氏は、四〇年の社会人生活を経たあと、大学院に進み、最近「財界人の戦争認識」という興味ある論文を発表している(神奈川大学大学院歴史民俗資料学研究科編『対話する歴史と民俗』世織書房、二〇〇五年)。また編集担当の平田賢一氏には、文献・資料の面でずいぶんとお世話になった。手際のいい対応で、執筆にアクセルがかかったようにおもう。

いま日本は、戦後六〇年で最大の岐路に立っている。私は、それを「戦争への道」か「平和への道」かの岐路と表現したが、まさしく現在は、一九五〇年代初めの朝鮮戦争、講和論争のときを彷彿とさせる状況である。かつて歴史家の家永三郎氏は、新憲法の真価(人権の保障、国民主権、戦争放棄の三つ)を理解できるようになったのは、憲法制定時ではなく、むしろ一九五〇〜五一年頃、すなわち朝鮮戦争と逆コースの時代であったと記している(『一歴史学者の歩み』)。危機の時代にかえって歴史意識は研ぎすまされ、政治批判意識が尖鋭化するのであろう。

湾岸戦争、アフガン戦争、イラク戦争と相次ぐ戦争に直面する中で、憲法「改正」問題が急浮上してきた。これに対し、「九条の会」を始め、多くの市民・学生が憲法九条をまもり、発展させようと立ち上がっている。私も、その隊列に参加したいし、本書自体が、一つの参加の方法になればと思う。本書が、戦後六〇年の歴史と歴史認識を深める上で少しでも役に立てば、これに過ぎるよろこびはない。

二〇〇五年五月三日、憲法記念日に

中村政則

岩波新書新赤版一〇〇〇点に際して

ひとつの時代が終わったと言われて久しい。だが、その先にいかなる時代を展望するのか、私たちはその輪郭すら描きえていない。二〇世紀から持ち越した課題の多くは、未だ解決の緒を見つけることのできないままであり、二一世紀が新たに招きよせた問題も少なくない。グローバル資本主義の浸透、憎悪の連鎖、暴力の応酬——世界は混沌として深い不安の只中にある。

現代社会においては変化が常態となり、速さと新しさに絶対的な価値が与えられた。消費社会の深化と情報技術の革命は、種々の境界を無くし、人々の生活やコミュニケーションの様式を根底から変容させてきた。ライフスタイルは多様化し、一面では個人の生き方をそれぞれが選びとる時代が始まっている。同時に、新たな格差が生まれ、様々な次元での亀裂や分断が深まっている。社会や歴史に対する意識が揺らぎ、普遍的な理念に対する根本的な懐疑や、現実を変えることへの無力感がひそかに根を張りつつある。そして生きることに誰もが困難を覚える時代が到来している。

しかし、日常生活のそれぞれの場で、自由と民主主義を獲得し実践することを通じて、私たち自身がそうした閉塞を乗り超え、希望の時代の幕開けを告げてゆくことは不可能ではあるまい。そのために、いま求められていること——それは、個と個の間で開かれた対話を積み重ねながら、人間らしく生きることの条件について一人ひとりが粘り強く思考することではないか。その営みの糧となるものが、教養に外ならないと私たちは考える。歴史とは何か、よく生きるとはいかなることか、世界そして人間はどこへ向かうべきなのか——こうした根源的な問いとの格闘が、文化と知の厚みを作り出し、個人と社会を支える基盤としての教養となった。まさにそのような教養への道案内こそ、岩波新書が創刊以来、追求してきたことである。

岩波新書は、日中戦争下の一九三八年一一月に赤版として創刊された。創刊の辞は、道義の精神に則らない日本の行動を憂慮し、批判的精神と良心的行動の欠如を戒めつつ、現代人の現代的教養を刊行の目的とする、と謳っている。以後、青版、黄版、新赤版と装いを改めながら、合計二五〇〇点余りを世に問うてきた。そして、いままた新赤版が一〇〇〇点を迎えたのを機に、人間の理性と良心への信頼を再確認し、それに裏打ちされた文化を培っていく決意を込めて、新しい装丁のもとに再出発したいと思う。一冊一冊から吹き出す新風が一人でも多くの読者の許に届くこと、そして希望ある時代への想像力を豊かにかき立てることを切に願う。

（二〇〇六年四月）

中村政則

1935-2015年
1966年一橋大学大学院経済学研究科博士課程修了
一橋大学名誉教授
専攻ー日本近現代史
著書ー『近代日本地主制史研究』(東京大学出版会)
『昭和の恐慌』(小学館)
『戦後史と象徴天皇』(岩波書店)
『経済発展と民主主義』(岩波書店)
『労働者と農民』(小学館)
『現代史を学ぶ』(吉川弘文館)
訳書ー『ビッソン・日本占領回想記』(共訳，三省堂)
アンドルー・ゴードン編『歴史としての戦後日本』(監訳，みすず書房) ほか

戦後史　　岩波新書(新赤版)955

2005年7月20日　第1刷発行
2023年8月4日　第22刷発行

著　者　中村政則《なかむらまさのり》

発行者　坂本政謙

発行所　株式会社 岩波書店
〒101-8002 東京都千代田区一ツ橋2-5-5
案内 03-5210-4000　営業部 03-5210-4111
https://www.iwanami.co.jp/

新書編集部 03-5210-4054
https://www.iwanami.co.jp/sin/

印刷・精興社　カバー・半七印刷　製本・中永製本

ISBN 978-4-00-430955-0　　Printed in Japan

索　引

あ　行

か　行

さ　行

た 行

な　行

は　行

ま　行

や　行

ら　行

わ　行

戦後史年表(1945—2005.6)

中村政則編『年表 昭和史 増補版』(岩波ブックレット，2004)をもとに作成.

1945(昭和 20)**年**

2.4 米英ソ，ヤルタ会談開催(〜2.11 対独戦後処理，ソ連，対日参戦決定). 2.19 米軍，硫黄島に上陸. 3.9 B-29，東京大空襲(〜3.10)，江東地区全滅. 4. 米軍，沖縄本島に上陸. 5.7 ドイツ，連合国に対し無条件降伏. 7.26 ポツダム宣言発表. 8.6 広島に原爆投下. 8.8 ソ連，対日参戦. 8.9 長崎に原爆投下. 8.15 天皇，戦争終結の詔書を放送(玉音放送)，第2次世界大戦終わる. 鈴木貫太郎内閣総辞職. 9.2 米艦ミズーリ号上で降伏文書に調印(全権重光葵外相・梅津美治郎参謀総長). 9.27 天皇，マッカーサーを訪問. 10.4 GHQ，日本政府に人権指令(天皇に関する自由討議，政治犯釈放，思想警察全廃，治安維持法など弾圧法規の撤廃). 10.11 マッカーサー，幣原首相に「5大改革指令」(婦人解放，労働組合の結成奨励，学校教育民主化，秘密審問司法制度の撤廃，経済機構の民主化). 10.24 国連憲章発効(国際連合成立) 11.6 GHQ，持株会社解体を指令(財閥解体の端緒). 12.17 衆議院議員選挙法改正公布(大選挙区制・婦人参政権など)

1946(昭和 21)**年**

2.13 GHQ，憲法改正要綱(松本試案)を拒否，GHQ 草案を日本政府に手交. 2.22 閣議，GHQ 草案の受入れを決定. 2.17 金融緊急措置令(新円を発行，旧円預貯金は封鎖). 3.5 チャーチル，〈鉄のカーテン〉演説(冷戦の始まり). 4.10 戦後初の総選挙(自由 141，進歩 94，社会 93，協同 14，共産 5，諸派 38，無所属 81. 共産党，議会初進出). 4.20 持株会社整理委員会令公布. 5.3 極東国際軍事裁判開廷. 5.19 食糧メーデー，大会代表が首相官邸に座り込み. 6.6 天皇，千葉県を巡幸(以降，6.17 静岡県，10.21〜10.26 愛知県・岐阜県，11.18 茨城県を巡幸). 8.16 経済団体連合会(経団連)創立. 10.1 ニュールンベルク国際軍事裁判，12 人に絞首刑の判決. 10.21 第2次農地改革始まる. 11.3 日本国憲法公布.

1947(昭和 22)**年**

1.4　公職追放令改正，財界・言論界・地方公職に拡大．1.28　吉田内閣打倒・危機突破国民大会，宮城前広場に30万人参加．1.31　マッカーサー元帥，2・1スト中止声明を発表．3.12　米大統領トルーマン，ギリシア・トルコへの軍事援助を発表(トルーマン＝ドクトリン)．3.31　教育基本法・学校教育法各公布．4.1　町内会・部落会・隣組廃止．4.7　労働基準法公布．4.14　独占禁止法公布．5.3　日本国憲法施行．6.1　片山哲内閣成立(社会・民主・国民協同の3党の社会党首班連立内閣)．6.5　米国務長官マーシャル，ヨーロッパ復興計画(マーシャル＝プラン)を発表．7.3　GHQ，三井物産・三菱商事の解体を指令．8.9　古橋広之進，400m自由形で世界新．10.10　キーナン検事，天皇と実業界に戦争責任なしと言明．12.22　改正民法公布(家制度廃止)．

1948(昭和23)**年**

3.10　芦田内閣成立．4.1　ベルリン封鎖始まる(～'49.5.12)．7.29　第14回ロンドン＝オリンピック開催(戦後初)．8.15　大韓民国成立(初代大統領に李承晩)．9.9　朝鮮民主主義人民共和国成立(首相に金日成)．11.12　極東国際軍事裁判所，戦犯25被告に有罪判決(12.23　東条英機ら7人の絞首刑執行)．12.24岸信介・児玉誉士夫・笹川良一らA級戦犯容疑者19人を釈放．

1949(昭和24)**年**

2.16　第3次吉田内閣成立．4.15　ドッジ公使，49年度予算案につき声明，超均衡予算の実施，補給金の廃止など健全財政主義の徹底を強調(ドッジ・ライン)．4.25　1ドル＝360円の単一為替レート実施．7.5　国鉄総裁下山定則，行方不明．翌朝，轢死体で発見(下山事件)．7.15　中央線三鷹駅構内で無人電車暴走(三鷹事件)．8.17　東北本線金谷川・松川間で列車転覆(松川事件)．9.7　ドイツ連邦共和国(西ドイツ)成立．10.1　毛沢東主席，北京・天安門広場で中華人民共和国成立を宣言．10.7　ドイツ民主共和国(東ドイツ)成立．11.3　湯川秀樹にノーベル物理学賞決定．

1950(昭和25)**年**

1.15　平和問題懇話会「講和問題についての声明」発表(『世界』3月号)，全面講和・中立不可侵・国連加盟・軍事基地反対・経済的自立を主張．1.19　社会党分裂．左派は鈴木茂三郎書記長，右派は片山哲委員長を選出(4.3　両派再統一)．6.6　マッカーサー元帥，共産党中央委員24人全員の追放を指令．6.25　朝鮮戦争始まる．7.11　日本労働組合総評議会(総評)結成．7.24　企業

のレッド＝パージ始まる．8. 10　警察予備隊　令公布．11. 10　旧軍人初の追放解除 3250 人．11. 30　トルーマン米大統領，朝鮮戦争で「原爆使用もありうる」と発言．

1951(昭和 26)**年**

1. 24　日教組，「教え子を再び戦場に送るな」の運動を決定．4. 11　トルーマン米大統領，マッカーサー元帥を罷免(後任はリッジウェイ中将)．4. 16　マッカーサー元帥帰国．衆参両院，感謝決議案を可決．羽田までの沿道に見送りの都民ら約 20 万人．8. 6　政府，第 2 次追放解除を発表(鳩山一郎ら各界 1 万 3904 人)．8. 16　政府，旧陸海軍正規将校 1 万 1185 人の追放解除を発表．9. 8　対日平和条約・日米安全保障条約調印．10. 16　共産党，51 年綱領を採択(当面の革命の性格を民族解放民主革命と規定．火炎ビン闘争など始まる)．12. 30　マーシャル・プラン終了(総額約 120 億ドルを支出)．

1952(昭和 27)**年**

1. 16　復興金融金庫解散，日本開発銀行が継承．4. 28　対日平和条約・日米安全保障条約発効．5. 1　血のメーデー事件．デモ隊，皇居前広場で警官隊と激突．7. 31　保安庁法公布(8. 1 保安庁発足，警察予備隊を保安隊に改組．10. 15　保安隊発足)．8. 13　日本，IMF(国際通貨基金)・世界銀行に加盟．11. 4　米大統領選でアイゼンハワー将軍(共和党)当選．

1953(昭和 28)**年**

2. 1　NHK，東京地区で本格放送開始．3. 5　ソ連首相スターリン没(74 歳)．7. 27　朝鮮休戦協定調印．9. 1　独占禁止法改正公布(競争相手の株式取得・役員兼任の禁止規定緩和，不況・合理化のカルテルの容認など)．10. 6　第 3 次日韓会談開始(日本代表の「日本の朝鮮統治は朝鮮人に恩恵を与えた」などの発言で，会談決裂)．11. 19　来日中の米副大統領ニクソン，日米協会で「憲法第 9 条は米の誤りであった」と演説．12. 31　NHK，紅白歌合戦を日劇で初の公開放送(以後，大晦日人気番組)．

1954(昭和 29)**年**

2. 22　政府，政治的中立に関する教育 2 法案を国会に提出(6. 3 各公布)．3. 1　第五福竜丸，ビキニの水爆実験により被災．6. 9　防衛庁設置法・自衛隊法公布(7. 1 陸海空の自衛隊発足) 6. 28　周恩来・ネルー，平和 5 原則発表．9. 6　東南アジア条約機構(SEATO)創設．9. 20　中華人民共和国憲法を採択(主席毛沢東，首

相周恩来).

1955(昭和 30)**年**

1.28　炭労・私鉄・電産など民間 6 単産，春季賃上げ共闘会議総決起大会開催(春闘の端緒). 4.18　アジア・アフリカ会議開く(〜4.24　29 か国参加，バンドン 10 原則を採択). 7.26　総評第 6 回大会開催(高野実に代わり太田・岩井ライン). 7.27　共産党，6 全協(党内分裂収拾). 9.10　日本，ガットに加盟. 10.13　社会党統一大会. 委員長に鈴木茂三郎，書記長に浅沼稲次郎を選出. 11.15　自由民主党結成(保守合同なる).

1956(昭和 31)**年**

2.14　ソ連共産党第 20 回大会，「平和共存」などの路線を採択(2.24　フルシチョフ，スターリン批判演説). 7.　経済白書，「もはや戦後ではない」と規定. 10.23　ブダペストで学生・労働者の反政府暴動おこる(ハンガリー事件). 12.18　国連総会，日本の国連加盟を可決. 12.23　石橋湛山内閣成立.

1957(昭和 32)**年**

2.23　石橋首相，病気のため内閣総辞職. 2.25　岸信介内閣成立. 3.25　欧州経済共同市場(EEC)条約調印. 7.6　カナダで，バグウォッシュ会議開く(〜7.10). 10.4　ソ連，人工衛星スプートニク 1 号打ち上げに成功.

1958(昭和 33)**年**

5.16　テレビ受信契約数，100 万突破. 10.28　日教組勤評闘争，群馬・高知で 10 割休暇. 11.5　警職法改悪反対闘争. 11.27　宮内庁長官，皇室会議での皇太子明仁と正田美智子の婚約を発表.

1959(昭和 34)**年**

1.1　キューバ革命(バチスタ政権を打倒). 4.10　皇太子の結婚パレード，テレビ視聴者推定 1500 万. 8.10　最高裁，松川事件有罪の原判決を破棄，差戻し判決. 8.29　三井鉱山，労組に 4580 人整理の第 2 次案を提示. 9.30　フルシチョフ，北京訪問，毛沢東と会談(共同声明発表されず，中ソの意見対立激化). 11.11　通産省，対ドル地域輸入制限 180 品目に自由化決定(貿易自由化開始). 12.11　三井鉱山，指名解雇通告(三池争議始まる).

1960(昭和 35)**年**

4.18　ソウルで李承晩大統領退陣要求デモ，4.27　李大統領，辞表提出，5.28　ハワイに亡命(4 月学生革命). 5.19　政府・自民党，衆院安保特別委で質疑打切りを強行，警官隊導入. 5.20　未

明，新安保条約を自民党単独で強行採決．6. 15　安保改定阻止第2次実力行使に全国で580万人参加(〜6. 16)．全学連主流派，警官隊と衝突，東大生樺美智子死亡．6. 19　新安保条約，自然承認．11. 1　経済審議会，国民所得倍増計画を答申(12. 27　閣議，同計画を決定)．12. 20　南ベトナム解放民族戦線結成．

1961(昭和36)**年**

4. 19　米駐日大使ライシャワー着任．5. 16　韓国で軍事クーデター．6. 12　農業基本法公布．8. 13　東ドイツ，〈ベルリンの壁〉を構築．

1962(昭和37)**年**

7. 17　経済企画庁，経済白書「景気循環の変貌」を発表．〈転型期論争〉おこる．9. 29　閣僚審議会，10. 1からの貿易自由化率88%(230品目)と決定／富士ゼロックス，国産電子複写機を完成(コピー時代の幕開け)．10. 22　ケネディ米大統領，キューバにソ連ミサイル基地建設中と発表，キューバ海上封鎖を声明(キューバ危機)．11. 9　高碕達之助，廖承志と日中総合貿易覚書に調印(LT貿易開始)．

1963(昭和38)**年**

2. 20　日本，ガット11条国への移行決定．7. 5　中ソ共産党会談，モスクワで開催(会談決裂，中ソ対立激化)．9. 12　最高裁，松川事件再上告審で上告棄却の判決(被告全員の無罪確定)．11. 22　ケネディ米大統領暗殺(46歳)．副大統領ジョンソン，大統領に昇格．

1964(昭和39)**年**

4. 1　日本，IMF 8条国に移行．4. 28　日本，経済協力開発機構(OECD)に加盟．5. 16　国際金属労連日本協議会(IMF-JC)結成．8. 2　米国防総省，米駆逐艦が北ベトナム魚雷艇に攻撃されたと発表(トンキン湾事件)．10. 10　第18回東京オリンピック開催(〜10. 24)．11. 17　公明党結成大会．

1965(昭和40)**年**

2. 7　米軍機，北ベトナムのドンホイを爆撃(北爆開始)．6. 12　家永三郎，教科書検定を違憲とし，国家賠償請求の民事訴訟をおこす．6. 22　日韓基本条約調印(12. 18　ソウルで批准書交換，発効)．8. 19　佐藤首相，首相として戦後初の沖縄訪問(「沖縄の祖国復帰が実現しない限り日本の戦後は終らない」と発言)．11. 19　閣議，戦後初の赤字国債発行を決定．

1966(昭和41)**年**

3.31　日本の総人口，1億人を突破(法務省住民登録集計)．4.20　日産自動車・プリンス自工，合併契約調印(8.1　日産自動車として発足，自動車業界再編成始まる)．

1967(昭和42)**年**

2.11　初の建国記念の日．4.15　社共推薦の美濃部亮吉，都知事当選．7.1　欧州共同体(EC)発足．8.3　公害対策基本法公布(企業の無過失責任は立法過程で削除)．8.8　東南アジア諸国連合(ASEAN)結成．9.1　四日市ぜんそく患者，石油コンビナート6社を相手に慰謝料請求訴訟(初の大気汚染公害訴訟)．10.20　吉田茂没(89歳，10.31　戦後初の国葬)．11.2　那覇市で沖縄即時無条件返還要求県民大会開催(約10万人参加)．12.11　佐藤首相，衆院予算委で「核兵器をつくらず，もたず，もちこませず」の非核三原則を言明．

1968(昭和43)**年**

1.9　アラブ石油輸出国機構(OAPEC)結成．3.16　南ベトナムのソンミで米軍による大虐殺事件おこる(ソンミ事件)．5.13　パリの学生・労働者，ゼネスト決行(5.19　全仏に拡大，5月革命)．7.1　62か国，核拡散防止条約調印('70.2.3　日本も調印)．8.20　ソ連など5か国，チェコに侵入(チェコ事件)．10.23　明治百年記念式典開催．10.31　ジョンソン米大統領，北爆停止などを表明．11.10　琉球政府主席に革新統一候補の屋良朝苗当選．

1969(昭和44)**年**

1.18　機動隊，東大安田講堂の封鎖解除に出動．5.30　政府，新全国総合開発計画決定．6.10　南ベトナム解放民族戦線，南ベトナム臨時革命政府樹立を発表．7.20　米国のアポロ11号航空士，初の月面着陸に成功．10.15　全米にベトナム反戦運動広がる．

1970(昭和45)**年**

2.20　閣議，総合農政の基本方針(農業構造改善，兼業農家の協業化，米減産)を了承．3.14　大阪・千里で日本万国博覧会開催(～9.13入場者6421万人余)．3.31　八幡・富士製鉄合併，新日本製鐵発足．5.15　農地法改正公布(農地移動制限の緩和)．6.23　日米安保条約自動延長．反安保統一行動，デモ，全国で77万人．7.7　共産党大会，宮本顕治委員長・不破哲三書記局長を選出．7.17　東京地裁，家永教科書第2次訴訟に対し，検定不合格処分取消しを判決(杉本判決，7.24　文部省，控訴)．

1971(昭和 46)**年**

6. 17　沖縄返還協定調印．7. 9　キッシンジャー米大統領補佐官，秘密裏に訪中，周恩来と会談．'72 年 5 月までに米大統領訪中で一致(7. 15 発表)．8. 15　ニクソン米大統領，金とドルの交換一時停止，10% の輸入課徴金実施などのドル防衛策を発表(ドル・ショック)．8. 16　東証ダウ株価大暴落．10. 25　国連総会，中国招請・台湾追放を可決(中国の国連復帰決定)．

1972(昭和 47)**年**

2. 19　軽井沢で連合赤軍 5 人，山荘に籠城(2. 28　機動隊突入，銃撃戦後，逮捕．浅間山荘事件)．2. 21　ニクソン米大統領，中国訪問(〜2. 27)．5. 15　沖縄施政権返還(沖縄本土復帰)．6. 11　田中角栄通産相，政権構想の柱として「日本列島改造論」を発表．6. 17　米国，ウォーターゲート事件発覚．9. 25　田中首相，訪中．9. 29　日中両国首相，共同声明に調印，国交樹立．

1973(昭和 48)**年**

1. 27　ベトナム和平協定調印．2. 14　日本，変動相場制に移行．8. 8　韓国元大統領候補金大中，KCIA により東京のホテル・グランドパレスから拉致(金大中事件)．10. 6　第 4 次中東戦争勃発．10. 17　ペルシャ湾岸 6 か国，原油公示価格 21% 引上げを決定(12. 23　'74. 1. 1 から 2 倍引上げと発表)／OAPEC，石油減産措置を決定(石油戦略の発動)．10. 25　メジャーとサウジアラビア，原油供給量 10% 削減を通告(第 1 次石油ショック)．11. 16　閣議，石油緊急対策要綱を決定．

1974(昭和 49)**年**

4. 11　春闘で空前の交通スト(600 万人参加，国鉄初の全面運休，4. 13　収拾)．7. 7　第 10 回参院選(自民 62，社会 28，公明 14，共産 13，民社 5．保革伯仲)．8. 8　ニクソン米大統領，ウォーターゲート事件で辞任．12. 1　椎名悦三郎自民党副総裁，三木武夫を新総裁とする裁定案を提示(12. 4　三木，総裁に選出．12. 9　三木内閣成立)．

1975(昭和 50)**年**

4. 30　南ベトナム，サイゴン政府降伏(ベトナム民族解放戦争終結)．9. 30　天皇・皇后，初の訪米(〜10. 14)．11. 15　第 1 回先進国首脳会議(サミット)，仏・ランブイエ城で開催．

1976(昭和 51)**年**

2. 4　米上院の公聴会でロッキード社の国外への巨額の工作資金

が問題化(日本へは丸紅などに1000万ドル，ロッキード事件の発端)．4.5　北京で群衆と軍警が衝突(第1次天安門事件)．7.2　ベトナム社会主義共和国樹立宣言(南北ベトナム統一)．7.27　東京地検，ロッキード事件で田中角栄前首相を逮捕．

1977(昭和52)**年**

3.8　米で日本製カラーTVの輸入急増を問題化．8.3　原水禁統一世界大会開催(14年ぶりの原水協・原水禁の統一大会)．

1978(昭和53)**年**

3.5　中国，新憲法採択(4つの近代化，台湾解放を明記)．5.23　初の国連軍縮特別総会開幕．10.17　閣議，元号法制化を決定．11.27　第17回日米安保協議委員会，「日米防衛協力のための指針」(ガイドライン)を決定．

1979(昭和54)**年**

1.16　イランのパーレビ国王，亡命(王政崩壊)．2.11　イラン革命成る．1.17　国際石油資本，対日原油供給削減を通告(第2次石油ショック)．3.28　米，スリーマイル島原子力発電所で放射能漏れ事故発生．6.18　米ソ，SALT II条約に調印．11.4　イランで学生が米大使館を占拠，前国王の引渡しを要求(イラン米大使館人質事件)．12.27　ソ連，アフガニスタンに侵攻．

1980(昭和55)**年**

5.4　ユーゴのチトー大統領没(87歳)．5.18　全斗煥ら韓国軍部，金大中らを逮捕，光州市で反政府デモ激化．5.21　デモ隊，全市制圧．5.27　戒厳軍が制圧，死者2000人といわれた(光州事件)．6.12　大平首相，入院先で死去(70歳)．6.22　初のダブル選挙．9.9　イラン・イラク本格交戦(9.22　全面戦争へ)．

1981(昭和56)**年**

3.2　中国残留日本人孤児，初の正式来日(〜3.16)．5.17　ライシャワー元駐日大使，核積載の米艦船が日本寄港と発言．10.　西独，ボンで中距離核ミサイル配備反対のデモ，25〜30万人参加(この年欧州で大規模な反核デモ広がる)．

1982(昭和57)**年**

3.21　「平和のためのヒロシマ行動」開催．国連軍縮特別総会に向けた行動アピール，19万人参加．4.8　最高裁，「第2次家永訴訟」の2審判決を破棄，東京高裁に差戻し判決．7.26　中国，日本の教科書検定による歴史記述に抗議，訂正を要望(南北朝鮮・台湾・マレーシアなども抗議)．11.27　第1次中曾根康弘内

閣成立.

1983(昭和 58)年

9.1　ソ連，領空内侵入の大韓航空機を撃墜，269 人全員死亡(日本人 28 人). 10.15　西独で「反核行動週間」始まる. 10.22　30 万人の〈人間の鎖〉が米軍基地包囲. 世界各地で反核運動高まる.

1984(昭和 59)年

1.5　中曾根首相，現職首相として戦後初の靖国新春参拝. 9.6　全斗煥韓国大統領来日(〜9.8). 宮中晩餐会で天皇，「両国の間に不幸な過去が存したことは誠に遺憾」と表明. 11.1　第 2 次中曾根改造内閣成立／日銀 15 年ぶりに新札発行. 一万円札(福沢諭吉)，5000 円札(新渡戸稲造)，1000 円札(夏目漱石)の 3 種.

1985(昭和 60)年

3.27　田中元首相，脳梗塞で入院. 3.　ソ連共産党書記長にゴルバチョフ就任. 7.27　中曾根首相，自民党の軽井沢セミナーで「戦後政治の総決算」を主張. 8.12　羽田発のジャンボ＝ジェット機ボーイング 747 SR，群馬県御巣鷹山の山中に墜落・炎上. 520 人死亡. 単独機としては世界最大の飛行機事故. 9.22　米・日・西独・英・仏 5 か国蔵相・中央銀行総裁会議. ドル高修正のための為替市場への協調介入強化で合意(G5，プラザ合意). 円高進行の契機になる. 10.18　中曾根首相，靖国神社の秋の例大祭参拝を見送り. 11.19　レーガン・ゴルバチョフ，米ソ首脳会談(〜11.20　ジュネーブ).

1986(昭和 61)年

2.14　フィリピン大統領選，マルコス当選するが，不正選挙だとの声高まる. 2.25　マルコス国外脱出(フィリピン革命). 4.1　男女雇用機会均等法施行. 4.26　ソ連のチェルノブイリ原子力発電所で大事故. 7.6　衆院・参院ダブル選挙で自民大勝. 7.22　第 3 次中曾根内閣成立. 9.22　中曾根首相，「アメリカには黒人などがいるので知識水準が低い」と発言. 米国内で強い反発(9.27　首相陳謝). 11.21　伊豆大島の三原山噴火，全島民約 1 万人が島外へ避難. 12.30　87 年度政府予算案決定，防衛費が GNP の 1% 枠突破.

1987(昭和 62)年

2.19　5 か国蔵相・中央銀行総裁会議(G5)開催. 2.22　G7 開催. 為替レートの安定化で合意(ルーブル合意). 4.1　国鉄分割・民営化. JR グループ 11 法人と国鉄清算事業団が発足. 10.19　ニ

ューヨーク株式市場で株価大暴落．下落率22.6％で，'29年恐慌を上回る（暗黒の月曜日）．11. 20　全日本民間労組連合会（連合）が発足．55単産，約540万人参加．

1988（昭和63）**年**

5. 29　レーガン・ゴルバチョフ，米ソ首脳会談．6. 1　中距離核戦力（INF）全廃条約の批准書交換，両国のミサイル廃棄など始まる．6. 18　リクルート疑惑事件発覚．6. 19　貿易摩擦の焦点となっていた牛肉・オレンジの輸入問題，佐藤隆農水相とヤイター米通商代表の閣僚交渉で決着（3年後の自由化を約束）．8. 3　米上院，包括貿易法案可決（保護主義的条項・対日強硬条項を含む）．9. 19　裕仁天皇，吹上御所で吐血，以後重体，自粛ムードつづく．平癒祈願の記帳者，全国で300万人に達す．12. 24　消費税法案，参議院で成立．

1989（昭和64・平成元）**年**

1. 7　裕仁天皇没（87歳）．皇太子明仁，皇位継承，平成と改元．4. 1　消費税スタート，税率3％．6. 3　中国当局，〈反革命暴乱〉発生と断定．戒厳部隊，深夜に北京市街中心部に進出・発砲．6. 4　未明に天安門広場を占拠中の学生・市民を装甲車・戦車で制圧（第2次天安門事件）．9. 27　ソニー，米映画会社コロンビアの買収を発表．11. 9　〈ベルリンの壁〉撤去始まる．11. 21　日本労働組合総連合会（連合）発足（798万人，総評解散）．

1990（平成2）**年**

1. 18　本島等長崎市長，市庁舎前で狙撃され胸部貫通の重傷．3. 27　大蔵省，地価高騰への対策として金融機関に不動産融資の総量規制を通達．8. 2　イラク軍，クウェートに侵攻．8. 4　ブッシュ米大統領，海部首相にイラク制裁への同調を要請．10. 1　東証株価，2万円を割る．'89年12月の史上最高値から9か月で約50％，時価総額590兆円（世界一）から319兆円に減少（バブル経済崩壊）．10. 2　東西両ドイツ，国家統一．12. 25　中国共産党13期7中全会，鄧小平の改革・開放路線を確認．

1991（平成3）**年**

4. 24　閣議，自衛隊のペルシャ湾への掃海艇派遣を決定（初の自衛隊海外派遣）．8. 24　ゴルバチョフ・ソ連共産党書記長辞任．12. 11　欧州共同体（EC）首脳会議（マーストリヒト）．'99年までに単一通貨統合で合意（欧州連合〔EU〕創設）．12. 26　ソ連最高会議，ソ連邦消滅を宣言．

1992(平成 4)**年**

6. 15　PKO 協力法，衆議院本会議で可決．9. 17　自衛隊 PKO 派遣部隊第 1 陣，カンボジアに向けて呉港出発．10. 23　天皇・皇后，中国初訪問．晩餐会で「わが国が中国国民に多大の苦難を与えたことは私の深く悲しみとするところ」と述べる．11. 3　民主党クリントン，米大統領に当選．

1993(平成 5)**年**

7. 18　第 40 回総選挙(自民過半数割れ，社会減少，新生・日本新党など躍進．自社両党主導の〈55 年体制崩壊〉)．8. 4　河野官房長官，朝鮮半島出身「従軍慰安婦」への「強制」を認め謝罪．8. 9　細川護煕・非自民 8 党派連立内閣成立．自民 38 年ぶりに政権離脱．8. 17　円高，東京外為市場 1 ドル＝100 円台に突入(戦後最高，100 円 40 銭)．11. 19　環境基本法公布．12. 15　ガットのウルグアイ・ラウンドの合意により，米の部分市場開放決定．

1994(平成 6)**年**

1. 24　郵便料金値上げ．封書 80 円，はがき 50 円．6. 22　東京外為市場，初めて 1 ドル＝100 円を突破．6. 28　河野自民党総裁，村山社会党委員長と会談．6. 30　村山富市内閣成立．7. 20　村山首相，衆院本会議の答弁で自衛隊の合憲を明言，日米安保体制の堅持．

1995(平成 7)**年**

1. 17　阪神淡路大震災．M7.2(観測史上初)の直下型地震，戦後最大の惨事となる．3. 20　霞ヶ関を通る地下鉄内に猛毒ガス・サリンが撒布され，通勤客・駅員など死者 11 人，約 5500 人の重軽傷者(地下鉄サリン事件)．3. 22　警視庁など捜査当局，山梨県上九一色村にあるオウム真理教の教団施設など 25 か所を一斉捜査．大量の化学薬品を押収．全国で逮捕者 400 人以上，起訴 185 人．4. 19　東京外為市場，1 ドル＝79.75 円の戦後最高値．9. 4　沖縄で米海兵隊員 3 人による女子小学生の拉致・暴行事件発生．9. 26　大和銀行ニューヨーク支店，米国債投資で 11 億ドルの損失発生．

1996(平成 8)**年**

1. 11　橋本龍太郎内閣成立．2 年 5 か月ぶりに自民党からの首相．2. 9　政府，住専処理法案を国会に提出．4. 17　橋本首相・クリントン米大統領，極東有事に対し日米安保体制の広域化の安保共同宣言(安保再定義)．9. 8　沖縄県民投票．投票率 59.53%．米軍基地の整理・縮小と日米地位協定の見直しに賛成 89.09%．9. 28

民主党結成大会，代表に鳩山由紀夫・菅直人を選出．10. 20　第41回総選挙(初の小選挙区比例代表並立制，投票率59.65%で戦後最低．自民239，新進156，民主52，共産26，社民15，さきがけ2)．

1997(平成9)**年**

4. 1　消費税5%へ引上げ．8. 29　最高裁，第3次家永訴訟に判決，検定制度は合憲，4か所の記述削除は違憲とし国に40万円の賠償命令．32年にわたる家永訴訟終わる．9. 23　日米政府，有事を想定した日米防衛指針(新ガイドライン)を決定．11. 17　北海道拓殖銀行，初の都市銀行経営破綻．日銀，特別融資(無担保無制限)実施．公表不良債権9349億円．11. 24　山一証券，大蔵省に自主廃業を申請．負債総額3兆5100億円．金融システム不安拡大．12. 1　地球温暖化防止京都会議．12. 11　温室効果ガス削減目標を盛り込んだ〈京都議定書〉採択．12. 7　介護保険法公布(2000. 4. 1施行)．12. 18　韓国大統領選挙，金大中が当選．韓国史上初の与野党政権交代．

1998(平成10)**年**

4. 27　新・民主党結成大会．4. 28　閣議，新ガイドラインに伴う周辺事態法案など関連3法案を決定．6. 22　金融監督庁発足．10. 7　金大中韓国大統領来日．10. 23　日本長期信用銀行，債務超過で金融再生法に基づく一時国有化を申請．46年の歴史終わる．11. 15　沖縄県知事選，稲嶺恵一(自民系)が大田昌秀(革新)の3選を阻む．11. 25　江沢民中国主席来日(初の元首の公式訪問)．

1999(平成11)**年**

5. 24　周辺事態法等の新ガイドライン3法成立．日米安保体制新段階へ．6. 23　男女共同参画社会基本法公布．8. 9　国旗・国歌法成立．〈日の丸〉〈君が代〉法制化．8. 13　改正外国人登録法成立．在日外国人指紋押捺義務を全廃．8. 20　第一勧業・富士・日本興業銀行，2002年をめどに統合決定と発表．総資産140兆円は世界最大(みずほフィナンシャルグループ)．9. 30　茨城県東海村の民間核燃料加工会社JCOの施設で臨界事故．作業員ら100人が被曝，のち社員2名死亡．

2000(平成12)**年**

4. 1　介護保険制度スタート．4. 6　3月末の携帯電話台数，5000万台を超え固定電話を抜く．6. 13　金大中韓国大統領，北朝鮮訪問．翌6. 14　南北共同宣言に両首脳が署名．7. 1　金融庁発足．

7.7　三宅島の雄山噴火．9.15　第27回シドニー・オリンピック開催(～10.1)．11.7　米大統領選挙，集計をめぐり法廷闘争へ，連邦最高裁判決でブッシュ勝利確定．12.24　2001年度予算案閣議決定．国債依存度34.3%．年度末国債・地方債残高666兆円．

2001(平成13)**年**

1.6　中央省庁再編成(内閣府・厚生労働省・文部科学省・財務省・国土交通省など1府12省体制に)．4.1　情報公開法施行．5.11　熊本地裁，ハンセン病国家賠償請求訴訟で国の違憲性を認め賠償金の支払いを命じる．9.11　米国で4機の旅客機がハイジャックされ2機はニューヨークの世界貿易センタービル(2棟とも倒壊)，1機はワシントンの国防総省へ突入，1機はピッツバーグ近郊へ墜落(9.11　同時多発テロ)．9.15　ブッシュ米大統領，同時多発テロの主犯をオサマ・ビンラディンと断定．9.19　政府，米軍の反テロ行動支援を決定．自衛隊の米軍支援や自衛艦派遣．10.7　米，ビンラディンらのアル・カイーダとタリバーンに対する軍事行動開始，アフガニスタンを空爆．10.29　自衛隊の米軍後方支援を可能にする「テロ対策特別措置法案」などテロ3法案，参議院で可決成立．11.10　世界貿易機関(WTO)，中国加盟を承認．

2002(平成14)**年**

1.29　ブッシュ米大統領，北朝鮮・イラク・イランを「悪の枢軸」と一般教書演説で非難．5.31　第17回サッカー・ワールドカップ日韓大会，ソウルで開幕(～6.30)．9.17　小泉首相，初の訪朝で金正日総書記と会談．日本は植民地支配を謝罪，北朝鮮は日本人拉致を認め謝罪．国交正常化交渉再開で一致し「日朝平壌宣言」に調印．9.20　米国，「米国安全保障戦略」発表．国際テロには先制攻撃も辞さず．

2003(平成15)**年**

1.10　北朝鮮，核不拡散条約脱退を宣言．2.15　世界約60か国，600以上の都市で，イラク戦争反対のデモ，1000万人以上が参加．3.20　イラク戦争開始．3.23　宮崎駿監督の『千と千尋の神隠し』，アカデミー賞受賞．3.～　中国広東省，香港などでSARS(重症急性呼吸器症候群)集団発生．7月の終息までに死者774人．5.17　りそなグループに公的資金約2兆円投入．5.23　個人情報保護法成立．6.6　有事法制関連3法成立．6.21　日本共産党，天皇制廃止の要求を削除し，自衛隊の存続を容認する党綱領改定

案を公表. 7.26　イラク復興支援特別措置法成立.「非戦闘地域」への自衛隊派遣が可能となる. 8.27　北朝鮮の核問題などをめぐり，初の6か国協議(北朝鮮，米中韓ロ日). 11.15　土井たか子社民党党首辞任，後任に福島瑞穂幹事長. 11.19　第2次小泉内閣成立. 12.13　イラク駐留米軍，イラク・ティクリート近郊でフセイン元大統領を拘束. 12.23　米でBSEの牛発見. 12.24　日本政府，米国産牛肉の輸入を停止.

2004(平成16)**年**

1.1　小泉首相が靖国神社参拝. 1.16　イラクへ40億円資金協力. ゴラン高原PKO延長. 2.3 陸上自衛隊本隊，イラクへ出発. 2.6　鳥インフルエンザが拡大. 2.27　オウム真理教の麻原彰晃に死刑判決. 5.10　皇太子が皇太子妃をめぐって異例の記者会見. 5.22　拉致被害者の家族5人が帰国. 6.1　イラク暫定政府発足. 6.10　出生率が1.3を割る(過去最低). 6.14　有事関連7法成立. 8.13　アテネオリンピック開催(～29)／米軍ヘリ，沖縄国際大学の敷地に墜落. 8.14　イラク駐留米英死者1000人に. 9.27　第2次小泉改造内閣. 10.1～　平成の大合併本格化. 10.6　米政府調査団，イラクに大量破壊兵器存在せずという報告書提出. 10.23　中越地震で大被害. 10.28　イラク人の死者10万人を超える. 11.2　米大統領選，ブッシュ再選. 11.5　京都議定書発効へ. 12.26　スマトラ島沖地震・インド洋大津波. 死者・行方不明者30万人を超える.

2005(平成17)**年**

1.25　不祥事による受信料不払いの急増などでNHKの会長・副会長が辞任(3.15　不払い70万件). 2.16　京都議定書発効. 3.1　盧武鉉韓国大統領,「謝罪と賠償を」と日本の歴史認識を批判. 3.25　愛知万国博開幕. 4.1　ペイオフ全面解禁. 4.2　ローマ法王パウロ2世没(84歳). 4.15　北京で反日デモ. 4.16　上海でも大規模な反日デモ(～17日). 4.25　JR西日本・福知山線(宝塚線)で脱線，衝突の大惨事. 死者107名. 4.28　イラク移行政府発足. 5.3　小泉首相，中国の胡錦濤主席と会談. 歴史認識と靖国が焦点に. 5.6　英国総選挙，労働党勝利. ブレア政権3期目に. 5.29　仏，EU憲法を国民投票で否決(6.1　オランダも). 5.31　ウォーターゲート事件の情報源は元FBIの副長官だと，33年目で明らかにされる. 6.27～28　天皇・皇后，サイパン島訪問. 海外初の慰霊の旅.

参考文献(掲出順)

序　章

John W. Dower “Useful War”(ジョン・ダワー『役に立った戦争』)
アンドルー・ゴードン編『歴史としての日本』みすず書房，2001
中村政則『経済発展と民主主義』(人間の歴史を考える 11)岩波書店，1993
中村政則『現代史を学ぶ』吉川弘文館，1997
ユルゲン・ハーバーマスほか(徳永恂ほか訳)『過ぎ去ろうとしない過去 ナチズムとドイツ歴史家論争』人文書院，1995
ピエール・ヴィダル＝ナケ(石田靖夫訳)『記憶の暗殺者たち』人文書院，1995
細谷千博・入江昭・大谷亮編『記憶としてのパールハーバー』ミネルヴァ書房，2004
藤原帰一『戦争を記憶する』講談社現代新書，2001

第一章

下村海南『終戦秘史』講談社学術文庫，1985
林博史『沖縄戦と民衆』大月書店，2001
坂本龍彦『集団自決』岩波書店，2000
山極晃・中村政則編(岡田良之助訳)『資料日本占領 1　天皇制』大月書店，1990
伊藤隆・渡辺行男編『続 重光葵手記』中央公論社，1988
五百旗頭真『米国の日本占領政策』上巻，中央公論社，1985
竹前栄治『GHQ』岩波新書，1983
中村政則『戦後史と象徴天皇』岩波書店，1992
佐藤達夫『日本国憲法成立史』1〜4，有斐閣，1962〜94
高柳賢三ほか『日本国憲法制定の過程』有斐閣，1972
田中英夫『憲法制定過程覚え書』有斐閣，1979
渡辺治『日本国憲法「改正」史』日本評論社，1987
古関彰一『新憲法の誕生』中央公論社，1989
『幣原喜重郎』一九五五年，幣原平和財団，1955
進藤榮一，下河辺元春編纂『芦田均日記』第一巻，岩波書店，1986
家永三郎『歴史のなかの憲法』上巻，東京大学出版会，1977
宗像誠也編『教育基本法──その本質と意義』新評論，1966(改定新版，

1975)年
久保義三『昭和教育史』下，三一書房，1994
朝日新聞東京裁判記者団『東京裁判』上下，講談社，1983
島内龍起『東京裁判』日本評論社，1984
大沼保昭『東京裁判から戦後責任の思想へ』有信堂高文社，1985
B. V. A. レーリンク，A. カッセーゼ(小菅信子訳)『レーリンク判事の東京裁判──歴史的証言と展望』新曜社，1996
粟屋憲太郎『未決の戦争責任』柏書房，1994
五十嵐武士『対日講和と冷戦』東京大学出版会，1986
三宅明正『レッド・パージとは何か』大月書店，1994
平田哲男『レッド・パージの史的究明』新日本出版社，2002
浅井良夫『戦後改革と民主主義』吉川弘文館，2001
佐藤一『下山事件全研究』時事通信社，1976
西田美昭『近代日本農民運動史研究』東京大学出版会，1997
森武麿・大門正克編『地域における戦時と戦後』日本経済評論社，1996
西成田豊「占領期日本の労資関係」中村政則編『日本の近代と資本主義』東京大学出版会，1992
北河賢三『戦後の出発──文化運動・青年団・戦争未亡人』青木書店，2000
安田常雄「象徴天皇制と民衆意識」『歴史学研究』1991年7月号
久野収・神島二郎編『天皇制論集』三一書房，1974
粟屋憲太郎ほか編『東京裁判資料・木戸幸一尋問調書』大月書店，1987(第2刷，1989)
丸山真男『現代政治の思想と行動』増補版，未来社，1964
竹内好「近代とは何か」『竹内好著作集』第4巻，筑摩書房，1980
遠山茂樹『戦後の歴史学と歴史意識』岩波書店，1968(岩波モダンクラシックス，2001)
本多秋五『物語 戦後文学史』新潮社，1960(岩波同時代ライブラリー，1992)
東大学生自治会戦歿学生手記編集委員会『はるかなる山河に 東大戦歿学生の手記』東大協同組合出版部，1948
日本戦歿学生手記編集委員会編『きけわだつみのこえ』東大協同組合出版部，1949(光文社，1959，岩波文庫，1982)
天児慧『中華人民共和国史』岩波新書，1999
饗庭孝典・NHK取材班『朝鮮戦争──分断38度線の真実を追う』日

本放送出版協会，1990
朱建栄『毛沢東の朝鮮戦争』岩波書店，1991(岩波現代文庫，2004)
小此木政夫『朝鮮戦争』中央公論社，1986
信夫清三郎「現代史の画期としての朝鮮戦争」『世界』1965年8月号
神谷不二『朝鮮戦争』中央公論社，1966
神田文人『占領と民主主義』(昭和の歴史 8巻)小学館，1983(小学館ライブラリー，1994)
和田春樹『朝鮮戦争』岩波書店，1995
『エコノミスト』臨時増刊号「戦後日本経済史」毎日新聞社，1993年5月
五百旗頭真『日米戦争と戦後日本』大阪書籍，1989(講談社学術文庫，2005)
『海上自衛隊創設の記録』(全9巻)
藤原彰『日本軍事史』下巻(戦後編)，日本評論社，1987
増田弘『自衛隊の誕生』中公新書，2004
ジョン・ダワー(三浦陽一・高杉忠明・田代泰子訳)『敗北を抱きしめて』上下，岩波書店，2001(増補版，2004)
岸信介『岸信介回顧録――保守合同と安保改定』廣済堂出版，1983
松本重治『国際日本の将来を考えて』朝日新聞社，1988
Thomas Arthur Bisson, “Prospect for Democracy in Japan, 1949” (トーマス・A. ビッソン『日本民主化の展望』未訳)
尹健次『孤絶の歴史意識』岩波書店，1990
姜克実『戦後の石橋湛山』東洋経済新報社，2003
日高六郎編『1960年5月19日』岩波新書，1960
後藤基夫・内田健三・石川真澄『戦後保守政治の軌跡』上，岩波書店，1994
中村政則「1950-60年代の日本――高度経済成長」『岩波講座 日本通史』20 現代1，岩波書店，1995
中村隆英『昭和史』I，東洋経済新報社，1993
中村隆英・宮崎正康編『過渡期としての一九五〇年代』東京大学出版会，1997
川本三郎編(田沼武能写真)『昭和30年東京ベルエポック』岩波書店，1992
高度成長期を考える会『高度成長と日本人』I，日本エディタースクール出版部，1985
雨宮昭一「一九五〇年代の社会」歴史学研究会編『日本同時代史』3，

青木書店，1990
第二章
宍戸寿雄『日本経済の成長力』ダイヤモンド社，1965
野村正實『終身雇用』岩波書店，1994
加瀬和俊『集団就職の時代――高度成長のにない手たち』青木書店，1997
エコノミスト編集部『証言・高度成長期の日本』下，毎日新聞社，1984
インタビュー構成，下村治・竹内宏「高度成長政策の登場したころ」(『決定版 昭和史 16 昭和元禄』毎日新聞社，1984)
セオドア・コーエン(大前正臣訳)『日本占領革命――GHQからの証言』下巻，TBSブリタニカ，1984
並木正吉『農村は変わる』岩波新書，1960
宮本憲一『経済大国』小学館ライブラリー，1994
鹿野政直『現代日本女性史』有斐閣，2004
塩田咲子「高度成長期の技術革新と女子労働の変化」中村政則編『技術革新と女子労働』東京大学出版会，1985
山川浩二「大量消費時代のPR」(『決定版 昭和史 16 昭和元禄』毎日新聞社，1984)
深川英雄『キャッチフレーズの戦後史』岩波新書，1991
モリス・ディクスタイン(今村楯夫訳)『アメリカ 一九六〇年代』有斐閣，1986
中野収『ビートルズ現象』紀伊国屋書店，1978
小野民樹『60年代が僕たちをつくった』洋泉社，2004
和田春樹「現代的「近代化」論の思想と論理」『歴史学研究』1966年11月号
桜井哲夫『思想としての60年代』講談社，1988(ちくま学芸文庫，1993)
梅棹忠夫「文明の生態史観序説」『中央公論』1957年2月号
加藤周一「近代日本の文明史的位置」『中央公論』1957年3月号，『加藤周一著作集』第7巻，平凡社，1979
林房雄「大東亜戦争肯定論」『中央公論』1962年9月号
上山春平「大東亜戦争の思想史的意義」同『大東亜戦争の意味』中央公論社，1964
ロバート，S.マクナマラ(仲晃訳)『マクナマラ回顧録』共同通信社，1997

松岡完『ベトナム戦争』中公新書，2001
『ベトナム戦争の記録』大月書店，1988
井村喜代子『現代日本経済論』有斐閣，1993(新版，2000)
朴根好『韓国の経済発展とベトナム戦争』御茶の水書房，1993
エドウィン，O. ライシャワー(徳岡孝夫訳)『ライシャワー自伝』文藝春秋，1987
杉原泰雄『憲法読本 第3版』岩波ジュニア新書，2004
池明観『韓国民主化への道』岩波新書，1995
山田昭次「日韓条約の今日の問題点」『世界』臨時増刊号，1992年4月
マイケル・シャラー(市川洋一訳)『「日米関係」とは何だったのか』草思社，2004
若泉敬『他策ナカリシヲ信ゼムト欲ス』文藝春秋，1994
藤本博・島川雅史編著『アメリカの戦争と在日米軍』評論社，2003

第三章

福田赳夫『回顧九十年』岩波書店，1995
宮本憲一『現代資本主義と国家』(現代資本主義分析4)，岩波書店，1981
渡辺治『「豊かな社会」日本の構造』労働旬報社，1990
村上泰亮『新中間大衆の時代』中央公論社，1984(中公文庫，1987)
岸本重陳『中流の幻想』講談社，1978(講談社文庫，1985)
富永健一『日本の階層構造』東京大学出版会，1979
小沢雅子『新「階層消費」の時代』日本経済新聞社，1985(朝日文庫，1989)
石川真澄「保守本流」『世界』臨時増刊号，1994年4月
中村政則「教科書執筆と教科書裁判」，大田尭，尾山宏，永原慶二編『家永三郎の残したもの 引き継ぐもの』日本評論社，2003
比較史・比較歴史教育研究会編『黒船と日清戦争』未来社，1996
李元淳ほか『若者に伝えたい韓国の歴史』明石書店，2004
田中隆之『現代日本経済――バブルとポスト・バブルの軌跡』日本評論社，2002
渡辺治『戦後政治史の中の天皇制』青木書店，1990
中島三千男『天皇の代替りと国民』青木書店，1990
松下圭一「大衆天皇制論」『中央公論』1959年4月号
C. P. キンドルバーガー(石崎昭彦・木村一朗訳)『大不況下の世界』東京大学出版会，1982

エリック・ホブズボーム(河合秀和訳)『20世紀の歴史』上下，三省堂，1996

第四章

国正武重『湾岸戦争という転回点』岩波書店，1999
和田進『戦後日本の平和意識』青木書店，1997
御厨貴・中村隆英編『聞き書 宮澤喜一回顧録』岩波書店，2004
クリストファー・ウッド(植山周一郎訳)『バブル・エコノミー』共同通信社，1992
ジリアン・テット(武井楊一訳)『セイビング・ザ・サン』日本経済新聞社，2004
日本経済新聞社編『検証バブル 犯意なき過ち』日本経済新聞社，2000(日経ビジネス文庫，2001)
奥村宏『証券スキャンダル』岩波ブックレット，1991
カルロス・ゴーン，フィリップ・リエス(高野優訳)『カルロス・ゴーン経営を語る』日本経済新聞社，2003
暉峻衆三『日本の農業150年』有斐閣，2003
油井大三郎『日米 戦争観の相剋──摩擦の深層心理』岩波書店，1995
永原慶二『歴史教科書をどうつくるか』岩波書店，2001
俵義文『徹底検証 あぶない教科書』学習の友社，2001
入江曜子『教科書が危ない──『心のノート』と公民・歴史』岩波新書，2004
VAWW-NETジャパン編『ここまでひどい！「つくる会」歴史・公民教科書』明石書店，2001
王智新・趙軍・朱建栄『「つくる会」の歴史教科書を斬る』日本僑胞社，2001
村井淳志『歴史認識と授業改革』教育史料出版会，1997
小熊英二・上野陽子『〈癒し〉のナショナリズム』慶応義塾大学出版会，2003
亀井勝一郎『現代史の課題』中央公論社，1957(岩波現代文庫，2005)
藤田省三『全体主義の時代経験』みすず書房，1995
小森陽一・坂本義和・安丸良夫編『歴史教科書 何が問題か』岩波書店，2001
吉田裕『日本人の戦争観』岩波書店，1995(岩波現代文庫，2005)
司馬遼太郎『この国のかたち』4，文藝春秋，1994(文春文庫，1997)
徐焰(朱建栄訳)『一九四五年 満州進軍』三五館，1993
藤原彰『日中全面戦争』(昭和の歴史 5巻)小学館，1982

藤原彰『餓死した英霊たち』青木書店，2001
三輪公忠『日本・1945年の視点』東京大学出版会，1986
信夫清三郎『「太平洋戦争」と「もう一つの太平洋戦争」』勁草書房，1988
後藤乾一『近代日本と東南アジア』岩波書店，1995
江川紹子『「オウム真理教」裁判傍聴記』文藝春秋，1996
瀬口晴義『検証・オウム真理教事件』社会批評社，1998
島薗進『現代宗教の可能性――オウム真理教と暴力』岩波書店，1997
ロバート・J. リフトン(渡辺学訳)『終末と救済の幻想――オウム真理教とは何か』岩波書店，2000

終　章

チャルマーズ・ジョンソン(鈴木主税訳)『アメリカ帝国への報復』集英社，2000
チャルマーズ・ジョンソン(村上和久訳)『アメリカ帝国の悲劇』文藝春秋，2004
中村哲，ペシャワール会編著『空爆と「復興」 アフガン最前線報告』石風社，2004
毎日新聞取材班『民主帝国 アメリカの実像に迫る』毎日新聞社，2003
関岡英之『拒否できない日本』文春新書，2004
山中恒『すっきりわかる「靖国神社」問題』小学館，2003
山田昌弘『希望格差社会』筑摩書房，2004
高橋哲哉『靖国問題』ちくま新書，2005
ベアテ・シロタ・ゴードン(平岡磨紀子構成・文)『1945年のクリスマス――日本国憲法に「男女平等」を書いた女性の自伝』柏書房，1995
鈴木安蔵『憲法制定前後』青木書店，1977
大門正克・安田常雄・天野正子編『戦後経験を生きる』吉川弘文館，2003
伊藤正直『高度成長から「経済大国」へ』岩波ブックレット，1988
ジョン・L. ギャデス(五味俊樹ほか訳)『ロング・ピース』芦書房，2002
松岡完・広瀬佳一・竹中佳彦編著『冷戦史―その起源・展開・終焉と日本』同文舘出版，2003
アントニオ・ネグリ，マイケル・ハート(水嶋一憲ほか訳)『帝国――グローバル化の世界秩序とマルチチュードの可能性』以文社，2003

参考文献

アラン・ジョクス(逸見龍生訳)『〈帝国〉と〈共和国〉』青土社，2003
アンドルー・ゴードン編『歴史としての戦後日本』2，みすず書房，2001

あとがき

正村公宏『戦後史』上下，筑摩書房，1985(ちくま文庫，1990)
家永三郎『一歴史学者の歩み』岩波現代文庫，2003

なお，戦後史の通史としては，すでに参考文献として掲げた，正村公宏『戦後史』，宮本憲一『経済大国』の他に，歴史学研究会編『日本 同時代史』1〜5(青木書店，1990〜1991)，中村隆英『昭和史』II 1945-1989(東洋経済新報社，1993)，松尾尊兊『国際国家への出発』(日本の歴史21，集英社，1993)，鹿野政直『日本の現代』(日本の歴史9，岩波ジュニア新書，2000)などがある．